쉽게 읽히는 프로젝트 수업 중독자들의 이야기

미래를 여는 프로젝트(PBL) 수업

시동국
서정보
공영재
신성진
우희석
이경윤
문석현
공저

다빈치books

미래를 여는 프로젝트(PBL) 수업

초판 1쇄 인쇄 2021년 09월 27일
초판 1쇄 발행 2021년 11월 11일

기획 변문경
책임편집 김현
저자 시동국, 서정보, 공영재, 신성진, 우희석, 이경윤, 문석현
디자인 이시은(디자인 다인)

펴낸곳 다빈치 books
등록일 2011년 10월 6일

주소 서울특별시 마포구 월드컵북로 1654

팩스 0504-393-5042
전화 070-4458-2890
콘텐츠 및 강연 관련 문의 steamnmaker@gmail.com

*이미지 리소스:ShutterStock의 정식라이선스를 사용하였습니다.

ISBN 979-11-86742-86-0

쉽게 읽히는 프로젝트 수업 중독자들의 이야기

가치 중심의 미래를 여는 프로젝트(PBL) 수업

시동국
서정보
공영재
신성진
우희석
이경윤
문석현
공저

다빈치books

추 천 사

프로젝트 수업과 미래교육의 방향

경인교육대학교부설초등학교장 오 정 재

코로나19 팬데믹은 학교와 사회 전반에 있어서 큰 변화를 가져왔습니다. 교정 구석구석 친구들과 거리낌 없이 이야기를 나누고 함께 뛰놀았으며, 학생 간 자유롭게 토의토론 하면서 생각을 공유하였습니다. 각종 체험활동과 행사들도 다양하게 이루어졌는데 이제는 교실에서 칸막이 속 대면수업 및 가정에서 화상수업이 진행되고 있으며, 공동의 과제도 사이버 공간에서 함께 해결하는 모습으로 변하였습니다. 이러한 변화에 대한민국의 선생님들은 빠르고 다양하게 온라인 교수학습법을 개발·공유하였으며, 최근에는 메타버스 세계로 교육을 접목하기 위해 노력하고 있습니다. 코로나19 이전에는 전혀 상상할 수 없었던 장면입니다. 그렇다면 교육의 본질도 변화한 것일까요?

캠퍼스가 없는 대학으로 미네르바 스쿨이라는 유명한 대학이 있습니다. 대신 미국 샌프란시스코, 한국 서울, 인도 하이데바라드를 비롯하여 세계 7개국의 도시에 기숙사를 두고 각 나라를 순환하면서 학생들은 프로젝트형 수업을 펼쳐 나가고 있습니다. 이 학교에서는 학생들이 직접 커리큘럼을 만들고 스스로 학습을 합니다. 여기서 교수(professor)는 학생들의 학습 프로젝트를 지원해주는 멘토의 역할을 수행하며 모든 수업은 비대면 온라인이루어집니다. 현재 미네르바 스쿨은 혁신적인 교육으로 세계적으로 주목을 받고 있으며 입학이 하버드보다 어렵다고 합니다.

미네르바 스쿨의 교육철학은 학장 스티븐 코슬린의 말에서 알 수 있습니다.

"강의는 가르치는 입장에서는 아주 효율적인 방법입니다. 하지만 배우는 사람 입장에서는 최악이에요. 미네르바에는 강의가 없어요. 이런 교육과정에서 교수의 역할은 협력자(facilitator)예요. 학생들이 수업에 능동적으로 참여하고, 문제의 다양한 관점을 인지할 수 있도록 유도합니다."

미네르바 스쿨이 주목받는 이유는 이러한 교육철학이 제대로 반영되고 있기 때문입니다. 학생들이 능동적으로 참여하는 교육, 문제의 다양한 관점을 인지하는 교육을 실행하는 대학이라는 것입니다. 미네르바 스쿨이 이렇게 교육의 본질을 충실히 수행하고 있다는 것은 지금 코로나 팬데믹 상황에서 현재 부분적으로 이루어지고 있는 온라인 교육 상황에 주는 의미가 크다고 볼 수 있습니다.

그런데 우리는 미네르바 스쿨이 곧 온라인 교육이라는 등식을 그려서는 안됩니다. 미네르바 스쿨의 진짜 핵심은 플립 러닝(Flipped Learning)입니다. 플립 러닝이란 수업에 앞서 교수(선생님)이 제공한 자료를 사전에 스스로 학습하고 강의실에서는 토론이나 논쟁, 과제 해결 등을 하는 형태의 수업입니다. 즉, 블렌디드 러닝(Blended Learning)의 한 가지 형태로 온라인과 오프라인 수업을 병행하는 프로젝트형 수업이라고 볼 수 있습니다.

학습자가 자발적으로 참여하는 수업, 자신이 가졌던 의문에 대하여 스스로 해답을 찾도록 도와주는 수업, 함께 고민하고 협력해서 어떤 과제를 해결하는 수업이 바로 프로젝트 수업이라는 점에는 이견이 없을 것입니다.

우리 학교에는 프로젝트 수업을 위해 4년간 매일 밤늦게까지 함께 연구하고 고민하던 선생님들이 계십니다. 이분들이 4년간 시행착오를 거치며 정리해 온 이야기를 집필한다는 말을 들었을 때 참 잘했다는 생각이 들었습니다. 교육에 대한 새로운 생각과 고민, 그리고 실천 사례는 서로 나눌수록, 또다른 생각이 더해질수록 더욱 의미가 깊어질 것이기 때문입니다.

물론 이 책을 집필한 선생님들의 이야기도 정답은 아닙니다. 현장에서 정말 열심히 노력하시는 선생님들도 많이 계십니다. 그렇지만 이 일곱 분의 선생들이 교육에 대한 열정과 그 성과들을 학교현장에 모든 선생님들께 소개할만한 가치가 충분히 있다고 생각합니다. 항상 교육을 고민하고 프로젝트 수업에 갈증이 있는 모든 선생님들께 이 책을 추천합니다.

저자의 말

시동국

우주 만물이 그러하듯 0에서 1로의 변화는 작은 움직임 하나에서 시작됩니다.
움직임이란 아무것도 하지 않고 있는 상태에서 무엇이라도 하려고 하는 노력,
할까 말까 주저하는 마음을 딛고 한번 해보려는 도전,
서로 네가 하라고 등 떠미는 상황에서 먼저 나서는 용기입니다.
세상과 삶이 좀 더 가치 있게 변화하고 있다고 믿는다면
가치 있는 변화는 이런 움직임을 먼저 시작한 사람들 덕분일 것입니다.
저를 움직일 수 있도록 자극해주신 프로젝트 수업의 대가들, 선배님들 고맙습니다.
7가지 빛깔로 활발히 움직임을 함께해준 동료들 고맙습니다.
이제 여러분과 '0'인 교사에서 '1'인 교사가 되도록 함께 더 활발한 움직임을 하고 싶습니다.
이 책이 한 번, 두 번, 세 번 거듭 읽히며 더 많은 공감과 영감을 주는 책이 되었으면 합니다.

서정보

오늘날 선생님의 역할은 가르치는 것이 아니라고 합니다. 학생 개개인이 삶에 필요한 여러 가지 지식, 기능, 태도에 대하여 스스로 배움을 만들어갈 수 있도록 도와주는 역할을 해야 합니다.

저도 처음 PBL 수업을 만나며 과거에 했었던 전통적인 수업에 대해 스스로 반성하게 되었고, 우리 반 아이들에게 단편적인 지식 전달이 아니라 세상을 바라보고 세상과 함께 살아갈 힘을 키워주려면 어떤 도움을 주어야 할까? 하는 고민을 하기 시작하였습니다.

처음 PBL 수업을 할 때는 고통과 인내 그리고 혼란의 연속이었습니다. 교육과정을 구성하기도 어렵고 수업을 준비하기도 힘들었으며, 과연 이것이 맞는 교육의 방향일까? 하는 물음표가 머릿속에서 떠나지 않았습니다. 하지만 1년, 2년… 실천하며 아이들이 성장하고 배움을 얻어가는 모습을 보면서 이제 확신하게 되었습니다. PBL 수업은 우리 교육의 미래라는 것을…….

이 책은 저희가 몇 년간 시행착오를 거치며 실천해 온 PBL에 대하여 '이제 함께 나누고 싶다!'라는 바람에서 탄생한 작은 결과물입니다. 이 책을 읽는 여러분들도 우리 교육의 미래를 제시하는 PBL의 매력에 흠뻑 빠져보셨으면 합니다.

공영재

시시각각 변하는 세상, 우리의 미래 교육은 어떤 모습일까요? 미래 교육이 어떤 모습일지 단정 짓기는 어렵겠지만 지금의 모습이 아니라는 것은 분명합니다. 교육의 모습은 세상의 변화보다는 좀 느리겠지만 지속해서 변화할 것이며 우리는 그 변화에 먼저 대응해야 합니다.

'교육(education)'의 어원은 '밖으로(e) 끌어내다(duco)가 결합한 라틴어 educo' 입니다. 말 그대로 교육은 학생들이 가진 역량을 키워 무언가 성찰할 수 있게 하는 것입니다. 하지만 현재의 학생들은 지식이나 정보를 습득하고, 머릿속에 넣으려고만 합니다. 이에 교사는 학생들이 제대로 된 학습을 하기 위해 도와주어야 합니다. 여러 가지 방법이 있겠지만 프로젝트 수업은 그중 한 가지 방법이라고 생각합니다. 학생들은 프로젝트 학습을 하며 스스로 질문을 하고 분석하며 문제를 해결하려고 합니다. 이러한 학생 주도적인 수업은 계속해서 동기를 부여하고 자존감도 점점 높여줍니다. 프로젝트 학습을 통해 학생들은 지식이 아닌 삶의 지혜를 익히고 자기 주도적으로 미래를 살아가는 힘을 키울 수 있습니다.

현재 수업에 무언가 만족하지 못하거나 프로젝트 학습, 미래 교육에 관심이 있는 분에게 이 책이 조금이나마 도움이 되었으면 합니다. 긴 시간 동안 프로젝트 수업에 관심을 두고 같이 고민하고 연구한 선후배와 동기들에게 감사의 인사를 전합니다.

신성진

프로젝트 수업을 본격적으로 시작하면서 들었던 의문점은 '프로젝트 수업은 과연 무엇일까?', '교사 혼자 방대한 규모의 프로젝트 교육과정을 설계하고 구성하는 것이 가능할까?', '어떤 내용을 프로젝트에 담아야 할까?', '프로젝트 수업에서 평가는 어떻게 해야 할까?'와 같은 것이었습니다. 이런 의문점을 해결하는 방법은 제 나름대로 프로젝트 수업에 대해 좀 더 연구하고 체계적으로 정립하는 것이었습니다. 기존에 있던 프로젝트 수업에 관한 연구나 도서는 학교 현장에서 활용하기에는 너무 이론적이거나 반대로 너무 이벤트적인 사례에 국한되어 있다는 생각이 들었습니다. 그래서 이 책의 집필을 통해 우리가 연구하고 실천한 프로젝트 수업에 대하여 좀 더 체계적이고 쉽게 정리하고 싶었고, 더 많은 선생님께 프로젝트 수업에 대하여 안내하는 길잡이를 마련하고 싶었습니다. 프로젝트 수업을 진행하는 데 여러 가지 어려움으로 지금 머뭇거리고 있으시다면 이 책을 통하여 프로젝트 수업에 다시 도전해 보기를 권유합니다.

지금의 아이들이 미래사회를 살아가려면 인류의 보편적 가치를 마음에 새기고 삶과 관련된 문제를 타인과 함께 해결하는 역량이 분명 필요합니다. 이 책을 읽으며 우리의 생각에 공감하며 같은 꿈을 꾸는 선생님들이 하나둘 늘어가기를 바랍니다.

끝으로 집단지성의 힘으로 프로젝트 수업에 대해 같이 생각하고 고민한 동료들에게 감사 인사를 전합니다.

우희석

좋은 수업을 위해 교실의 창밖이 어두워지는지도 모른 채 하루하루를 보내왔습니다. 그리고 지난 시간을 돌이켜보면 그 시간이 정말 소중하게 느껴집니다. 지난 4년 동안 프로젝트 기반의 수업을 연구하고 실행해 본 경험을 통해 볼 때 가장 확실한 한 가지 사실은 프로젝트 수업이 완벽한 수업 방법이나 도구가 될 수는 없다는 것입니다. 그런데도 프로젝트 수업 연구 경험을 동료 선생님들과 이렇게 함께 정리하여 남기게 된 이유는 프로젝트 수업이 우리가 지향해야 할 수업의 방향을 가장 의미 있게 제시하고 있다는 확신을 공유하고 싶었기 때문입니다. 또 프로젝트 수업을 통해 교사와 학생의 역할에 대해 진지하게 고민하게 되었고, 교실에서 나타나는 긍정적인 변화에 감사하며 지내게 되었기 때문입니다.

교사라면 누구나 좋은 수업을 꿈꿉니다. 이 책을 읽는 선생님들께서 자신의 수업 개선을 위해 깊이 있게 연구하고 학생들과의 활발한 상호작용을 통해 과제를 탐구하고 실행하시기를 바랍니다. 그리고 지속적인 반성과 피드백으로 늘 성찰하며 교사로서의 자신 또한 하루하루 성장해 가는 과정을 함께 느낄 수 있기를 희망합니다. 처음부터 완벽하게 계획되고 실행되는 프로젝트 수업은 불가능합니다. 다만, 질문을 통해 새로운 과제들을 계속 만들어 내기도 하고, 때로는 처음 의도했던 것과는 다르게 방향이 바뀌기도 하는 그 과정 자체가 프로젝트 수업의 매력임을 꼭 기억하시기 바랍니다.

이경윤

4년 동안 프로젝트 기반의 학급 교육과정을 설계·운영하면서 점점 드는 생각은 학생들의 삶을 교육과정으로 녹여야 한다는 것이었습니다. 학생에게 있어 진정한 이해와 배움이 일어나기 위해서는 교사에게 교육과정 문해력과 교육과정 재구성을 뛰어넘은 전문적인 교육과정 생성 역량이 꼭 필요하다는 것을 확신하게 되었습니다. 교사 한 명, 한 명이 교육과정을 생성하는 역량을 함양해야만 불확실한 미래사회 속에서 우리 학생들이 현명하게 살아갈 수 있는 삶의 힘을 기르는 데 도움을 줄 수 있다고 생각합니다. 또한 1년 동안 학급 안에서 함께 뒹굴고 호흡하며 살아가는 학생들이 함께 배우고 성장하기 위해서는, 먼저 교사가 프로젝트 기반 학급 교육과정 설계를 통해 새로운 교육과정과 학습 내용을 생성할 줄 알아야 한다는 것을 뼈저리게 느낍니다.

저는 지난 4년 동안 프로젝트 수업을 통해 우리 반 학생들의 성장을 눈으로 확인했습니다. 그래서 '프로젝트 수업'이 생명력을 가지기 위해서는 '프로젝트 기반 학급 교육과정'을 운영해야 한다고 생각합니다.

이 책이 '프로젝트 수업'을 넘어 '프로젝트 기반 학급 교육과정'을 설계하는 길라잡이로 활용되었으면 좋겠습니다. 끝으로 이번 기회를 통해 자신만의 프로젝트 기반 교육과정을 멋지게 디자인해보시기를 진심으로 바랍니다.

문석현

프로젝트 수업은 설계, 운영, 결과 등에서 뭐 하나 쉬운 게 없습니다. 가치 및 주제 선정부터 성취기준을 분석하고 활동을 설계하는 등 교육과정을 늘 고민해야 하고, 프로젝트를 이끌어갈 핵심 지식과 기능까지 늘 생각하고 있어야 합니다. 단위 수업을 할 때도 아이들이 프로젝트의 방향을 잃지 않고 목표를 향해 갈 수 있도록 계속 해서 교수자, 조력자 역할을 해야 합니다. 아이들도 스스로 자료를 조사, 탐구하고 논의하는 과정, 의미 있는 산출물을 만들어 공유하는 과정이 쉽지 않습니다. 교사나 학생에게 참으로 어려운 교수학습법이라고 할 수 있습니다.

그러나 프로젝트를 운영하는 저와 동료들의 학급에서 교사와 학생은 모두 적극적으로 프로젝트 수업을 설계하고 능동적으로 수업에 참여합니다. 학습 내용에 의미를 부여하고 스스로 탐구하여 배워가는 과정에서 지식과 역량이 부쩍 성장한다는 것을 교사나 학생 모두 느낄 수 있기 때문입니다. 거기에 배움 그 자체에 대한 재미도 한몫합니다.

이러한 강점을 가진 프로젝트 수업을 시도하고 싶은 마음에, 혹은 지금 하는 프로젝트 수업에 더하기를 하고 싶은 마음에 이 책을 읽기 시작한 것으로 생각합니다. 이 책을 읽는 선생님에게 저희가 연구하고 고민하며 시행착오를 겪었던 것들이 모두 공유되었으면 좋겠습니다.

부족한 저희의 결과물이 이 책을 읽는 모든 선생님께 작게나마 도움이 되기를 진심으로 바라며 교육을 함께하는 동료로서 항상 응원하겠습니다. 감사합니다.

목 차

5-2 부록

1

PBL 준비

1-1

의욕

배우기를 원하는 것, 그것을 배워야 한다.

꿈은 도전을 만들고 도전은 기적을 만든다.

말을 물가에 데려갈 수는 있지만, 물을 먹일 수는 없다.

교육은 비어 있는 머리를 열려 있는 머리로 바꾸는 것이다.
_말콤 포브스

세상에서 가장 어려운 일은 세상을 바꾸는 것이 아니라 자기 자신을 바꾸는 것이다.
_넬슨 만델라

교육이란 들통을 채우는 일이 아니라 불을 지피는 일이다.
_윌리엄 예이츠

이번 장에서는 교육에서 가장 중요한 주체인 학생에게 가장 필요한 것은 의욕이며, 어떻게 의욕을 자극해야 하는지, 의욕을 자극하기 위해 질문이 얼마나 중요한지를 강조하고 있습니다.

1-1

의욕(意欲, Motivation)

가. 미네르바 스쿨이 우리와 다른 점

나는 스스로 생각할 시간을 가져요.
자유롭게 관심 분야를 추구해요.
매일 새로운 도전을 하고 있어요.
모든 순간이 학습의 과정이며,
세계의 여러 도시가 나의 캠퍼스입니다.
나는 변화를 일으키는 사람, 세계가 무대인 사람입니다.
세상의 중요한 역할을 하기 위해 나는 나의 능력을 투자합니다.

– 미네르바 스쿨 학생들의 인터뷰 중에서(EBS. 2018)

미네르바 스쿨은 캠퍼스 없이 세계 7개국의 도시에서 구글, 애플, 아마존 등 세계 유수 IT 기업의 인턴십을 하며 이론과 실습을 함께 공부하는 미래형 온라인 대학이다. 2014년 29명으로 첫 수업을 시작한 이래 매년 지원자가 늘고 있으며, 합격률이 1.9%로 세계적으로 가장 명문이라고 꼽히는 하버드나 스탠퍼드보다도 입학이 어렵다.

그렇다면 미네르바 스쿨의 학생들이 세계를 변화시키겠다는 크나큰 포부를 갖고, 세계를 무대로, 최선을 다하여 도전하고 연구하려고 하는 그 원동력은 무엇일까? 그것은 아마도 학생들 마음속에 스스로 무엇인가를 해보고 싶고, 해내고 싶은 '의욕'이 강하게 자리 잡고 있어서가 아닐까?

반면, 우리나라의 학생들은 어떨까? 어떤 마음으로 학교에 다니고 있을까? 보통의 대학생들은 높은 연봉의 직장에 취직하기 위해서, 보통의 고등학생들은 좋은 대학을 가기 위해서, 보통의 중학생들은 입시에 유리하거나 명문인 고등학교에 진학하기 위해서일 것이다. 결국, 우리의 교육은 모든 것이 '입시'에 초점이 맞추어져 있다는 사실을 부정할 수 없다.

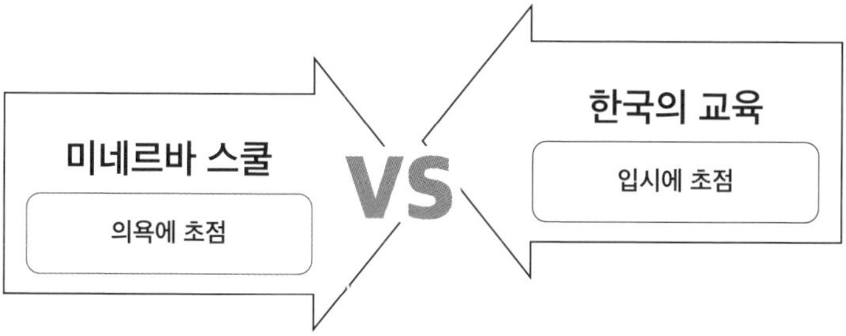

나. 배움에 대한 의욕을 자극하기

그렇다면 입시에 뛰어들기에는 아직 시간적 여유가 있고(물론, 이미 입시에 밀어 넣은 부모들도 있고 필자 또한 그럴지도 모른다) 자신의 미래를 설계하기에 아직 미숙한 초등학생들에게 우리는 교사로서 무엇을 어떻게 이끌어주어야 할까?

『빨강머리 앤』 이야기로 잠시 들어가 보자. 주인공 앤 셜리는 학교에서 성경 구절 낭송하기, 단어 외우기 등 진부한 수업 방식에 흥미를 잃어가던 중 어느 날 스테이시라는 여자 선생님을 만나게 된다. 스테이시 선생님을 통해 창의적인 수업 방식(프로젝트 수업과 비슷)을 접한 앤과 학급 친구들은 학습에 큰 흥미를 느끼게 된다.

앤이 등장하는 1900년대 초 캐나다와 미국 국경쯤의 시공간적 배경 속 여성은 고분고분한 성품과 교양을 잘 갖추도록 학교와 가정에서 훈육되었다. 경제적으로 풍족하고 품위 있는 집안에 시집을 가서 아이들을 잘 낳아 기르는 것이 최고의 미덕으로 여겨졌다. 그렇지만 거추장스러운 품위 따위는 벗어 던지고 바지를 입은 채 자신이 직접 개조해 만든 모터사이클을 운전하며 자신의 집을 혼자의 힘으로 직접 고치는 등 스테이시 선생님의 진취적인 모습에 앤과 그 친구들은 매력을 느낀다. 여성은 보호받고 조신해야 하는 남성의 종속적인 존재가 아닌 하나의 인간으로서 존엄한 가치가 있으며 세상을 새롭게 바꿀 수 있는 존재라는 것을 보여주었기 때문이다.

그녀의 수업 속에서 이런 장면이 묘사되고 있다.

스테이시 선생님은 학생들에게 줄이 잘 맞춰진 책상과 의자를 저 멀리 치우고 교실에 둥글게 둘러앉도록 주문한다. 그리고는 감자와 구리판, 아연판, 전구를 가방에서 꺼내며 수업을 시작한다.

"감자에는 각종 무기질이 있고 그것들은 이온 상태로 존재해요. 구리와 아연은 이

온화 정도가 다른데 아연이 그 정도가 더 커서 전류가 흐르게 되지요."

감자의 반을 가르고 자른 단면에 구리판과 아연판에 전구를 연결하자 전구에 불이 들어오고 교실 안에서는 일제히 환호성이 터진다.

"어떻게 하면 전구가 더 밝아질까요?"

그런데 필자는 왜 이 이야기를 꺼냈을까?

사실 지금의 선생님들은 『빨강머리 앤』 속의 스테이시 선생님보다 원리에 대한 설명을 훨씬 더 잘할 수 있다. 그리고 당장에라도 과학실에서 실험하려고 하면 과학 보조 선생님이 안전하면서도 결과가 확실한 전기회로 세트를 준비해 줄 것이다.

그런데도 이런 질문을 한 이유는 스테이시 선생님의 새로운 방식의 수업을 통해 아이들에게 찾아온 '의욕'의 변화에 관하여 이야기하고 싶기 때문이다. 이야기 속 배경의 아이들은 스테이시 선생님의 수업을 받기 전에는 수동적인 존재, 어른들로부터 권위와 금욕을 강요받는 존재, 강한 통제를 받고 부모에게 귀속되는 존재로 살아간다. 그러나 새로운 수업을 접하며 아이들(특히 여성)은 수업에 능동적으로 참여하는 존재, 어른이 잘못한 점에 대하여 당당하게 말할 수 있는 존재, 자신의 자유의사로 하고 싶은 것을 스스로 선택할 수 있는 존재가 되어간다. 결국, 아이들의 마음속에는 새로운 배움에 대한 '**의욕**'의 불이 붙고, 그것으로 인해 행복하게 공부할 수 있게 된다.

그렇다면 학교에서 교사가 학생들에게 가장 먼저 이끌어주고 변화 시켜 주어야 할 것은 무엇일까?

그것은 바로 현재를 정확하게 바라보는 안목과 자신의 미래에 대한 준비(직업으로서의 준비보다 포괄적인 개념)와 인식이다. 자신의 배움과 깨달음, 그리고 실천이 현재를 아름답게 변화시키고 행복한 미래를 설계할 수 있게 하며, 내가 세상을 바꿀 수 있다는 믿음을 갖게 해야 한다.

다. 질문으로 의욕 자극하기

교사들이 수업지도안을 작성할 때 가장 많이 고민하는 단계는 어느 단계일까? 아마 '동기유발' 단계일 것이다. 우리는 교생실습을 나갔을 때부터 수업(특히 공개수업)의 성공 여부는 동기유발에서 갈린다고 선배님들로부터 배웠다. 그런데 수업에서 동기유발은 왜 할까? 그 이유는 '동기유발(動機誘發)'을 통해 학생들 스스로 학습에 대하여 의욕을 갖게 하는 동시에 이번 시간에 배울 최종 목표를 정할 수 있기 때문이다.

동기유발은 의욕을 자극하는 단계이며, 이는 이번 수업 목표 달성을 위한 의미 있는 질문으로부터 시작된다.

> 동기유발=학습 의욕을 자극=의미 있는 질문

그러므로 교사는 의미 있는 질문을 할 수 있도록 연구해야 한다. 질문을 많이 한다고 수업을 잘하는 것이 아니다. 늘 "왜?"라는 질문만 되풀이하는 수업에도, 질문을 유형별로 분석하고 마치 매뉴얼처럼 순서대로 질문하는 수업에도 아이들은 고통스러워한다.

교사는 학생들이 학습에 의욕을 갖고 스스로 탐구할 수 있도록 질문을 엄선해야 하고, 학생들이나 학부모 모두 질문을 서로 주고받으며 대화를 이어나가는 풍토를 만들어야 하며 이에 익숙해져야 한다(이것은 유대인들의 전통적인 학습법이자 대화법인 '하브루타'와 일맥상통한다고 볼 수 있다).

교사나 어른이 학생에게 일방적으로 설명하며, 지식을 전달해주는 시대, 수업 속에서 몇몇 학생의 강력한 입김으로 의사가 결정되던 시대는 이제 저물어간다. 서로가 서로에게 의미 있는 질문을 주고받도록 해야 하고 이를 통해 학습자가 배움을 위해 능동적으로 움직이게 해야 한다.

진짜 능력 있고 전문적인 교사는 질문의 **클래스(class)**가 다른 교사라고 감히 말하고 싶다. 질문으로 학생의 생각을 자극하고 학생들 스스로 배움을 위한 의욕이 생겨나도록 질문을 연구하고 또 연구하자! 이제 열정이 식어가고 있는 교사, 의욕이 사라져가고 있는 학생들의 가슴 속에서 배움에 대해 뜨거움이 샘솟도록 우리가 그동안 고민하고 연구하며, 적용하고 수정해 왔던 '프로젝트 수업 이야기'를 시작하고자 한다.

1-2

열정

좋은 교사는 잘 가르친다. 훌륭한 교사는
스스로 해 보인다.

위대한 교사는 가슴에 불을 지핀다.

죽어가는 사람을 살리는 사람이 의사라면
살아있는 사람을 살리는 사람은 교사이다.

교육의 질은 교사의 질을 뛰어넘을 수 없다.

전진하는 교육자만이 남을 가르칠 자격이 있다.

아이들과 놀며 즐길 수 있는 사람만이
교육자가 될 권리가 있다.

교사가 지닌 능력의 비밀은 인간을 변모시킬 수 있다는 확신이다. **- 에머슨**
교육은 세상을 바꾸기 위해 당신이 사용할 수 있는 최강의 무기이다. **- 넬슨 만델라**

이번 장에서는 학교 교육을 설계하는 교사에게 있어서 가장 중요한 열정에 관하여 이야기를 하고 있습니다. 열정에 대한 특별한 보상은 없지만, 사람을 사람답게 만드는 교사라는 직업에 대하여 다시 한번 생각해 보았습니다.

1-2

열정(熱情, Passion)

가. 교사는 교육전문가

> 전문가라는 말을 하는 집단 중에서 가장 전문적이지 않아 보이는 집단은 '교사'라는 말을 들은 적이 있습니다. 그런데 저는 이 학교에 교생실습을 오고 나서 그런 생각이 바뀌었습니다. 여기에서 근무하는 선생님들께서는… (하략)
>
> – 2021년 어느 교육실습생의 소감문 중에서

이름 맨 뒤에 '사'자가 들어간다고 하여 교사들은 스스로 전문가라고 말한다. 그런데 필자는 교육실습생의 소감문에서 '가장 전문적이지 않아 보인다는 말'에 가장 마음이 저렸다. 교사인 우리가 과연 전문가라고 스스로 말할 자격이 있을까?

매년 교육부나 각 지역의 교육청에서 교사들을 대상으로 장학사나 연구사를 뽑는 선발 시험이 이루어지는데, 아이러니하게도 이것을 우리는 흔히 '교육 전문직 시험'이라고 부른다. 우리는 공식적으로든 은연중으로든 장학사와 연구사는 전문가이고 일반 교사들은 전문가가 아니라고 생각하고 있는 것은 아닐까? 분명 교사들이야말로 교육 현장에서 직접 수업을 하는 존재로서 교육전문가여야 하는데 말이다. 교사 집단에서 선발된 장학사나 연구사는 한 번 선발이 되면 다시 아이들을 직접 가르치는 교사로 돌아가는 일은 거의 없어서 이들을 교육부나 교육청의 '교육행정 전문가'라고 표현하는 것이 더 적절해 보인다.

의사들은 자타공인 전문가라고 한다. 얼마 전에 인기리에 종영된 '낭만닥터 김사부'라는 드라마에서는 전공의(專攻醫) 과정 세 가지를 획득한(트리플 보드라고 함) 의학계의 전설적인 외과 의사(surgeon) '김사부'가 등장한다. 그는 환자의 안색과 호흡을 쓱 확인하고, 구닥다리 의료 기기 앞에서 사진과 차트를 보며 환자의 병명을 정확히 읽어 낸다. 수술대 위에서는 틀에 박힌 의술의 형태를 깨면서도 적절하고 정교한 봉합을 펼침으로써 보는 사람들의 손에 땀을 쥐게 만든다. 결국, 다 죽어가는 환자를 기적적으로 살려내는 장면으로 각 회는 마무리된다.

시청자들은 드라마 속의 김사부가 환자의 아픔에 공감하고 완벽한 치료를 위해 밤낮으로 차트를 분석하고 관련된 서적을 찾으며, 권위 있는 외국 병원의 의사와 화상으로 미팅도 하며 새로운 연구를 시도하는 등 자신의 모든 '열정(드라마에서는 낭만이라고 부름)'을 불태워 환자들을 위해 일하는 모습에 '나도 저렇게 일하고 싶다'라고 느낀다.

나. 열정만 요구되는 교사

그렇다면 과연 나는 어떤 교사일까? 나는 교사로서 어떤 능력을 갖추고 있으며 어떤 노력을 하고 있을까? 나의 수업에서 학생들의 표정과 말투, 행동들을 쓱 관찰하면, 이 학생들에게 어떤 배움이 얼마나 일어나고 있는지를 단번에 파악할 수 있을까? 돌발적으로 일어나는 학생의 문제행동을 보고 그 원인을 분석하여 적절한 해결책을 제안해 줄 수 있을까? 나는 우리 반 수업을 위해 요즘 어떤 노력을 얼마나 하고 있을까? 나로 말미암아 내가 맡은 학생들은 과연 행복할까? 그리고 이들은 올바르게 성장하고 있을까?

정말 1만 시간의 법칙이 존재한다면, 10년 이상 학교에서 근무하며 수업 시수를 성실히 채워 온 모든 교사는 수업 전문가가 되어 있어야 한다. 10년 이상을 근속한 경력을 가졌음에도 자기 스스로 수업 전문가라고 말하지 못하겠다면 내가 얼마나 나의 수업을 위해 '얼마나 열정을 쏟아 왔는가?'를 스스로 돌아보아야 한다.

과연 당신은 아래와 같은 물음에 어떻게 대답할 것인가?

우리 반 학생들이 나를 만나고 1년 후에는 어떤 학생들로 성장했으면 하는 확고한 가치(교육철학)나 목표(지향점)가 있는가?

나의 수업 능력을 향상하기 위해 나는 어떤 노력을 하고 있을까? 혹시 몇 가지 익숙한 패턴으로 '돌려막기'를 하고 있지는 않은가?

올해 나의 학급 교육과정은 고민이 묻어난 것인가? 그냥 교과서 내용을 순서대로 나열한 것인가? 외부 강사가 나의 수업 속에 들어오면 어떤 생각이 드는가? 혹시 외부 강사에게 나의 수업권을 통째로 넘겨준 적은 없는가?

나는 이벤트를 진행하는 사회자인가? 학생의 배움을 이끌어내는 조력자인가?

내 수업을 관리자, 동료 교사, 학부모 등에게 언제든지 보여줄 수 있는가? 나는 수업에 대해 동료 교사와 소통하고 있는가?

나는 우리 반 학생들에게 얼마나 관심이 있는가? 우리 반 학생들에 대하여 얼마나 알고 있으며, 고민과 아픔에 공감하고 있는가?

나는 학생들이 가진 문제에 대하여 이를 해결하기 위해 학부모와 얼마나 소통하고 있는가?

기본적으로 우리나라에서 대학 입시를 뚫고 임용고시의 문을 넘은 교사들은 우수한 지적 능력, 공감 능력과 그리고 특유의 성실성을 갖추고 있으며 우리의 아이들을 이 사회에 꼭 필요한 일원으로 성장시키기에 충분한 역량을 가졌다. 그리고 대한민국 교육과정 총론에서 제시하는 위계성과 체계성을 법 조항 지키듯 따르고 있는 우리나라 공교육 시스템은 이미 우리나라를 세계 정상급의 나라로 성장시키는 데 큰 역할을 해왔다고 생각한다.

이러한 교사 집단의 우수성과 국가에 대한 기여도에 비해 교사들에 대한 처우는 참으로 미미하다. 어떤 때는 말도 안 되는 민원에 시달리며 감정노동자가 되어버린 교사들에게 '열정'을 다시 가져보자고 말하는 건 이상적인 외침일 수밖에 없다. 그러나 역설적으로 교사에게 '열정'이 없다면 학교에서 근무하는 시간은 교사 개개인에게 얼마나 고통스럽고 지루할까 싶다.

열정의 다른 이름은 수업 본연의 즐거움, 변화와 성장을 바라보는 뿌듯함, 동료 교사와 소통하는 재미, 반가운 소식을 전해오는 제자들을 통한 보람, 세상에 꼭 필요한 사람을 기르고 있다는 확신이다.

다. 우리의 열정을 가로막는 것

열정은 결국 교사를 수업 전문가로 이끌어준다.

교사 대부분은 학교에 출근해서 화장실 가는 시간도 줄여가며 일한다. 분명 말초 신경에서는 화장실을 가야 한다는 신호를 보내왔는데도 그것까지 잊은 채 수업과 행정업무에 몰두하곤 한다. 그런데 왜 교사들은 그렇게 근무시간 내내 전전긍긍할까? 어쩌면 교사들이 1분, 1초의 시간을 아끼는 이유는 남아 있는 나만의 시간을 확보하기 위해서일 것이다. 지옥 같은 학교를 떠나 내 가족들을 챙기기 위해서, 자신의 여가를 즐기기 위해서, 각자 자신만의 의미 있는 시간을 만들어가기 위해 특유의 성실성은 발휘된다.

일선에서 자신의 수업과 업무를 문제없이 처리하면서 '칼퇴'하는 사람을 최고의 교사로 꼽는다. 필자 또한 예전에 교실의 시계를 보다 퇴근 5분 전쯤 주차장에서 시동을 걸고 퇴근 시각과 동시에 교문을 통과하려고 했던 기억이 난다.

교사들은 왜 그렇게 '칼퇴'에 집착하는가? 어쩌면 남들보다 더 열심히 연구하고, 학교 일을 더 열심히 해도 아무런 보상이 돌아오지 않기 때문일지도 모른다. 공산주의 국가에서 프롤레타리아 계급이 굳이 열심히 일하려고 하지 않았던 입장과도 비슷해 보인다.

사실 우리나라의 교육행정은 교사 본연의 책무인 교육과정과 수업에 좀 더 노력하게 독려하는 체제가 아니다. 솔직히 교육과정이나 수업에 열정을 가지고 연구하고 노력하는 교사에게 돌아오는 직접적인 보상은 거의 없다. 그나마 수업에 대해 좀 더 연구하는 교사는 교수나 장학 직으로 이직하기도 하고, 수업을 좀 한다는 선생님들은 수석 교사로 뽑아 담임을 시키지 않고 수업 시수를 줄여주었다. 결국, 수업을 잘하는 교사를 아이들에게서 떼어내는 것으로 보상해준 것 같아 씁쓸한 마음이 든다.

교원의 전문성 신장을 취지로 시작된 교원능력개별평가는 교사의 의욕을 자극하기는커녕 학부모와 학생으로부터 들려오는 불만에 상처받고, 자기 비판(자기계발계획서 쓰기)한 것을 보고하는 시스템으로 전락하고 말았다. 대기업보다 정말 사소한 금액으로 학교 안에서 교사의 교육기여도에 따라 수당을 차등 지급하는 교원성과급 제도는 교원 간에 또 다른 다툼과 감정 낭비로 심화하여 간다.

그러나 이런 상황에서도 우리나라의 많은 교사는 아직도 늘 현장에서 묵묵히 자신의 역할을 열심히 수행하고 있다. 이제 열심히 연구하는 교사가 인정받고 보상받을 수 있는 체제로의 전환이 심도 있게 논의되어야 한다. 또한, 교육이 경제적인 원리에 이용되거나 정쟁을 위한 수단이 되지 않아야 한다.

라. 열정 가득한 교육 동지들이 함께하기를 꿈꾸며

필자가 학교에서 업무를 빨리 끝내려고 하는 이유는 지난 수업을 돌아보고 다음에 진행되는 수업을 준비하는 시간을 확보하기 위해서이다. 다음 수업에서 학생들에게 어떤 질문을 던질지, 어떤 읽을거리를 제공할지, 탐구는 어떤 방식으로 접근해야 효과적일지, 수업을 방해하는 녀석을 어떻게 수업 속으로 데려올지, 학생들이 작성한 과제에 대하여 어떻게 피드백할지, 변화를 확인하려면 어떤 평가가 적절할지, 어떤 결과물로 나타내야 교육적으로 의미 있을지를 고민하고 연구하기 위함이다.

이제 더는 '칼퇴'에 연연하지 않는다. 수업하는 재미와 보람을 느꼈고, 나의 열정으로 말미암아 학생의 배움과 성장을 확인했기 때문이다. 아직 나에게 중요한 네 가지, 즉 학급운영(교육과정)과 수업, 가정의 화목, 건강과 여가 그리고 나 자신의 미래를 위해 주어진 시간과 체력을 어떻게 분배할지는 지금도 고민 중이다.

우리 일곱 명의 필자는 4년간 경인교육대학교부설초등학교에서 동고동락하며 고민하고 연구, 실천해 온 프로젝트 교육과정과 프로젝트 수업에 관한 이야기를 에세이처럼 소개하고자 한다. 이 책을 통하여 교육에 대한 열정이 잠시 식었던 교사에게는 뜨거운 열정을 다시 불러일으키고, 이미 열정은 있는데 어떻게 수업해야 할지를 고민하는 교사에게는 조금이나마 도움을 주고자 한다.

또한 이 책을 통하여 교사의 전문적인 영역인 '수업'에 대하여 함께 연구를 거듭하여 함께 성장하는 교육의 동지들이 하나둘씩 늘어갔으면 하는 꿈을 꾸어본다.

1-3

신뢰

아이들이 원하는 것은 진정으로 존중받는 것,
부모의 조건 없는 관심과 믿음이다.

아이들은 부모의 행동을 나타내는 거울이다.
한 아이를 키우려면 온 마을이 필요하다.

아침이 그날을 나타내듯이, 유년은 그의 성년을 나타낸다.

진짜 좋은 교육이란 아이들 곁에 좋은 어른이 많이 있도록 하는 것이다. _**가드너**

이번 장에서는 학생의 의욕과 교사의 열정이 힘을 받으려면 학부모의 신뢰가 매우 중요함을 강조하고, 어떻게 하면 학부모의 신뢰를 받을 수 있는지, 적극적인 참여를 유도할 수 있는지에 대하여 제안해봅니다.

1-3

신뢰(信賴, Trust)

가. 학부모의 교육적 역할

학교 교육의 3주체는 학생, 교사, 학부모이다.

코로나19 시대, 2020년 3월과 4월, 정상적인 등교와 대면 수업이 어려운 상황에서 한 학교 정문에 걸린 현수막이 눈에 들어왔다.

"너희가 있어야 학교가 봄이다."

그렇다. 교정에 학생이 없으면 학교는 존재의 가치가 없다.

교육에서 교사 또한 당연히 존재의 가치가 있다. 학교 교육을 설계하고, 교육 수요자인 학생을 학교에서 맞이하여 직접 가르치며, 배움이 일어나도록 조력하는 사람이 바로 교사니까 말이다. 그런데 학교 교육의 세 가지 주체 중 가장 잊혀 있는 존재, 학부모는 교육에서 과연 어떤 역할을 해야 할까? 솔직히 교사 입장에서 보면 요즘 학부모들은 학교에 늘 뭔가를 요구하는 사람, 불만을 표출하는 사람, 사소한 일에도 민원을 넣는 사람으로 교육을 방해하거나 혼란을 야기하는 존재라는 생각이 든다.

그렇다고 교육을 실현하면서 학부모를 배제한다면 교육은 올바른 방향으로 나아갈 수 없다. 학교와 교사에 대한 신뢰를 바탕으로 한 학부모들의 적극적인 협력이 없다면 학생들에게서 배움에 대한 의욕이 일어날 수 없고 교사의 열정은 꺾여 버릴 수밖에 없다.

점점 교육의 세 번째 주체인 학부모는 요즘 우리의 교육 활동에서 그 역할이 제외되는 것 같아 아쉽다. 그러나 학부모는 우리가 생각하는 것보다 훨씬 더 비중 있는 존재이며, 강력한 학교 교육의 동력이 될 수 있다. 매년 초 학교운영위원회, 학부모회(어머니회와 아버지회), 녹색교통봉사대 등을 조직하여 직접적인 참여를 유도하는 이유는 과거부터 그 역할의 중요성을 인식하고 있었기 때문이다.

이렇게 직접적으로 참여하는 방법 말고도 학부모들이 학교 교육과 연계하여 협력할 방법은 다양하다. 학생들이 프로젝트 과정에서 필요한 자료를 찾도록 도서관에 함께 갈 수도 있고, 프로젝트 수업에서 거론된 문화재에 관하여 직접 탐구하기 위해 주말에 체험학습하러 다녀올 수도 있다. 우리 반에서 한창 토의토론 중인 민주적인 의사결정 과정을 가정에서도 많은 대화를 통해 이어나갈 수 있고, 프로젝트 수업을 설계하고 열심히 이끌어가는 선생님에게 응원의 문자 한 통을 보내줄 수도 있다. 사소한 한 가지부터 협력하고 신뢰를 보내는 학부모가 우리 반에 하나둘 늘어간다면 우리 반의 교육 효과는 극대화되고 학생들은 그만큼 성장할 수밖에 없다.

그러므로 정작 학부모 자신은 자녀를 위해 큰 노력을 하지 않으면서 '안전한 돌봄' 뿐 아니라 '완벽한 교육'까지 바라지 않도록 여러 방법을 동원하여 학부모에게 역할을 분담해주고 참여의 장을 만들어주어야 한다.

나. 학부모의 신뢰와 지지 얻기

어떻게 하면 학부모의 신뢰와 지지를 얻을 수 있을까? 어떤 이는 이제 '교사라는 직업은 서비스업이다'라고 말한다. 필자는 여기서 서비스라는 말을 좀 더 교육적으로 '공감하기' 또는 '친절함'이라는 말로 바꾸어 표현하고 싶다. 공감이 담긴 친절함이 교사에게서 학생으로, 학생에게서 교사로, 학생에게서 학생으로, 교사에게서 학부모로, 학부모에게서 교사로 서로 역동적으로 오가도록 노력해야 한다.

친절이라는 말은 화 한 번 안 내면서 말을 이해할 때까지 열 번이고 백 번이고 반복하라는 말이 아니다. 아이들이 원하는 대로 다 받아주라는 말도 아니다. 친절은 특히 공감에서 비롯된 친절이어야 한다. 가장 중요한 것은 공감과 친절 속에서 자라나는 '신뢰'이다.

학부모와 이해의 격차를 줄이기 위해 교사는 학부모에게 자신의 교육철학과 계획,

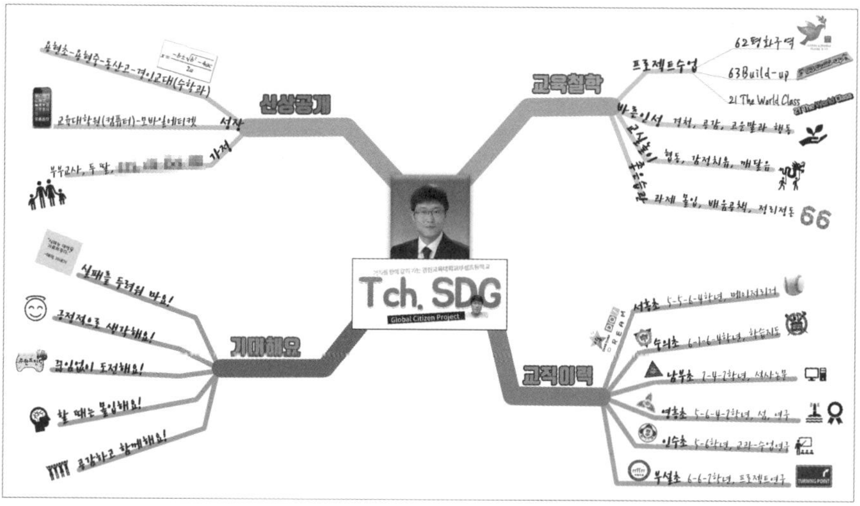

담임교사 소개자료

교육과정의 방향을 학년 초부터 적극적으로 알릴 필요가 있다. 조금 더 적극적인 선생님들은 학생들을 만나는 첫날부터 학부모에게 편지나 자기소개서를 보내기도 한다. 학부모 총회나 상담이 이루어지기 전에 학부모의 신뢰를 얻기 위해 자신의 교육철학과 1년의 수업 활동에 관한 이야기를 먼저 친절하게 안내하는 선생님들도 많다.

다음 그림은 학부모총회에서 담임교사를 알리고 학부모와 소통하기 위해 필자가 만든 마인드맵이다. 학교 전체에 샘플로 보내는 교무부장의 학급안내 PPT 양식을 따르기보다는 각 교사의 특색 있는 자기소개서가 학부모의 신뢰 형성에 더 좋은 영향을 줄 것으로 믿고 만든 것이다.

또한, 자신이 할 것과 하고 싶은 것을 한 박자 빠르게 알리는 것만큼 학부모의 바람과 의견도 적극적으로 먼저 듣고 공감하려는 태도도 중요하다. 학부모의 바람과 의견을 귀 기울여 듣고 공감하려는 그 진정성을 통해 학부모를 우리 반의 교육을 적극적으로 지원 사격 하는 든든한 내 편으로 만들어야 한다.

다음 그림은 프로젝트 수업을 위해 3월 2일 학급 알림장에 프로젝트 학습을 안내한 예시이다. 여기에는 우리 학급에서 추구하는 가치(교육철학), 프로젝트 주제, 기르고자 하는 핵심 역량, 목적과 운영 방법 등을 안내하였다.

	2020학년도 2학년 1학기 프로젝트 학습 안내	1	04.20. ~ 06.19. (101차시)
		2	06.22. ~ 09.02. (99차시)

학년목표	즐거운 배움, 공감과 협력, 행복한 미래를 꿈꾸는 세계시민
운영목적	'21세기 세계시민 The World Class' 프로젝트를 통해 기본적인 세계시민의 핵심역량을 갖추고, 즐거운 배움과 타인과의 협력을 통해 행복한 미래를 설계하는 세계시민으로 성장하고자 한다.
운영기반	탐구와 놀이, 협력이 있는 주제중심 프로젝트 학습 운영
프로젝트 접근기반	① 세계시민으로 성장하기 위한 주제중심교육과정에서의 프로젝트기반학습 ② 학생, 학부모, 교사가 서로 공감하여 함께 성장하는 배움의 공동체 실현 ③ 지속가능하며, 미래를 평화롭게 살아갈 수 있는 핵심역량의 함양

프로젝트 주제	핵심 역량	프로젝트 목적	프로젝트 운영 내용
#1. 내가 맞이한 봄	심미적감성 의사소통역량 자기관리 지식정보처리 창의적사고	▶ 나와 생명이 깨어나는 봄을 연계하여 탐구와 놀이, 협력을 중심으로 배움을 전개할 수 있는 프로젝트 학습을 구성함 ▶ 자신의 몸과 마음이 어떤 과정을 거쳐 성장해 왔는지 돌아보고 이제는 우리가 무엇을 배워 나가야 할지에 대해 생각하고 이를 바탕으로 자신의 성장을 준비하는 활동을 실천하게 함 ▶ 계절적 배경인 봄의 참된 의미와 관련 지식, 사람들의 생활 모습을 깊이 있게 탐구하고 다양한 봄 관련 놀이를 체험하며 생태 속에서 어떻게 살아가야 할지를 돌아보는 배움 과정을 갖도록 함 ▶ 나의 재능과 흥미를 탐색하고 이를 바탕으로 미래의 내 모습을 상상하며 꿈을 가꿔갈 수 있도록 함	1. 주요 학습 내용 - 나의 몸의 변화 모습과 성장 과정 탐색 - 봄철 날씨 변화와 달라진 생활모습 탐구 - 내 몸의 각 부분 이름과 하는 일 이해 - 나의 마음을 알고 표현하기 - 봄을 건강히 지내는 방법 탐구하기 - 나의 재능과 흥미 찾기 - 나의 미래 모습 상상하여 표현하기 - 나의 봄 전시회, 우리 반 꿈 발표회 2. 핵심 가치 : 바른 마음, 건강, 희망 3. 주요 산출물 - 프로젝트 학습장 탐구 결과 작성자료 - 봄과 나, 탐구 결과 포트폴리오 - 나의 봄 전시회, 우리 반 꿈 발표회
		▶ 가족과 여름철 동식물의 생태를 연계하여	1. 주요 학습 내용

1학기 프로젝트 안내장

다. 학부모와의 간격 좁히기

교사와 학부모의 관계를 '불가근불가원(不可近不可遠)'이라고도 한다. 너무 가까워도 너무 멀어도 안 되는 적절한 관계의 중요성을 표현한 말이다. 이 말은 아이를 위한 목적으로 교사와 학부모가 긴밀한 관계를 맺어야 하지만, 사적인 관계에서는 적절한 거리를 유지해야 함을 의미한다.

여기서는 아이를 성장시키기 위한 목적으로 교사와 학부모의 간격을 좁히는 방법에 관해서만 이야기를 하고자 한다. 자녀에 대한 적극성과 진정성이 학부모에게 전달되기를 바란다.

첫째, 학교생활의 모든 과정에서 발생하는 크고 작은 갈등과 해결 과정 등에 대하여 학부모와 수시로 소통하고 조언해야 한다. 특히 교사는 학생 간에 발생하는 갈등이나 문제에 관하여 관심을 두고 정확한 진단과 공정한 판단을 내려야 한다. 갈등 상황을 그 자리에서 학생 간에 해결해야 할지, 선생님이 이야기를 들어주고 다독이며 풀어갈지, 학부모에게 알리고 어떻게 교육적으로 지도할지 등에 대하여 전문가가 되어야 한다. 이러한 과정을 어떻게 학부모와 소통할지에 대하여 좀 더 노련해져야 한다.

여기서 중요한 점은 학부모와 소통이 필요한 점이 있다고 판단되면 반드시 적극적으로 개입하여 오해의 폭을 좁혀야 한다는 것이다.

둘째, 활동이나 생활에 대하여 피드백을 수시로 전하는 것도 좋은 방법이다. 단체 문자나 전체 알림장 말고 학생에게 개별적으로 해주는 피드백을 말한다. 특히 프로젝트 과정 중에 자녀가 했던 과제물에 대하여 잘한 점, 아쉬운 점, 공감하는 점, 발전 방향 등을 담임 선생님의 글씨로 직접 적어주는 일은 세상에 그 어떤 피드백보다도 효과가 있으며 진심이 가장 잘 전달될 수 있다고 생각한다.

셋째, 일관된 채널로 지속해서 소통한다.

요즘에는 교사가 학부모에게 자녀의 학교생활을 알리고, 학교생활에 대한 지원을 요청할 수 있는 채널은 다양하다. 점차 유인물이나 공책에 작성하던 종이 알림장은 사라지고, 사이버 알림 공간인 학교 홈페이지나 알리미 서비스, 사설에서 무료로 제공하는 클래*팅, 네이* 밴드, 카카*톡, 하*클래스 등으로 소통하고 있다.

그런데 이러한 사이버 알림 활동에 있어 학부모들에 대한 배려가 필요해 보인다. 그것은 다양한 서비스들의 장점을 이용하고자 여기저기서 소통하다 보면 채널이 너무 많다는 불만이 생긴다.

예를 들어 초등학교 교사이며 두 명의 자녀를 둔 학부모인 필자의 경우 종일 다음과 같은 알림 사항을 챙겨야 한다.

> 아침에 일어나 건강 상태 자가진단 앱에 들어가 출근할 수 있는지 표시한다. 그리고 자녀 두 명의 건강 상태 자가진단도 각각 해야 한다.
> 우리 반은 초롱* 알리미로 알림장을 올리고, 우리 반 학부모들이 어떻게 회신하는지 확인한다.
> 우리 반이 프로젝트 수업으로 학습하는 장면을 네이* 밴드에 사진과 동영상으로 올려 화질 좋은 사진을 내려받을 수 있게 한다.
> 우리 큰아이의 담임 선생님은 클래*팅으로 알림장을 올리신다. 클래*팅에서 파일을 내려받고, 회신문을 작성해서 내일까지 종이로 제출해야 한다.
> 작은 아이의 담임 선생님은 하*클래스를 사용하신다고 해서 며칠 전 가입을 했다. 아직은 이용 방법이 어색하고 어렵다.
> 큰아이와 작은 아이의 각종 학원에서 수시로 문자가 날아오고 수강료를 빨리 내달라는 내용이 들어 있다.
> 주말에 가려고 신청했던 체험관에서 당첨 카카**이 날아왔다. 가야 할지 말아야 할지 빨리 결정해서 회신해야 한다.

자녀를 둔 대한민국의 교사라면 필자의 일상에 공감할 것이다. 실제로는 여기에 나열한 것보다 더 많은 문자와 알림에 시달리며 살 것이다. 이런 어려움은 우리 반의 학부모들도 마찬가지일 것이다.

이런 문제를 해결하기 위해서 먼저 안내는 자세히 그리고 적극적으로 하되 안내의 통로는 최대한 간단하게 정리할 필요가 있다. 그리고 학부모들이 더욱 노력해야 할 것은 아이들이 자기 스스로 자신의 일정과 준비물을 챙기고 스스로 학습을 주도하도록 자녀들을 다독여야 한다.

학부모의 마음이 움직이면, 아이들의 마음은 더 크게 움직이게 마련이다. 자녀가 요즘 어떤 공부를 하고 있는지, 어떤 활동을 특별히 잘 수행했는지, 도움과 지원이 필요한 부분은 없는지, 평가에서 어떤 결과를 얻었는지, 활동에 대한 소감은 어떻게 표현했는지, 앞으로 어떤 변화를 기대하는지 등을 좀 더 친절하게 알리고, 자녀의 바람직한 변화를 독려하는 교사를 거부하는 학부모가 몇이나 있을까?

다수의 학부모로부터 전해오는 긍정적인 메시지가 있다면 신뢰가 형성되고 있다고 생각해도 되지 않을까?

"OO 선생님은 하고 싶은 게 많으신지 이것저것 하자는 것이 많아서 따라가기 힘들어요"라는 말이 "OO 선생님은 우리한테 관심이 없어요. 아무것도 하지 않아요"라는 말보다는 훨씬 의미 있어 보인다.

가정과 끈끈하게 무한신뢰!
선생님의 부탁에는 무조건 **지원!**

2

PBL 이해

2-1

정의

사람이 세상을 바꾸고
교육이 사람을 바꾼다.

당신이 배를 만들고 싶다면
사람들을 불러 모아 나무를 해오게 하거나
끝없는 바다에 대한 동경을 심어주어라.

교육의 참된 목적은 각자가 평생 자기의 교육을 계속할 수 있게 하는 데에 있다.
- 존 듀이

이번 장에서는 먼저 프로젝트(PBL)의 도입과 변화 과정을 알아보고 학생과 교사의 입장에서 각각 프로젝트의 정의를 해보았습니다. 그리고 프로젝트 설계 단계에서 교과 간의 통합이 필요한 이유를 설명하고, 교과를 통합한 주제 중심의 프로젝트 교육과정을 설계하는 이유를 설명하고 있습니다.

2-1

정의(定義, Definition)

가. 프로젝트의 도입과 변화

프로젝트 학습법(PBL)은 1920~1930년대 미국에서 당시 구성주의 학습법의 하나로 듀이(Dewey)와 킬패트릭(Kilpatrick) 같은 진보주의자들이 제안하였다. 교사 주도의 지식 전달식 수업에서 벗어나 학생들이 능동적으로 수업에 참여하도록 하고, 주변의 삶과 관련된 주제를 탐구하고 다양한 경험을 할 수 있는 학습 상황이 제공되는 프로젝트 활동을 제안한 것이다. [1]

1 이현정 외, 프로젝트 수업, 배움을 디자인하다, 행복한 미래, 2017. 44~45쪽 재구성.

우리나라에서는 1990년대 초 미국의 카츠(Katz)와 차드(Chard)에 의해 프로젝트 학습 이론에 기반을 둔 프로젝트 접근법이 소개되었다. 하지만 30년이 지난 지금 학생들이 주도적으로 수업에 참여하며 주변의 삶과 관련된 주제를 탐구하는 수업이 활발히 진행되고 있는지에 대해서는 의문이 든다. 왜 우리는 여전히 교사가 주도하는 수업에 머물러 있을까? 아마도 암기한 지식의 양을 가지고 입시를 치르며 진로가 결정되는 우리나라의 교육 현실을 벗어날 수 없기 때문일 것이다. 지금도 우리의 자녀와 우리 반 학생들은 공교육 기관인 학교를 나가면 바로 입시전문의 영어, 수학, 예체능 학원으로 발걸음을 옮긴다.

필자는 1990년대 교육대학을 다니며 학습자 스스로 자신의 학습에 대하여 주도적인 역할을 하는 동시에 학습에 대한 책임을 지면서 능동적이고 적극적으로 학습할 수 있는 환경을 구현하려는 구성주의 교육철학을 공부하였다. 이어 1990년대 말부터 2000년대 초반에는 '열린 교육'이 초등 교육 현장에 대유행하면서 교실마다 벽을 허물고 학생들은 교실에 깔린 러그에 앉아 학습하던 모습도 기억한다. 최근에는 유대인의 전통 학습법인 하브루타가 대유행하며 새로운 교육법인 것처럼 학교 현장에서 활용되고 있다.

사실 구성주의, 열린 교육, 하브루타에서 공통으로 이야기하는 확산적 질문이나 경험의 재구성, 토의토론, 학생의 상호 협력 등의 말들은 결국 프로젝트 학습과 모두 같은 맥락이라고 볼 수 있다.

모든 교육 사조가 그랬듯이 프로젝트 학습 또한 도입-적용-반대-변경-반복-보완의 시행착오를 통해 정반합적 변화를 거쳐 왔다.

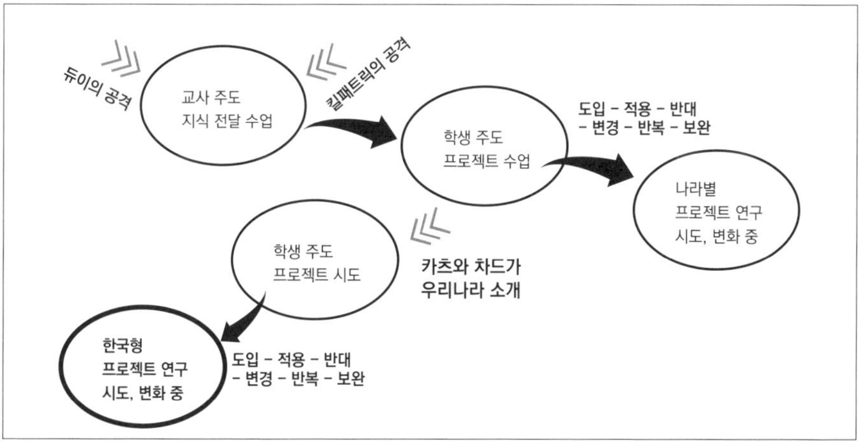

프로젝트 도입과 변화

우리나라에서 프로젝트 학습이 교육풍토로서 제대로 뿌리내리고 이를 통해 미래형 인재들이 길러지려면 먼저 서열화된 대학입시제도부터 직업 선택에 이르기까지 큰 변혁이 일어나야 한다. 결국, 학부모를 비롯한 국민의 의식이 바뀌어야 하며 교육을 이끄는 교사부터도 변화해야 한다.

이미 세상은 급속하게 변하고 있다. 미래에 없어질 직업으로 그동안 우리에게 최고로 주목받았던 직업들이 꼽히기도 하고, 과거에 새로 생겨날 직업으로 전혀 예상하지 못했던 1인 유튜버가 주목받고 있으며 4차 산업혁명 시대에 맞추어 새로운 직업들이 우후죽순 생겨나고 있다. 평생직장이라는 개념은 이미 사라지고 있으며 1인이 여러 직종에 종사하는 예도 흔히 볼 수 있다. 좋은 대학에 진학하면 풍족하고 행복한 미래로 이어진다는 말은 설득력을 잃어가고 있다.

새롭게 변화하는 미래에 대비하여 이제 우리나라의 수업도 교육 선진국들의 사례를 보며 흉내 내는 식의 수동적인 태도에서 벗어나야 한다. 우리만의 철학과 색채를 가지고 대한민국의 변화와 흐름에 맞게 대처하며 급변하는 미래를 준비해야 한다.

나. 프로젝트의 주체

프로젝트 학습이란 학습자가 스스로 문제를 찾아내고 해결방안을 기획하며 협력적인 조사 탐구를 통해 과제를 해결하고 결과를 공유하는 일련의 과정에서 배움이 일어나는 수업 형태이다. 프로젝트 학습은 교사가 교육과정을 구성하고 수업을 기획함으로써 학습자와 조력할 뿐 아니라 학습자와 상호작용하여 역동적 배움의 장을 형성하는 것이다.『프로젝트 수업, 교육과정을 만나다』,

– 이성대, 김정옥 외

프로젝트 학습은 학습자의 프로젝트 주제 선정과 탐구 질문의 선택에 있어서 자기주도적인 역할과 모둠원의 협력, 역할 수행을 통한 협력적 작업이 중요하며, 그 결과를 다양한 방법으로 표현하고 공유하며 상호 비평과 개선의 과정으로 사고의 확장을 이루는 배움의 학습이라 정의할 수 있다. 따라서 프로젝트 학습을 기획할 때 이러한 요소들이 충족되고 관련 능력이 길러질 수 있도록 수업을 잘 설계하고 운영 과정에서 학습자들의 반응을 확인하고 격려하는 교사의 역할이 매우 중요하다.

특성화 고등학교 프로젝트 기반의 국어과 융합수업 방안, 이재경

프로젝트의 도입 배경과 위에서 제시한 프로젝트의 정의를 자세히 읽다 보면, '과연 수업의 주체는 누구일까?'를 고민하게 된다. 수업의 주체는 과연 교사일까? 학생일까?

1920년 이전 수업의 형태는 전통적 교수법, 일제식 수업으로 교사 주도의 전달식 수업이었으나 듀이(Dewey)와 킬패트릭(Kilpatrick) 같은 진보주의자들의 영향으로 구성주의 학습이 소개되면서 학생 주도의 수업이 강조되어 왔다. 그러나 실제로 학교 현장에서는 여전히 교사가 주도하는 수업이 설계되고 실행되고 있다.

프로젝트 수업(또는 학습)에 대한 연구와 새로운 시도는 최근 마이클 맥도웰 등 많

은 교육자에 의해 거듭되고 있고, 그 효과가 입증되고 있다. 그러나 프로젝트의 설계부터 실행, 평가 등 일련의 과정을 '누구에게 얼마만큼 맡길 것인가?'에 관하여 묻는다면 난감하다. 프로젝트 수업은 교사가 일방적으로 주도해서도 안 되고, 학생에게 모든 것을 맡겨서도 안 되기 때문이다.

최근 프로젝트 수업에 대한 연구를 종합해 보면 '프로젝트의 주체는 누구인가?'에 대한 물음에 결국, 교사, 학생 둘 다 주체가 되어야 한다고 말하고 있다. 이것은 '프로젝트 수업인가?', '프로젝트 학습인가?'에 대한 용어를 구분 짓는 것과도 관련이 있다. 이 부분은 다음 장 '구분' 파트에서 구체적으로 다루고자 한다.

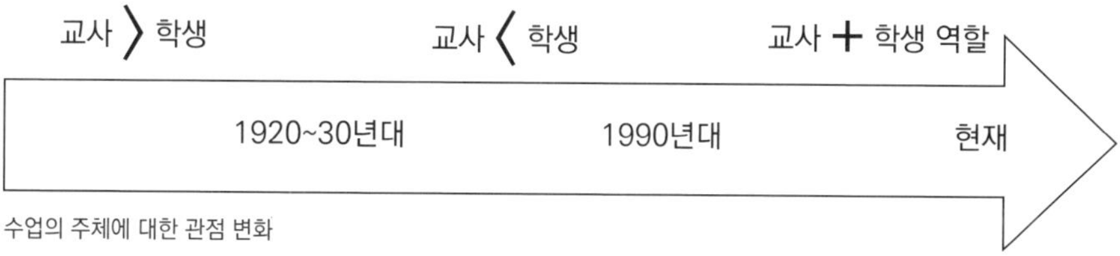

수업의 주체에 대한 관점 변화

우리는 수업의 주체에 대한 최근의 관점 변화에 주목하고 프로젝트 수업에서 교사와 학생의 역할을 구분해 볼 필요가 있다. 이 구분은 항상 정해져 있는 것은 아니며 교사의 역할을 학생이 할 수 있고, 때에 따라서는 학생이 할 일을 교사가 주도하여 끌고 갈 수도 있다.

교사 역할	학생 역할
- 교육과정 설계 - 수업 기획 - 탐구 질문의 제시 - 배움의 장 마련(비계[2] 제공) - 학습자의 반응 확인 - 학습자를 조력, 격려 - 평가와 피드백	- 프로젝트 주제 선정 - 탐구 질문의 선택 - 문제 발견과 해결방안 기획 - 자기 주도적 학습 - 역할 수행, 협력적 작업 - 결과 표현, 공유 - 새로운 배움과 사고의 확장

프로젝트 학습에서 교사와 학생의 역할 구분

다. 프로젝트에서 교과를 통합하는 이유

프로젝트를 시작하는 A 교사는 첫 수업에서 학생들에게 이런 질문을 던졌다.

"여러분, 우리는 이번에 '자연'에 대하여 알아보도록 할게요. 무엇을 공부하면 좋을까요?"

이 질문에 학생들은,

①번은 자연을 직접 나가 관찰해보고 탐구보고서 쓰기

②번은 자연의 풍경을 감상하고 아름다움을 그림으로 표현하기

2 비계(Scaffolding): 일반적으로 비계(飛階)는 건축 공사장에서 쓰이는 말로, 높은 곳에서 공사를 할 수 있도록 임시로 설치한 가설물을 의미한다. 교육학에서 비계는 학습자의 인지적 성장에 도움이 되는 요소와 환경을 말한다. 교사나 동료의 친절한 설명, 어려운 과제의 해결이나 주제 이해를 돕기 위한 별도의 학습 자료, 교사나 동료와의 상호작용(대화) 등 교실 내에서 학습자의 학습에 도움을 주는 모든 요소를 비계로 이해할 수 있다.

③번은 자연의 소리를 듣고 어울리는 음악을 창작하기

④번은 자연에서 채집한 먹을거리를 이용하여 음식 만들기

⑤번은 자연에 대한 감상을 동시로 나타내고 낭송하기

⑥번은 자연에서 찾을 수 있는 수학적 규칙을 발견하고 소개하기

⑦번은 자연과 인간이 더불어 살아갈 방안 찾기

⑧번은 자연을 어떻게 개발해야 할지를 토의토론하기

⑨번은 자연을 이용한 스포츠를 찾고 경쟁 활동하기

⑩번은 자연을 오감으로 체험하고 주변 청소하기

라고 다양하게 답하였다(1번부터 10번까지 과학, 미술, 음악, 실과, 국어, 수학, 도덕, 사회, 체육, 봉사활동과 연관 지어 봄).

여기서 우리는 위의 열 가지 학습 내용을 교과 내에서 각 교과의 특성에 맞게 수업을 설계하고 진행할 수 있다. 각각 학습할 내용을 교과별로 가져가 관련 단원과 성취기준을 찾고 시기, 차시, 활동 순서를 재구성하여 수업에 적용한다면 이것이 바로 교과 중심(교과 내 재구성을 한)의 프로젝트 수업이 된다.

그런데 각 교과에서 분절적으로 수업을 진행하고 각 교과에서 유의미한 결과를 얻으려면 적어도 3~4시간 이상씩은 필요할 것이다. 산술적으로 10개 교과에서 모든 주제를 완성도 있게 다루려면 총 30~40시간이 필요한 셈이다. 그래서 필자는 교과의 분절로 낭비되는 시간을 줄이고, 교과 간에 긴밀한 연결을 위해 **'주제'를 중심으로 통합한 프로젝트 수업 설계**를 권하고 싶다.

예를 들어 위와 같은 프로젝트 수업(교과 통합)을 '자연과 우리'라는 주제로 통합하여 설계하고 진행해 보면 어떨까?

우리 인간은 고대 사회부터 인간사회와 자연 현상이 서로 연결되어 있다고 믿었고, 다양한 현상들을 통합적인 관점으로 보았다. 철학과 신학, 천문학, 수학, 음악, 미술 등을 통합적으로 이해하려고 한 것이다. 그러다 근대 사회에 이르러 자연 과학이 급속하게 발달하면서 학문의 분화가 이루어졌는데, 그 영향으로 여러 학문으로 분화가 이루어지고 개별 학문의 지식을 단원별로 세분하기에 이르렀다. 반면, 최근에 강조되는 융합교육(conversion education 또는 STEAM; 융합인재교육)에서는 개별 교과로 분리된 지식을 상호 유기적으로 융합함으로써 복합적인 사회생활을 이해하고 문제를 해결하도록 가르치고 있다.[3]

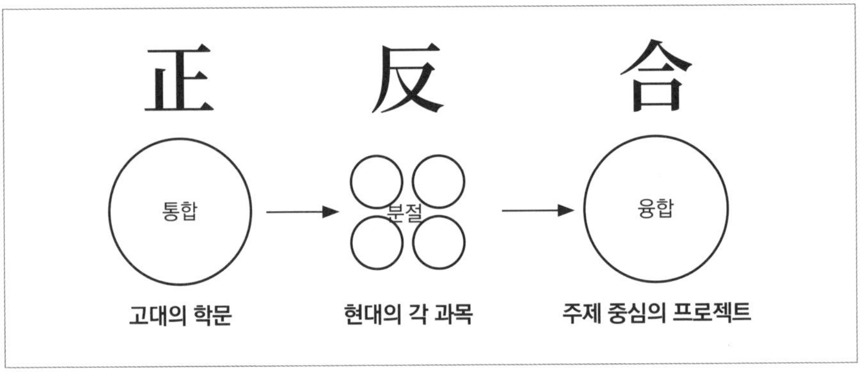

인간이 어떤 현상을 보는 관점의 변화

A 교사는 필자의 의견을 반영하여 '자연과 우리'라는 주제 중심의 프로젝트 수업을 설계하였다. A 교사는 학생들에게 '자연에 대하여 그리기' 과제를 내주었고 학생들은 다음과 같이 과제를 수행하였다.

---

3 김나연, 2015 개정교육에 따른 교과 융합 프로젝트 수업지도안 개발, 연세대학교 교육대학원 석사학위 논문, 2018. 18~25쪽 재구성.

①번은 가을의 숲 풍경을 멀리서 관찰하고 숲 전체의 느낌을 담은 풍경화를 그렸다.

②번은 가을 숲으로 가까이 다가가 빨갛게 된 단풍나무 한 그루를 발견하고 그 단풍나무의 균형과 색상의 조화를 정물화로 나타내었다.

③번은 솔방울 하나를 주워 솔방울 하나하나의 모양과 재질을 나타내고 솔방울에 숨은 수학적 규칙을 발견했다.

과연 세 학생 중 제대로 과제를 수행한 학생은 누구일까?

이 질문은 사실 어리석은 질문이다. 이 학생들 모두 훌륭한 과제 수행을 했기 때문이다. '멀리서 숲 전체를 보는 것이 맞는가? 열매를 자세히 관찰하는 것이 맞는가?'는 교사가 어떻게 주제를 제시했는가, 어떤 결과를 바라고 과제를 제시했는가에 따라 달라진다.

A 교사가 처음에 주제를 좀 더 구체적이고 명확하게 제시했다면 학생들의 과제 수행과 학습 결과는 분명 일관되게 나타났을 것이다.

라. 주제를 중심으로 한 프로젝트 교육과정

프로젝트에서 말하는 '주제'는 교과 간의 경계를 허물고 여러 교과의 성취기준들을 융합한 것이다. 교과 융합, 주제 중심의 통합, 주제 중심의 교육과정, 주제 중심의 프로젝트 수업이라는 말을 사용하는 이유가 여기에 있다. 이제는 더 교과서 순서대로 공부하거나 교과서의 내용을 그대로 가르쳐야 한다는 생각을 버려야 한다. 그래서 필자의 교실에서는 그동안 교육의 바이블로 추앙받던 교과서가 프로젝트 수업을 진행하는 과정에서 찢기고 오려지는 일이 벌어지기도 한다.

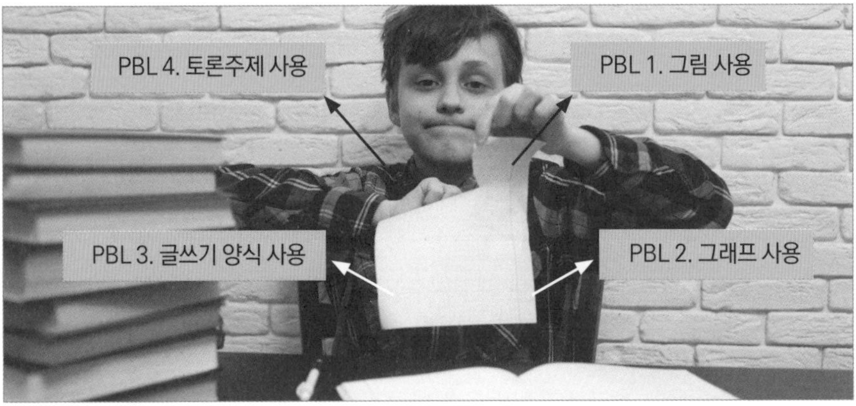

교과서는 그저 참고자료일 뿐

프로젝트를 제대로 하려면?
- 교사가 교육과정을 철저하게 분석하고 설계하여야 한다.
- 학생의 선택을 통해 능동적인 참여가 있어야 한다.
- 다양한 현상을 분절적으로 보지 않고 통합적인 관점으로 본다.
- 교과서는 유용한 참고자료이다.

2-2

구분

어제 우리가 배운 것처럼 오늘 가르친다면, 아이들의 내일을 강탈하는 것이다.
- 존 듀이

교육은 더 지식 전달에 주력할 게 아니라 새로운 길을 택해
인간 잠재력을 발산하게 해야 한다.
- 마리아 몬테소리

뛰어난 사람은 두 가지 교육을 받고 있다. 그 하나는 교사로부터
받는 교육이요, 다른 하나는 자기 자신으로부터 받는 것이다.
- 탈무드

이번 장에서는 프로젝트 수업과 관련된 용어들을 정리해 보았습니다. 그리고 우리가 설계, 실행하고 있는 주제 중심의 가치 프로젝트가 일반적으로 실행되고 있는 프로젝트와 어떤 차이가 있는지 설명하고 구분해 보았습니다.

2-2

구분(區分, Division)

가. 프로젝트 학습 VS 프로젝트 수업

프로젝트 학습은 영어로 'Project Based Learning', 즉 프로젝트 기반 학습을 말한다. 줄여서 PBL이라고도 한다. 그리고 거의 같은 빈도로 '프로젝트 수업'이라는 말도 사용한다. 이는 우리나라에서 수업을 교수와 학습을 엄격하게 분리하여 보는 경향이 있는데 이러한 우리나라의 수업 문화에서 탄생한 신조어로 보인다.[4]

'교사가 교육과정을 구성하고, 수업을 기획한다'라는 말에 공감한다면 '프로젝트 수업'이라는 용어도 적절한 표현이라고 볼 수 있다.

---

4 이현정 외, 프로젝트 수업, 배움을 디자인하다, 행복한 미래, 2017. 15~16쪽 재구성.

프로젝트 학습	프로젝트 수업
- 수업에 참여하는 학생의 입장 - 프로젝트를 기반으로 학생이 수업에 참여하며 배움이 일어남.	- 수업하는 교사의 입장 - 교사가 주도하여 교육과정을 구성하고 수업을 기획해야 함.

그러므로 수업을 바라보는 입장의 차이일 뿐 이 책에서는 앞으로 '프로젝트 학습, 프로젝트 수업, PBL, 프로젝트를 기반으로 하는 수업'이라는 말들은 모두 같은 의미로 사용하고자 한다.

> 프로젝트 학습 = PBL = 프로젝트 수업
> = 프로젝트를 기반으로 하는 수업

프로젝트의 여러 가지 이름

나. 프로젝트 기반 학습 vs 문제 기반 학습

프로젝트 학습을 'PBL'로 줄여서 쓰지만, 문제 기반(중심) 학습(Problem Based Learning) 또한 PBL로 불린다. 오늘날 미국에서는 문제 기반 학습과 프로젝트 기반 학습이 비슷한 의미로 쓰인다.[5]

---

5 마이클 맥도웰, 프로젝트 수업 제대로 하기, 지식프레임, 2019. 9~13쪽 재구성.

요즘 프로젝트 학습을 실행한 연구 결과들은 대부분 프로젝트 학습을 하면서 실생활에서 접하게 되는 실제적인 문제나 이와 유사하게 제시되는 문제를 학습자들이 해결해가는 모습을 중점적으로 소개하고 있다.[6] 즉, 학생들이 필요한 지식과 정보를 스스로 탐구하고 적절한 해결책을 찾는 과정에서 학습이 이루어진다고 보는 것이다. 결국, 프로젝트 기반 학습이 곧 문제를 기반으로 한 학습이라고 보는 입장이다.

그러나 필자는 위의 입장과 조금 차이가 있다. 프로젝트 기반 학습은 문제 기반 학습보다 공동의 협력에 더 강조점이 있으며, 프로젝트 학습을 하면서 반드시 생활 속의 문제를 해결해야 한다는 생각에 빠져들지 않기를 바라고 있다. 문제에 대해 깊이 고민하고, 문제에 대하여 올바르게 판단하며, 지금의 내가 할 수 있는 일을 성찰해 보는 것만으로도 학습은 충분할 수 있다. 꼭 프로젝트 결과 단계에서 문제를 해결해야만 하는 것은 아니다. 문제를 중심으로 한 학습은 프로젝트 학습의 중요한 조건이지만, 전체는 아니라는 관점이다.

일반적으로 PBL을 보는 견해

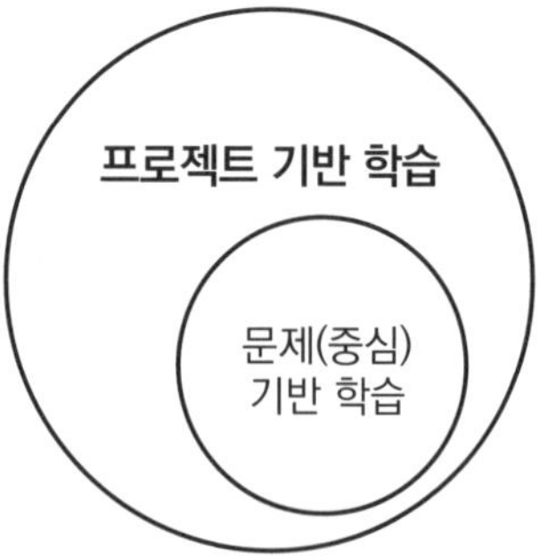

필자가 PBL을 보는 견해

6 프로젝트 수업, 배움을 디자인하다, 이현정, 최무연, 임해정, 행복한 미래.

다. 우리 프로젝트의 다른 점

이번 단락에서는 일반적으로 행해지고 있는 프로젝트 수업과 필자가 현재 근무하는 학교에서 이루어지고 있는 프로젝트 수업을 비교하고자 한다.

어디까지나 이 비교는 필자의 소수 의견일 수 있으며, 필자가 하는 프로젝트에 대하여 이해하기 쉽게 설명하기 위함이다. 이와 동시에 우리처럼 프로젝트를 설계하는 것도 의미 있으니 공감해 주기를 바랄 뿐이다.

일반적인 프로젝트에 대한 설명도 실제와 매우 다를 수 있으며, 어떤 프로젝트가 '옳고 그른가?'를 말하고자 함이 아니다. 어떤 방법으로 프로젝트를 이해하고 접근하며 실행하는가는 어디까지나 이 책을 읽는 교사의 선택이며 그 선택은 존중되어야 한다.

먼저, 일반적인 프로젝트와 필자가 실행하는 프로젝트의 가장 큰 차이점은 가치의 선정과 주제의 구성에 대한 부분이 다르다.

구분	일반적인 프로젝트	필자의 프로젝트
가치와 주제 선정	- 주제를 먼저 정하고 관련된 성취기준을 각 교과에서 가져옴. - 한 학기 또는 한 해 동안 교사가 몇 가지 주제로 프로젝트를 계획하고 운영함.	- 학급에서 일 년 동안 일관되게 추구하는 '가치'를 가장 먼저 선정 - 그 '가치'를 추구하기 위해 한 학기에 2~3개의 가치 프로젝트 대주제를 선정, 모든 활동을 '가치'와 연결함.

결과적으로 두 가지 프로젝트는 주제를 선정하는 과정에서 추구하는 '가치'를 담았는가, 담지 않았는가에서 구분된다. 필자가 실행하는 프로젝트는 담임교사의 교육 철학이자 운영관인 '가치'를 가장 먼저 선정하고, 일 년 동안 그 가치를 향해 나아간다. 앞서 2-1. 정의에서 이야기한 '주제 중심'이라는 말을 덧붙여 필자의 프로젝트를 '주제 중심의 가치 프로젝트'라고 부르기도 한다. 이 가치에 대한 부분은 다음 장에서 좀 더 자세히 설명하기로 한다.

> **필자가 실행하는 프로젝트**
> **= 주제 중심의 가치 프로젝트**

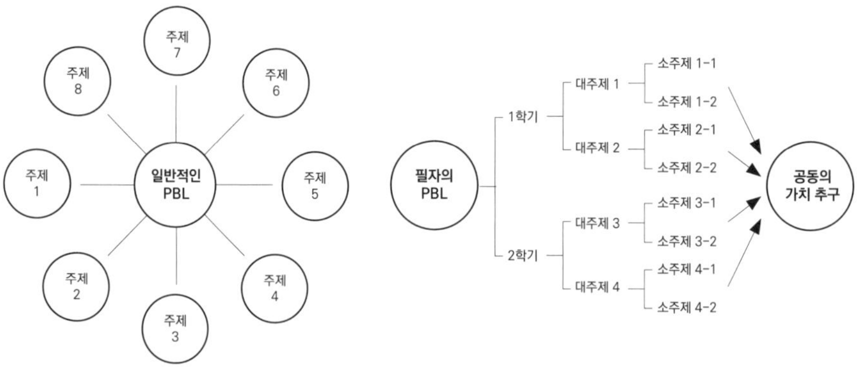

프로젝트 주제 선정의 차이점

2-3

요건

좋은 책을 읽는다는 것은 과거의 가장 훌륭한 사람들과 대화하는 것이다. - 데카르트 (핵심 지식)

혼자 가면 빨리 가지만 함께 가면 멀리 갈 수 있다. (협력)

교육은 삶을 위한 준비가 아닌 삶 자체여야 한다. (실제성)

우리는 사람들에게 그 어떤 것도 가르칠 수 없다. 우리가 할 수 있는 일은 다만 그들이 자기 안에서 무엇인가를 찾도록 돕는 것이다.

- 갈릴레오 갈릴레이 (선택)

한 번에 잘하려면 못 한다. 고로 배워야 한다. 여러 번 해보는 것이 배우는 것이다. (성찰)

세 사람이 걸어가면 그중에는 반드시 나의 스승이 있다. (비평)

이번 장에서는 프로젝트 교육과정을 설계할 때 꼭 고려해야 할 7가지(+핵심 지식과 이해, 핵심 성공 역량)를 설명하고 있습니다. 이는 GS-PBL에 근거하여 필자가 프로젝트 교육과정을 설계, 실행, 평가하며 수정하고 보완한 결과입니다. 이 요건들을 갖춰 프로젝트를 설계하면 흐름과 방향을 잃지 않고 프로젝트를 실행해 나갈 수 있을 것입니다.

2-3

요건(要件, Requirement)

라머와 머겐달러(Larmer & Mergendoller, 2015)는 다음의 7가지 요소가 나타날 때 우수한 PBL이라고 인정할 수 있다고 하였다. 이는 골드 스탠더드 PBL(GS-PBL)이라고 불리며, 프로젝트를 설계할 때 필수 요소로 다음의 7가지를 제시하고 있다.[7]

가) 어려운 문제나 질문

나) 지속적인 탐구

다) 실제성

라) 학생의 의사와 선택권

마) 성찰

바) 비평과 개선

사) 공개할 결과물(산출물)

7 존 라머 · 존 머겐달러 · 수지 보스, 프로젝트 수업 어떻게 할 것인가?, 지식프레임, 2019, 38~57쪽 재구성.

이후 벅 교육협회[8]는 ASCD의 학술지 '핵심 지식과 이해와 핵심 성공 역량'을 중심에 두고 필수 요소 8가지로 진정한 PBL이 무엇인지를 설명하였다.

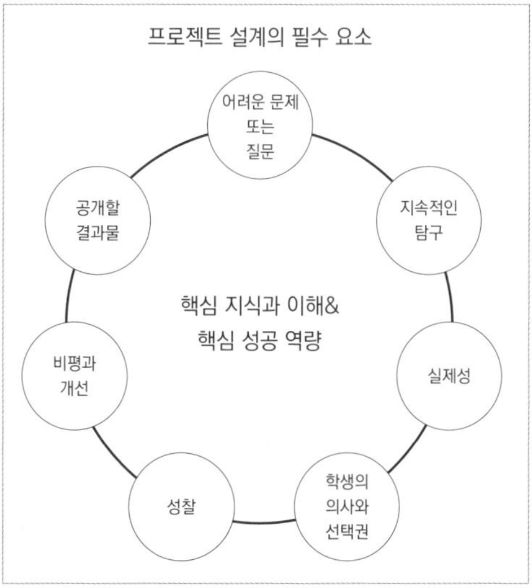

GS-PBL(이상적인 PBL)

이에 필자는 프로젝트 설계 시 꼭 갖추어야 할 필수 요소를 그동안 진행했던 프로젝트와 연결하여 다음과 같이 재해석하여 적용하고 있다.

가. 학습 의욕을 자극하는 질문

이 책의 첫 부분에서 프로젝트 수업이 활발하게 진행되려면 학생의 학습에 대한 의욕이 우선되어야 한다고 밝힌 바 있다.

8 벅 교육협회 BIE(Buck Institute for Education): PBL을 연구하고 교사들을 지원하는 대표적인 미국의 비영리 교육단체, PBL에 관한 한 가장 권위 있는 기관으로 손꼽힘.

어떻게 하면 학생들이 학습하고자 하는 의욕을 갖게 할 수 있을까? 아마 교사는 아래와 같은 질문거리를 어떻게 조직하고 연결하느냐에 따라 학생의 의욕을 자극하는데 도움을 줄 수 있을 것이다.

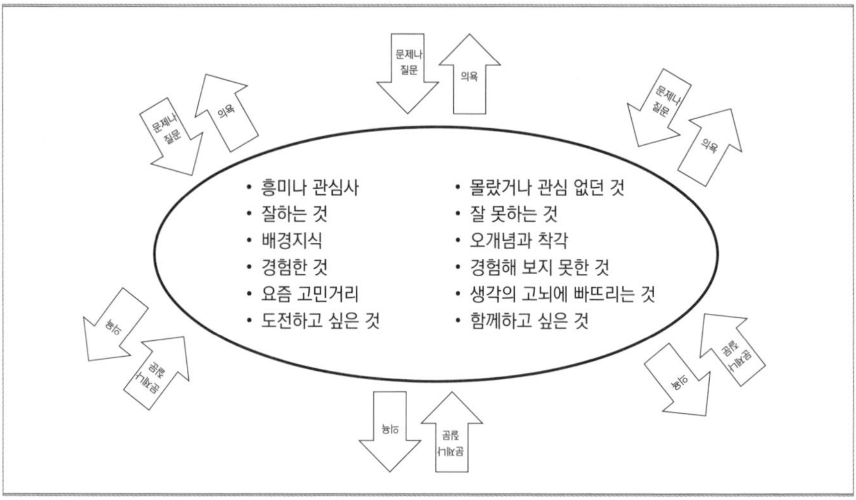

질문으로 의욕 끌어내기

질문은 보통 교사가 학생에게 던지는 질문이 전부인 것으로 생각하지만, 프로젝트 수업을 통해 성장하는 주체는 학생이기 때문에 학생이 교사에게 하는 질문이나 학생이 학생에게 하는 질문 또한 매우 중요하다. 그러므로 학급 안에서 서로 문제를 제시하고 자연스럽게 질문하며 답하는 문화를 만들어가야 한다. 질문을 어떻게 이끌어가는지, 어떻게 접근해야 하는지에 대한 구체적인 이야기는 4-1. 질문 부분에서 좀 더 다루기로 한다. 여기서 중요한 점은 프로젝트 설계를 할 때와 프로젝트를 이끌어갈 때, 그리고 수업을 마무리 지을 때 가장 깊게 고민해야 할 것은 바로 '어떤 질문을 어떻게 할 것인가?'라는 점이다.

나. 지속적이며 협력이 있는 탐구

탐구(Inquiry)의 라틴 어원은 '질문하다'이다. 존 듀이는 학습의 과정에서 특히 탐구의 중요성을 강조하였고 GS-PBL에 많은 영향을 미쳤다. GS-PBL에서 말하는 '어려운 문제 또는 질문'을 통해 주어진 문제를 해결하거나 질문에 대답하는 과정에서 '탐구'라는 것을 하게 된다. 결국, 탐구도 앞에서 제시한 '질문'에서 파생된 학습의 연결 과정이다.

일반적으로 프로젝트 수업은 "우리는 무엇을 알고 있을까?", "우리는 무엇을 알아야 할까?"라는 질문과 함께 시작된다.[9] 프로젝트가 진행되는 과정에서 학생들은 "어떻게 해야 할까? 더 좋은 방법은 없을까?"를 생각하며 탐구의 의지를 갖게 된다. 이러한 사고의 흐름은 프로젝트가 끝나는 순간에 "새롭게 알게 된 것은 무엇일까? 우리는 무엇을 할 수 있을까?"를 고민하게 만든다.

결국, 프로젝트 수업은 학생들 스스로 끊임없는 질문을 하는 과정이며, 이 질문을 해결하기 위한 지속적인 탐구의 과정이다.

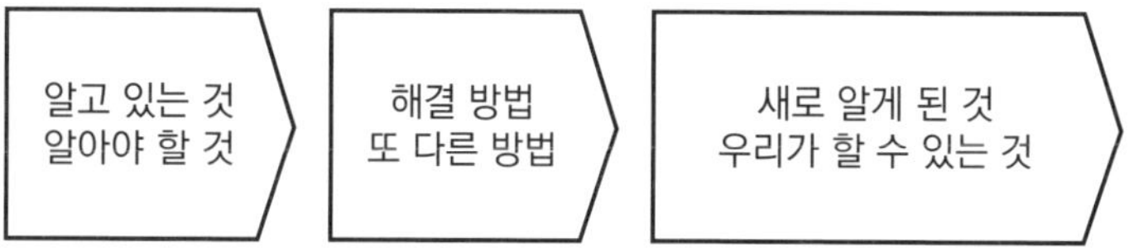

지속적인 탐구 과정

그리고 탐구(探求)란, 사전적으로 '필요한 것을 조사하여 찾아내거나 얻어내는 것'

9 존 라머 · 존 머겐달러 · 수지 보스, 프로젝트 수업 어떻게 할 것인가?, 지식프레임, 2019, 58~82쪽 재구성.

이라는 의미도 있다. 우리는 그동안 탐구라는 말을 할 때 가장 단순한 개념의 '조사(search)'로서의 의미로 생각하는 경우가 많았다. 그렇지만 조사를 통해 무언가를 '찾아내거나 얻어내는 것'에 무게를 둔다면 그 탐구는 좀 더 큰 의미로 다가온다.

탐구는 기초적인 것에서 심화한 것으로 발전하고, 나아가 전이되어야 한다. 학생들이 더 깊이 파고들수록 탐구는 순환을 이루고 나선형으로 발전한다.

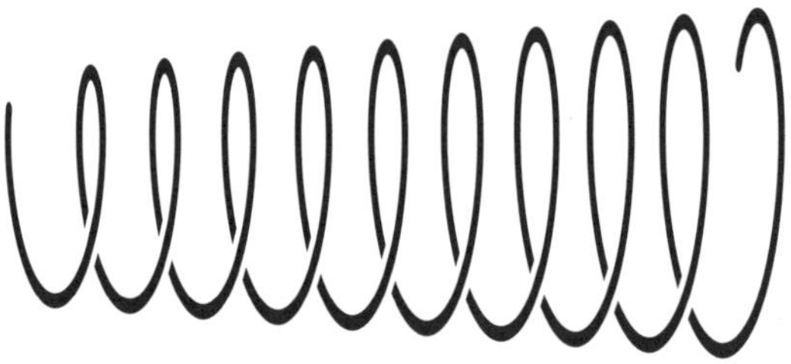

그렇다면 탐구는 혼자 하는 것이 좋을까? 같이하는 것이 좋을까?

미리 해답을 말하자면, 혼자 하는 것도 탐구지만 같이하는 탐구가 더 의미 있다.

'집단지성'이라는 말을 생각해 보자.

필자는 4년간 도서(섬) 지역의 초등학교에서 근무한 적이 있다. 어떤 해에는 한 학급에 28명이던 적도 있고 어떤 해에는 14명 남짓하던 적도 있다. 어떤 해가 더 좋았을까? '편하기'로 묻는다면 당연히 14명일 때가 훨씬 편했다. 학급 운영이나 학생 관리, 평가 면에서 모두 간단했기 때문이다. 그렇지만 '수업의 질과 학습의 완성도'로 묻는다면 28명일 때에 훨씬 유의미한 결과를 얻었다. 28명의 수업에서 아이들은 14명의 아이보다 서로 더 풍부한 인간관계를 맺었고, 다양한 자료가 수집되었으며 이야깃거리가 풍성했다. 각종 연구대회나 수업 연구 발표대회 등 다양한 교사 연구 활동에 도전해 온 선생님이라면 이 말에 많이 공감할 것으로 생각한다.

프로젝트 수업에서 '탐구'가 더 풍성해지고 학습 결과에서 완성도 있는 결과를 얻으려면 14명인 학급보다는 28명인 학급의 집단지성이 좀 더 나을 것이다(물론 교사의 노력이나 학생들의 의지에 따라 14명도 심도 있는 탐구를 할 수 있다). 이는 중국이 어느새 경제 대국으로 성장하여 미국과 어깨를 나란히 하는 요즘의 상황을 설명해 준다. 사람 한 명 한 명이 만들어내는 생각의 힘은 정말 대단한 것이다.

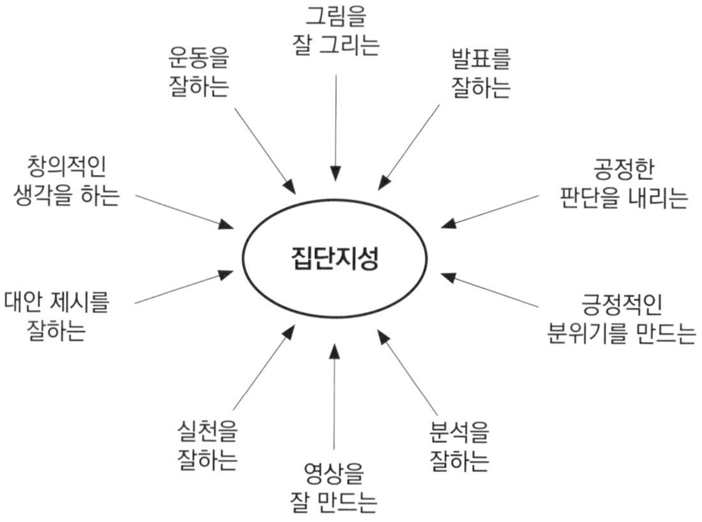

협력으로 집단지성 발휘하기

탐구는 혼자서 하는 것도 의미 있지만 다른 사람과 함께하는 탐구가 더 재미있고, 책임감도 느끼게 하며, 더 많은 것을 배울 기회를 준다. 이는 우리가 학생들 간에 상호작용을 통해 집단지성이 발휘하도록 하고 협력이 있는 탐구를 강조하는 이유다.

학생들이 서로 협력하며 지속해서 탐구의 과정을 겪는 동안 교사는 학생들을 면밀히 관찰하며 탐구가 방향성을 잃지 않고 있는지, 어려움을 겪는 학생은 없는지 살펴보고 도와주어야 한다. 학생들의 탐구 과정에 관한 이야기는 4-2. 탐구 부분에서 다시 설명을 이어가겠다.

> 우리의 탐구는 올바른 방향으로 가고 있는가?
> 탐구 과정에서 어려움이 있는 학생은 없는가?

다. 생활 관련성과 미래 지향성

GS-PBL에 따르면 실제성은 프로젝트에서 학생 참여를 이끄는 중요한 요소로 제시하고 있다. 생활과의 관련된 소재가 학생의 동기를 향상할 뿐만 아니라 성취도를 높여주기 때문이다.

학생이 프로젝트 학습 내용을 실제 생활과 연결된 것으로 선택함으로써 자신들의 이야기에 참여하게 되며, 학습 활동 과정 역시 또다시 생활의 이야기가 된다. 그리고 학습한 지식과 기술, 기능을 실제 생활에 연결하고 아는 것을 실천하면서 그 의미가 내면화된다.

학생들은 생활 속에서 만나게 되는 다양한 상황이나 장면에서 인지하지 못했던 사회 현상에 민감해지고 주변에 대하여 관심을 두게 되며 그 속에서 발생하는 문제에 대하여 올바르게 해결하려는 의지를 갖게 된다.

- 일상생활에서 나타나는 문제 적용
- 학생들이 익숙하게 사용할 수 있는 도구
- 지금이라도 바로 실천할 수 있는 것
- 세상에 실제적인 영향을 줄 수 있는 것
- 개인과 그 개인이 속한 공동체의 흥미나 관심사

생활과의 관련성

프로젝트 수업에서는 이러한 생활 상황(실제성)에 대한 이해를 바탕으로 미래에 대비하여 바른 인식을 갖춘 세계시민으로서의 역량을 길러주어야 한다. 즉, 현재에 대한 이해에서 출발하여 미래에 대한 올바른 준비로 이어지도록 프로젝트가 설계되고 진행되어야 한다.

세계시민교육의 목표는 학습자들이 더 포용적이고, 정의롭고, 평화로운 세상을 만드는데 이바지할 수 있도록 필요한 지식, 기능, 태도를 길러주는 것이다. 2015 개정 교육과정 전문에서는 추구하는 인간상으로 홍익인간의 이념을 제시하고, 모든 국민이 인격을 도야하고 인간다운 삶을 영위함은 물론 인류 공영의 이상을 실현하는 데에 이바지하게 함을 목표로 하고 있다.[10] 결국 세계시민교육의 목표와 2015 개정 교육과정에서 추구하는 인간상 모두 미래 사회에서 '인류의 평화로운 공존'을 목표로 두고 있는 셈이다.

10 유네스코 아시아태평양 국제이해교육원, 세계시민교육: 학습 주제 및 학습 목표, 2015, 20~25쪽 재구성.

세계시민교육 목표 = 2015 개정 교육과정의 인간상
= 인류의 평화로운 공존

이에 덧붙여 필자는 현재와 미래를 연결 지을 수 있는 소재로 지속가능발전교육(Education for Sustainable Development, ESD)을 소개하고 싶다. 지속가능발전[11]은 미래세대의 필요를 희생시키지 않으면서 현세대의 요구를 충족시키는 발전을 의미하며, 1987년 '환경과 개발에 관한 세계위원회(World Commission on Environment and Development, WCED)'와 '우리 공동의 미래(Our Common Future)'에서 사용하기 시작한 개념이다.

지속가능발전교육은 모든 사람이 질 높은 교육의 혜택을 받을 수 있으며, 이를 통해 지속가능한 미래와 사회 변혁을 위해 필요한 가치 ·행동·삶의 방식을 배울 수 있는 사회를 지향하는 교육이며 삶 전반에 걸쳐 지속가능한 원칙의 적용과 실천을 강조하고 있다.

그렇다면 프로젝트 수업에서 어떤 주제를 다루면 좋을까? 현재의 인류가 직면하고 있는 주제와 지속가능한 지구촌에 대한 주제는 분명 학생들에게 다가오는 미래에 대한 학습 의지를 불러일으킬 것이다.

11 유네스코 아시아태평양 국제이해교육원, 새로운 교육과정에 담은 세계시민교육(초등학교 교사용), 2017.

라. 학생의 자주적인 의사와 자율적인 선택

프로젝트가 진행되는 과정에서 학생들은 어떤 주제를 선택할지, 탐구 과정에서 역할을 각각 어떻게 나눠야 할지, 탐구를 진행하는 시기는 언제가 적절할지, 어느 정도의 시간을 할애할지, 어떤 결과물을 만들어야 할지 등을 자율적으로 선택할 수 있어야 참여 의지가 좀 더 강해진다. 그리고 학생 스스로 자신의 의사를 표현하고 서로 의견을 나누며 조율하는 가운데 그 결과물을 많은 사람과 공유하는 것이 바람직하다.

즉, 학생들은 프로젝트 과정에서 자기의 목소리를 낼 수 있어야 하고, 탐구의 모든 과정에서 자율적인 선택권이 주어져야 하며 교사와 학생, 학생과 학생 간에는 소통과 공감이 밑받침되어야 한다.

학생의 5가지 자율권[12]

① 주제 및 탐구 질문

(꼭 가르쳐야 할 내용이 들어가도록 신중을 기하기)

② 하위 주제

(프로젝트 주제에서 하위 주제로 갈수록 선택권 많이 주기)

③ 학습 활동

(학생들이 하고 싶은 활동을 제시하고, 교사는 적합성을 점검하기)

④ 학습 자료

(학생 스스로 찾기, 학생끼리 공유, 교사도 좋은 자료를 제공하기)

---

12 양은석, 프로젝트 수업 매뉴얼, 비유와 상징, 020, 116~117쪽 재구성.

⑤ 결과물

(수업의 결과로 학생들이 직접 만들어 내기)

그러나 학생의 의사와 선택권을 존중해야 한다는 말은 프로젝트의 설계 단계에서부터 학생들이 원하는 모든 것을 허용하라는 의미는 아니다.

학년이나 학기를 준비하며 교사는 미리 프로젝트 교육과정을 설계한다. 그런데 학생들에게 모든 가능성을 열어두고 이야기를 듣다 보면 자칫 프로젝트의 방향이 산(山)으로 가면서 교육과정에서 꼭 배워야 할 성취기준이나 기초적인 지식과 기능, 프로젝트의 목표 달성 등과 거리가 멀어질 수도 있다.

교사 주도의 프로젝트 학습(교사의 안내된 탐색)과 학생 주도의 프로젝트 학습 중에서 어느 것이 더 적절한가에 대하여 논쟁하기보다는 아래와 같이 프로젝트에서 교사가 주도할 일과 학생이 주도할 일을 분명히 구분 지을 필요가 있다.

아래의 구분은 언제나 가변적이며 저학년에서 고학년으로 올라갈수록 더 많은 선택권을 학생에게 주는 것이 더 바람직하다.

교사가 주도할 일	학생이 주도하고 선택할 일
프로젝트의 전체 설계, 성취기준과의 연결, 평가의 방법, 프로젝트 전체의 흐름과 방향성, 학생이 학습 방법을 선택했을 때 지원 가능 여부	큰 주제나 작은 주제 선택과 수정, 탐구 과정에서의 역할, 탐구 내용과 시간, 결과물의 발표 방법

프로젝트 수업을 하면서 흥미와 관심만을 추구하는 것도 위험하다. 가끔 프로젝트 수업을 하는 교사와 학생 모두 프로젝트의 성패를 활동 후에 재미있었는지 또는 아

닌지로 판단하는 우(愚)를 범하기도 한다.

활동 후 학생들의 소감문에 '이번 프로젝트에서 **를 하고 나서 흥미롭고 재미있었다'라는 말만 되풀이하고 있다면 과연 이 프로젝트가 성공했다고 볼 수 있을까?

학생의 자주적인 의사와 자율적인 선택을 존중하는 이유는 흥미로운 활동만의 추구하거나 어떤 이벤트를 하기 위해서가 아니라 선택을 통해 스스로 변화하고 성장한 것을 성찰하도록 하기 위함이다.

마. 과정의 성찰, 성장의 확인

프로젝트의 과정을 성찰하는 주체는 바로 학생이다.

학생들은 프로젝트가 진행되는 과정 동안 자신들이 계획한 방향으로 프로젝트가 잘 흘러가고 있는지, 지금 하는 활동이나 이 활동으로 얻어지는 결과가 우리가 추구하는 '가치'를 잘 담아가고 있는지를 수시로 성찰해야 한다. 이는 자기관리 능력이나 메타 인지와도 관련이 깊다(가치에 대해서는 3-1. 가치 부분에서 자세히 다룬다).

예를 들어, 2019년에 우리 반 학생(6학년)들은 '공존'이라는 가치를 담은 '지구촌 환경을 지키기 위한 공익광고 만들기' 영상을 함께 제작하기로 하였다. 학생들이 영상을 만들고 있는 동안에도 학생과 교사는 서로 다음과 같은 질문을 던지며 프로젝트 학습 과정을 성찰하였다.

공존은 지구의 모든 환경, 생명체와의 공존인가? 아니면 인류끼리의 공존을 의미하는가?
백열전구 대신 LED 등을 사용하자고 했는데 LED 사용이 과연 환경에 더 나은 영향을 미칠까? 더 좋은 방법은 없을까?
우리가 만드는 공익광고로 변화하기를 바라는 사람은 또래 친구인가? 주변의 어른들인가?
사람들의 마음을 움직이려면 동영상 제작이 좋을까? 캠페인 활동이 낫지 않을까?
영상 편집은 **가 하기로 했는데 영상 편집을 안 하는 다른 친구들은 어떤 역할을 하면 좋을까?

프로젝트 속에서 각 활동에 대하여 피드백을 할 수 있다. 피드백을 통하여 그 과정 자체를 수정·보완할 수 있으며, 결과에 대한 기대감 또한 높일 수 있다. 학생들은 자신들의 활동 과정을 스스로 점검함으로써 프로젝트 과정에서 자신의 활동 내용도 발전 시켜 나갈 수 있다.

프로젝트의 과정에서 모둠 학습을 하다 보면 학생들에게서 이런 일들이 종종 일어난다. 한 명의 친구가 자신의 역할을 제대로 하지 않을 수도 있고, 한 명의 친구가 자신이 원하는 방향으로 독불장군처럼 밀어붙이기도 하며, 성향이 비슷하거나 정반대인 학생들이 논리 없이 감정적으로 다투는 등 교사가 예상하지 못했던 다양한 갈등 상황들이 발생한다. 그런데 이런 갈등 상황에서 어떻게 조율하고 스스로 해결해 나갈 수 있도록 돕는가가 '협력'이 강조되는 프로젝트 학습에서 교사의 정말 중요한 역할이다. 나와 생각, 성격, 성향이 다른 타인과 원만하게 협력하여 올바른 방향으로 문제를 해결해 나가는 과정이야말로 프로젝트 학습의 백미이기 때문이다.

필자는 보통 한 가지 프로젝트를 마칠 때 학생들이 자신의 프로젝트 과정을 돌아보며 '에세이'를 작성하게끔 한다. 그리고 학생들이 에세이에서 프로젝트 학습 속에서 배우고 느낀 것을 최대한 솔직하고 자유롭게 쓰도록 독려한다.

에세이를 쓰는 이유는 프로젝트를 하며 어떤 배움을 얻었고 이를 통해 어떤 깨달음을 얻었는지 성찰하도록 함이 목적이다. 학생들은 에세이 쓰기를 통해 배운 내용을 더욱더 단단하게 다지는 한편, 해당 내용을 프로젝트 밖 다른 상황에서는 어떻게 적용할지, 앞으로의 생활이나 실천은 어떻게 해나갈지 다짐하기도 한다.

'프로젝트 활동을 하기 전에는 **에 대해서 **라는 생각을 하고 있었는데 활동을 하는 중에는 **하는 것이 솔직히 힘들었고, 친구들과 갈등이 생기기도 하였다. 그러나 **을 하며 ** 과정에서 해결의 실마리가 풀렸고, 마지막에는 ** 결과물이 나왔다. **에 게시하고 많은 사람에게 알려주고 같이 실천하고 싶다.'

바. 적절한 비평과 개선

GS-PBL에서는 비평과 개선을 통해 학생의 결과물을 향상시키는 것을 중시한다.[13] 이 대목에서 우리는 그동안 해왔던 수업들과 그 결과물은 어떤 모습이었는지를 돌아볼 필요가 있다.

프로젝트 수업에서 '비평'이라는 말을 쉽게 풀이하면 적절한 피드백을 주고받는

13 존 라머 · 존 머겐달러 · 수지 보스, 프로젝트 수업 어떻게 할 것인가?, 지식프레임, 2019, 38~57쪽 재구성.

것이다. 보통 우리는 피드백을 학습이 한 가지 끝날 때마다 교사가 학생에게 해주는 조언 정도로 생각한다. 그렇지만 피드백은 교사, 전문가, 멘토뿐 아니라 부모님, 동료 학생이나 후배들과도 주고받을 수 있는 것으로 평가나 칭찬, 조언 등도 포함된다. 여기에 자기 스스로 성찰하고 반성하는 과정도 자기 자신에 대한 피드백이 될 수 있다.

건설적인 피드백은 프로젝트의 과정과 결과를 모두 개선하는 데 도움이 된다. 그리고 자신에게 되돌아온 모든 피드백을 받아들일지 말지는 프로젝트를 하는 학생의 판단과 선택에 맡기면 된다.

존 하티의 주장에 따르면 비평에서 학생의 역할은 자신의 성장 정도를 평가하는 것, 학습에 대한 더 책임감을 가지는 것, 동료들과 함께 학습을 통해 얻은 성과를 분석하는 것, 발전을 위해 어떤 제안을 선택하는 것이라고 하였다(Hattie. 2012.).

그렇다면 비평에서 올바른 교사의 역할은 어떤 것일까? 학생들의 잘한 점을 찾아 칭찬해주면 잘하는 것일까? 아니면 잘못한 부분을 찾아 일일이 수정하는 방법을 알려주는 것일까?

프로젝트에서 학생들이 실패를 경험하는 것도 학생의 성장에 중요한 발판이 된다. 프로젝트를 진행하다 보면 원래 계획했던 대로 되지 않고 그 과정에서 팀원 간에 갈등이 생기기도 한다. 때로는 프로젝트가 방향을 잃고 엉뚱한 데로 가기도 한다. 그렇기 때문에 프로젝트의 과정과 결과에서 교사나 동료 학생들로부터 받는 적절한 피드백이 중요하다.

가끔은 쓰디쓴 충고가 약이 될 수 있다. 그리고 서로에게 주는 적절한 충고가 허용되는 문화가 만들어져야 하고, 피드백 받은 부분에 대하여 개선하고 보완하려는 학생들의 열린 마음이 있어야 다음 단계로 발전할 수 있다.

필자는 2019학년도 11월 프로젝트 연구 공개수업 날, 6학년 학생을 대상으로 지구촌의 평화를 위한 프로젝트를 마무리 짓는 단계의 수업을 준비했다. 세상을 변화시키는 넛지(Nudge)를 모둠별로 디자인하고 이를 친구들 앞에서 발표한 후 친구들에게 수정할 부분을 피드백 받는 수업이었다. 각 모둠에서는 기발하고 좋은 생각들을 넛지에 담았고 적극적인 발표와 멋진 디자인을 제시하였다. 공개수업으로 보여주기에는 손색이 없는 구성이었다. 그런데 이 수업 후에 개인적으로 아쉬움이 많이 남는다. 왜냐하면 그 수업 속에서 서로 넛지에 대한 보완할 부분을 제시했고, 그 부분을 다음에 반영하기로 했는데 그 공개수업 후 넛지 디자인은 보완되지 못하고 끝나버렸기 때문이다. 멋지게 공개수업을 하는 데에 에너지와 시간을 다 써버리고 더 의미 있는 홍보나 실천을 못 한 것이다.

진정한 비평이란?
- 선생님, 전문가, 부모님, 친구, 선후배로부터 받는 모든 평가, 칭찬, 조언
- 프로젝트의 과정과 결과를 개선하는 데 도움이 되는 모든 것
- 실패에 대한 경험, 반성은 학생의 성장에 중요한 발판
- 새로운 발전을 위해 다른 제안을 선택할 수 있는 것

사. 공개할 결과물

최근 과정 중심의 평가가 강조되면서 누구나 학습의 과정이 무엇보다 중요하다고

말하고 있다. 그러나 프로젝트 수업에서는 학습의 결과물을 어떻게 나타내고 보여줄 지를 설계하는 것도 매우 중요하다. 공개할 결과물은 학생들이 학습의 과정에 더 열정적으로 달려들도록 자극하기 때문이다.

결과물을 '공개'한다는 것의 의미는 다음과 같다.

첫째, 결과물을 보는 대상을 고려하게 된다. 내가 공부하고 있는 교실 공간을 벗어나면 학습의 결과물을 보여줄 대상도 옆 반 친구들, 전교 학생들, 학교의 모든 선생님, 학부모와 지역사회의 사람들까지로 넓어진다. 아무도 대중 앞에서 자신들의 결과물이 조잡해 보이거나 준비를 소홀히 했다는 인상을 주고 싶지는 않을 것이기에 교사와 학생은 모두 최선을 다하게 된다.

그리고 프로젝트의 결과에는 자신이 앞으로 변화하여 실천하고 싶은 것, 다른 사람의 변화를 유도하고 자신들이 제안한 것에 동참하기를 바라는 메시지가 들어 있다. 그러므로 결과물에 대한 계획을 설계할 때 결과를 공유하는 대상이 누구인가에 따라 결과물의 형태가 다르게 나타난다.

둘째, 학생의 참여를 증가시킨다. 자신이 설계하고 실행하고 수정, 보완하고 어떤 유의미한 결과를 만들어낼 때 학생의 성취감은 대단하다. 자신이 실행한 프로젝트를 통해 나와 나의 주변을 변화시킬 수 있다는 확신이 든다면 그들의 결과물에 대한 성취를 자랑스러워하게 된다.

셋째, 학부모와 지역사회의 신뢰를 확보할 수 있다. 특히 학부모는 결과물을 통하여 학생의 성장 과정을 엿볼 수 있고, 프로젝트의 과정이 얼마나 유의미했는가를 확인할 수 있다. 이는 학교와 선생님에 대한 신뢰와 지지로 이어져 그다음 프로젝트를 탄력받게 만든다.

2-4

제한

다름은 틀린 것이나 잘못된 것이 아니고 아름다운 어울림을 위한 기본 조건이다.

나는 내 학생들을 가르치지 않는다. 학생들이 학습할 수 있는 환경을 제공할 뿐이다.
_알베르트 아인슈타인

이번 장에서는 필자가 설계하고 실행하고 있는 프로젝트 교육과정이 일반적인 교육과정과 어떤 차별성이 있는지를 설명하고 있습니다. 마지막 부분에서는 이 책을 어떤 순서로 구성했는지를 적었습니다.

2-4

제한(制限, Restriction)

가. 학급 교육과정 vs 프로젝트 교육과정

교육과정은 학습을 위한 계획이다. 여기에는 보통 교육목표, 교육내용, 학습 과정, 기대하는 결과, 평가 계획을 포함하고 있다.

학급 교육과정은 무엇일까?

담임교사가 1년 동안 자신이 맡은 학생들을 성장시키기 위한 계획이다. 그 안에는 일반적으로 국가와 학교, 학년의 교육목표가 반영된 학급의 교육목표, 교육과정의 방향, 편제 및 시간 배당(교과목과 창의적 체험활동, 학년별, 학기별), 시수표, 진도표, 성취기준, 평가 계획 등이 포함된다.

그렇다면 프로젝트 교육과정이 학급 교육과정이 될 수 있을까? 다시 말하여 프로젝트로 구성한 교육과정이 학급 교육과정에서 다루어야 하는 모든 것들을 반영할 수 있을까? 엄밀히 따지면 불가능하다.

앞에서 정의한 주제 중심의 프로젝트는 담임교사가 추구하는 가치를 중심으로 교과목의 경계를 허물고 성취기준들을 재구성하고 있지만, 몇 가지 주제 중심의 프로젝트 안에 전 교과의 모든 내용 요소와 성취기준을 담아내기가 어렵기 때문이다.

다음의 그림은 필자가 보통 프로젝트 교육과정을 몇 개의 주제로 묶었을 때 관련된 성취기준을 연결한 것을 간단한 그림으로 나타낸 것이다.

수학의 경우에는 교과 내에서 교육과정 재구성을 통해 수학 단독의 프로젝트를 구성해 볼 수 있다. 또 큰 주제들 안에 들어가지 못한 성취기준을 모아 별도의 프로젝트를 구성해 볼 수도 있다.

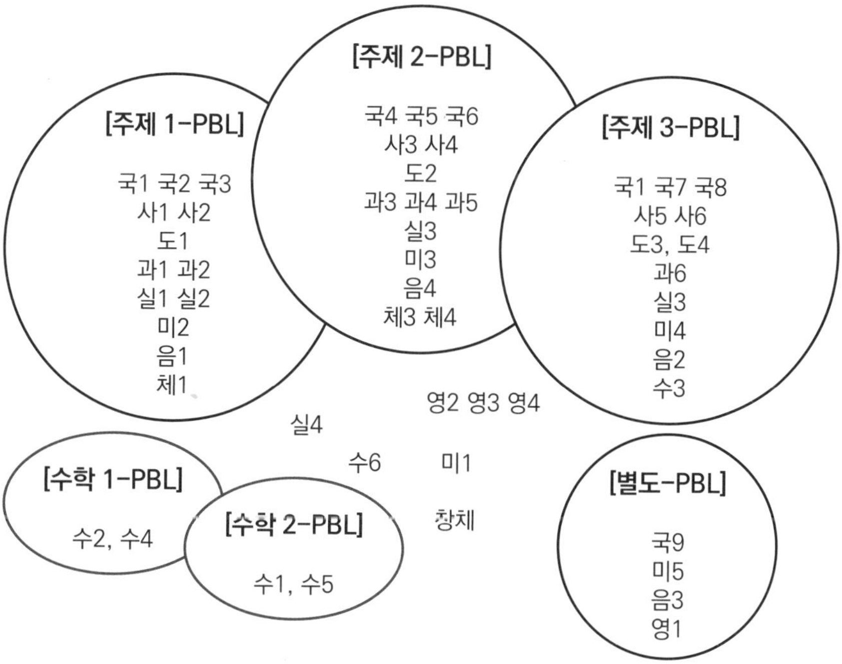

학급 교육과정의 주제 중심 프로젝트와 성취기준

그런데 '주제 1, 주제 2, 주제 3'과 같이 각 교과에서 주제와 관련짓지 못한 성취기준들, 수학 교과와 같이 별도의 프로젝트로 묶지 못한 것들은 원 밖에 남게 된다. 즉, 어디에도 연결하지 못하는 성취기준이 생각보다 많이 남게 되는데 그런 경우 교과별로 별도의 시간을 계획하여 지도해야 한다. 전담 교사가 지도하는 과목의 성취기준들도 마찬가지이다.

위와 같은 이야기를 정리하자면 학급 교육과정 안에 프로젝트 교육과정이 포함된다고 말할 수 있다.

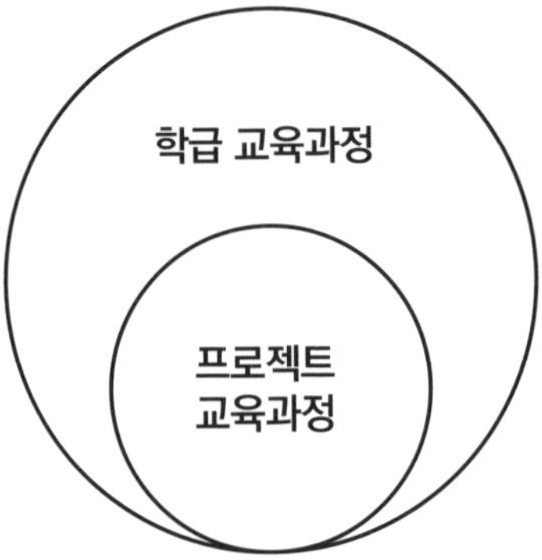

나. 학급 교육과정=프로젝트 교육과정

그러나 필자는 '주제 중심의 가치 프로젝트 수업 설계'를,

첫째, 교사가 추구하는 가치(교육철학)는 교육과정 설계-실행-평가-반성 전반에 걸쳐 흐르며, 교육과정 전체를 이끌어 가고 있다는 생각에서,

둘째, 각 교과를 전면 프로젝트 교과(전체 시간을 프로젝트에 할애), 부분 프로젝트 교과(일부 시간을 프로젝트에 할애), 비 프로젝트 교과(프로젝트에 넣지 않음)로 구분하고, 교육과정의 뒷부분에 모든 교과의 진도표와 시수표, 성취기준과 수행평가 등을 기술하고 있다는 점에서,

셋째, 프로젝트 수업이 학급 특색, 아침 활동, 중간 활동, 점심시간, 쉬는 시간, 방과 후 활동 등의 잠재적 교육과정과 긴밀하게 연계되어 운영된다는 점에서,

프로젝트 교육과정도 학급 교육과정과 동일시해도 무방하다고 말하고 싶다.

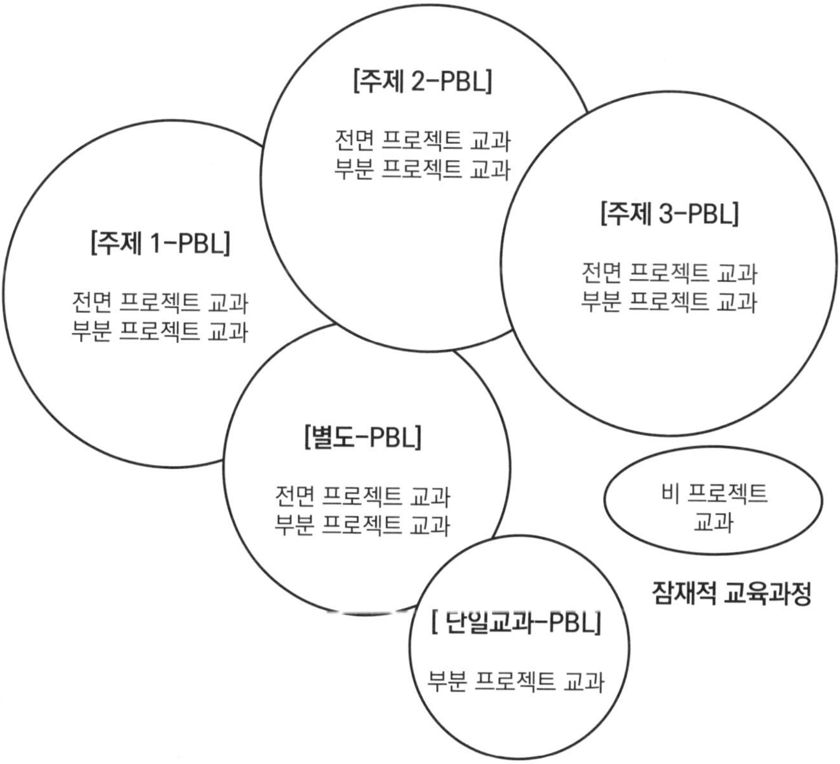

프로젝트 교육과정 = 학급 교육과정

다. 이 책의 기획 설명

이 책은 프로젝트 교육과정에 대한 이야기를 준비, 이해, 설계, 실행, 사례의 다섯 단계로 구성하였다. 특히 프로젝트(PBL) 교육과정의 전체 구상에 대하여 큰 그림을 그릴 수 있도록 기획하였다.

[하나 - PBL 준비]에서는 교육의 주체인 학생, 교사, 학부모에게 있어 꼭 필요한 것은 무엇인지를 주장하였다. 교육의 목적에 도달하기 위해 학생에게는 의욕을, 교사에게는 열정을, 학부모에게는 신뢰를 가장 강조하고 있다.

[둘 - PBL 이해]에서는 프로젝트 교육과정과 수업에 대한 정의를 내리고, 프로젝트와 관련된 용어를 구분 지었다. 프로젝트 교육과정을 설계하기 위해 꼭 갖추어야 할 요건을 설명하고 아직 계획 고민 중인 이야기들을 담고 있다.

[셋 - PBL 설계]에서는 거대한 1년 프로젝트의 가치 설정, 성취기준들의 연결, 대주제와 소주제의 구상에 대하여 다루고 있다. PBL의 준비, 이해, 설계까지의 단계는 특히 교사가 새 학기가 시작되기 전에 반드시 구상하고 계획해야 하는 것들로 담임교사가 주도해야 하는 부분이다.

[넷 - PBL 실행]에서는 프로젝트 교육과정을 실행하기 위한 첫 단계인 탐구 질문부터 다양한 탐구의 과정, 결과물의 산출, 의미 있는 평가에 이르기까지를 다루고 있다. 실제로 프로젝트(PBL)를 실행하는 데 도움을 주고자 하며 학생들의 주도적인 선

택을 통하여 PBL 실행 중에 수시로 변경되고 변화할 수 있는 부분이다.

[다섯 - PBL 사례]에서는 그동안 실천해 온 프로젝트 교육과정과 수업에 관한 사례를 학년별로 1가지씩 정리하였다. 학년별로 소주제 하나 정도의 분량으로 가치-성취기준-주제-질문-탐구-결과-평가의 7가지 단계로 구분하여 사례를 정리하였다.

3

PBL 설계

3-1

가치

교육이 한 인간을 양성하기 시작할 때의 방향은
훗날 그의 삶을 결정할 것이다.

우리 아이들에게 줄 수 있는 가장 큰 선물은
우리가 가진 귀중한 것을 아이들과 함께
나누는 것뿐만 아니라 자기들이 얼마나 값진 것을
가졌는지 스스로 알게 해주는 것이다.

사람은 먼저 자신이 가야 할 길로 자신을 인도해야 한다.
그다음에 다른 사람을 가르쳐야 한다.

교육의 목적은 기계를 만드는 것이 아니라 인간을 만드는 데 있다.
- 장 자크 루소

이번 장에서는 프로젝트를 설계하는 첫 번째 단계인 가치 설계에 대하여 이야기하고 있습니다. 가치는 교사의 교육철학이자 운영관을 말합니다. 교사가 우리 반 아이들과 함께 가고자 하는 최종 목적지이기도 합니다. 가치는 무엇이며 어떻게 선정해야 할까요? 그 해답을 이번 장에서 제시하고자 합니다.

3-1

가치(價値, Value)

가. 프로젝트에 가치 담기

수업에 열정이 올라오기 시작한 A 교사는 고민에 빠졌다.

올해 우리 반 아이들에게 무엇을 가르쳐야 할까?

올해 우리 반 아이들에게서 어떤 배움이 일어나게 할까?

올해 우리 반 아이들에게서 어떤 변화와 성장을 이끌어 갈 것인가?

고민에 빠진 A 교사는 2015 교육과정 총론과 지도서, 학교 교육과정, 학부모의 요구, 교육 도서와 교육 사조가 담긴 도서를 참고하여 학교에서 꼭 길러주어야 한다는 것들의 리스트를 다음과 같이 정리해 보았다.

1. 학업 성취도(성적)와 PISA(국제학업성취도평가) 지수
2. 인성교육 8대 핵심 가치 · 덕목(예절, 협동, 소통, 배려, 존중, 책임, 정직, 효도)
3. 메타 인지와 자기 주도적 학습력
4. 핵심역량 6가지(자기관리, 지식정보처리, 의사소통, 공동체, 심미적 감성, 창의적 사고)
5. 미래역량 4C(창의성, 협력, 의사소통, 비판적 사고)
6. 세계시민(민주시민)으로서의 자질
7. 2015 개정 교육과정 총론에서 추구하는 인간상(=홍익인간)
8. 지속가능발전목표(SDGs)와 지속가능발전교육(ESD)
9. 문화 예술적 소양
10. SW 교육, AI 교육을 통한 절차적 사고(코딩교육)
11. 진로 교육

고민에 빠진 A 교사

A 교사는 점점 머리가 아프다. '이 모든 것들을 다 길러주어야 한다고?' A 교사가 고민에 빠져 있는데, 옆 반에서 프로젝트를 오랜 시간 실천해 온 B 교사가 질문을 던

진다. "그래서 올해 선생님은 아이들에게 무엇을, 어떻게 가르치겠다는 건가요? 선생님은 학급의 아이들을 한 해 동안 어떤 아이들로 성장시키고 싶은가요?"

B 교사의 질문에 A 교사는 '기존의 교과 교육과정에서 순서대로 나열한 대로만 가르치면 되지 않을까? 교사용 지도서와 교과서에 나열된 대로 빠짐없이 가르치면 위에서 정리한 11가지를 골고루 기를 수 있지 않을까?'라는 생각을 다시금 해본다.

더욱더 깊은 고민에 빠진 A 교사에게 우리(필자)는 어떤 도움을 줄 수 있을까? 이러한 고민에 대해 우리는 가장 먼저 "자신의 아이들에게 꼭 길러주고 싶은 자신만의 가치는 무엇인지, 자신의 수업에 어떤 가치를 담고 싶은지에 대하여 먼저 찾으세요!"라고 조언하고 싶다.

내 수업에 어떤 가치를 담을 것인가?

우리(필자)가 실행하고 있는 프로젝트 수업은 기존에 많은 선생님이 시도하고 변화, 발전시켜왔던 프로젝트 수업과 비슷한 점도 많지만 한 가지 큰 차이점이 있다. 그것은 바로 프로젝트 수업을 설계할 때 가장 먼저 올해 수업에서 추구하고 싶은 '가치'를 찾고, 그 가치를 담아 프로젝트의 첫걸음을 내디딘다는 점이다.

우리는 가르쳐야 할 것도, 해야 할 것도 참 많은 대한민국의 교사다. 각각의 교사에게 교육에 대한 열정이 100만큼 있든 10만큼 있든지와는 상관없이 각각의 학생과 학부모 그리고 이 사회는 교사들에게 요구하고 바라는 점이 너무나도 많다. 특히 2019년 말부터 확산한 코로나19의 여파로 등교가 어려워진 상황에 부닥쳤다. 그런데도 우리나라의 교사들은 스스로 온라인 학습 콘텐츠를 만들어내고, 각자 자신만의 방법으로 대면수업과 쌍방향 화상 수업을 시도하는 등 블렌디드 러닝(Blended Learning)을 가능하게 하였다. 그러나 교사에게 돌아온 건 물질적 보상은 고사하고, 노력에 대한 고마움이나 존경심의 표현보다 다른 학교와 비교하거나 아쉬움과 불만의 이야기가 더 많았다.

교육과정의 개정을 통해 교사 개인의 수업 자율권이 확대되고, 학생의 학습량과 난도를 낮게 조정했는데, 실제로 교사가 체감하는 수업과 생활지도에 대한 부분은 점점 부담스러워지고 있다.

그러므로 이 시점에서 우리는 과감하게 단순해질 필요가 있다. 더 중요한 것과 덜 중요한 것을 구별하고, 더 집중해야 할 것을 선택해야 한다. 더 중요하고 더 집중해야 할 것의 최상위에는 바로 '각자의 선생님이 추구하는 가치'가 먼저 정립되어야 한다.

선택과 집중! 하고 싶은 것 중에 가장 중요한 것
= 가치

A 교사의 학급에 아래와 같은 후보들이 학급회장 선거에 출마했다고 가정하자. 많은 후보가 선거에 출마하여 다음과 같은 회장 투표용지가 만들어졌다.

회장 투표용지		
1	PISA	
2	인성	
3	메타 인지	
4	미래 4C	
5	핵심역량	
6	세계시민	
7	홍익인간	
8	ESD	
9	문화예술	
10	SW & AI	
11	진로	
프로젝트가치관리위원회		

담임인 A 교사는 누가 학급의 회장이 되기를 원할까? 여러분이라면 누가 학급회장으로서 한 해 동안 나머지 구성원들을 큰 갈등 없이 일관된 방향으로 이끌어 갈 수 있다고 생각하는가?

사람마다 의견의 차이는 있을 수 있겠지만, 필자는 이 중에서 7번 홍익인간(널리 사람을 이롭게 한다)이 학급의 대표로 뽑히면 좋을 것 같다. 6번 세계시민, 5번 핵심역량, 8번 인성도 학급의 대표로 선출되어도 손색없겠지만, 어떤 사람이 세계시민인지, 핵심역량 중에서 어떤 역량에 가장 중점을 두어야 할지, 어떤 인성을 어떻게 다룰 것인지를 묻는다면 다시 깊은 고민에 빠질 수밖에 없다.

7	홍익인간	

우리 반 프로젝트의 가치 선정을 통해 널리 사람을 이롭게 하는 성적 우수자, 널리 사람을 이롭게 하는 예능인, 널리 사람을 이롭게 하는 세계시민, 널리 사람을 이롭게 하는 AI 개발자 등의 꿈을 꾸게 할 수 있다면 나의 수업에 날개를 달 수 있을 것이다.

이처럼 한 해 학급 운영의 전반을 관통하여 추구할 목표를 '어떤 가치'로 단순화하면 한 해의 교육 방향이나 최종 목적지는 분명해진다.

'가치'는 이 책에서 다루는 단어 중 가장 중요하고 어려운 개념이다. 필자도 처음에 우리 학교에 전입해서 '주제 중심의 가치 프로젝트'를 처음 접할 때 가치에 대한 부분이 가장 어려웠고, 지금도 한 해의 프로젝트를 구상할 때 가장 고민이 많아지는 부분이다.

그러므로 가치에 대한 이해를 바탕으로 확고한 교육 철학을 가져야만 다음 장부터 소개하는 모든 프로젝트 수업 이야기의 맥락을 쉽게 이해할 수 있고, 확실한 나만의 교육목표를 설정할 수 있다.

> 해야 할 것, 하고 싶은 것, 꼭 해야 할 것을 단순화하면
> 자신이 가장 중요시하는 가치가 보인다!
> 어떤 가치=교육철학=교육 방향=교육의 최종 목표

나. 가치의 의미

가치란 쉽게 말해서 '인간 행동에 영향을 주는 어떠한 바람직한 것'을 의미한다. 우리가 교육에서 쓰는 '프로젝트의 가치'라는 말속에는 아래와 같은 의미가 함축되어 있다.

우리가 추구하는 프로젝트 수업에서 '가치'의 함축적 의미

- 담임교사의 교육철학
- 세상을 긍정적으로 변화시킬 수 있는 것
- 세상을 좀 더 나아지게 만드는 것
- 사회의 일원으로서 움직이려고 하는 것
- 프로젝트 전, 중, 후에 추구해야 할 방향
- 보편적으로 인류에게 필요한 마음이나 태도
- 1년 후 우리가 아이들이 가장 성장하기를 바라는 최선의 모습

즉, 우리의 프로젝트에서 가장 먼저 설정하고 있는 '가치'란 바로 세상을 나아지게 만들기 위해 학생이 사회의 일원으로서 스스로 움직이게 만드는 보편적인 무언가를 말한다.

A 교사는 아직 '가치'의 의미를 정확하게 이해하지 못하였다. 가치의 중요성 또한 공감하지 못하여 다음과 같은 질문을 해보았다.

올해 우리 반 프로젝트 수업이 끝날 때 모든 학생에게
나타났으면 하는 가장 큰 변화는 무엇일까?
1. 전 교과에서 우수한 학업성취의 결과
2. 자기 주도적 학습력의 향상
3. 창의적인 사고와 비판적 능력의 고취
4. 절차적으로 사고하고 논리적으로 문제를 해결하려는 태도
5. 다른 사람과 평화롭게 공존하려는 마음과 태도

여러분이라면 위의 다섯 가지 중에서 어떤 것을 최고의 가치로 선정하고 싶은가? 특히 여러분이 일반적인 학급의 담임교사라면 위의 다섯 가지 중에서 어떤 것이 가장 의미가 있어 보이는가?

질문에 답하는 주체가 학부모들이라면 당연히 1번과 2번을 가장 많이 꼽을 것이다. 어쩌면 3번과 4번을 꼽는 분도 많을지 모르겠다. 그러나 1~4번은 모든 학생이 성취해야 할 것도 아니며, 성취할 수도 없기에 보편적인 목표로써는 적절하지 않아 보인다. 이에 필자에게 위의 5가지 중에서 굳이 한 가지를 '가치'로 선정하라고 한다면 5번을 선택할 것이다.

아직도 1번, 2번, 3번, 4번이 최고의 가치가 되어야 한다고 생각한다면 다음과 같은 질문에 명쾌하게 대답할 수 있는가?

1번을 선택한 경우: 우리 반 모든 아이가 전 교과에서 우수한 학업 결과를 얻는 것이 학급의 목표로 적당할까? 과연 전 교과에서 우수한 학생을 길러낼 수 있을까? 우수한 학생의 기준은 무엇이고, 어떻게 확인할 수 있을까? 학업성취가 가장 중요하다면 학교 수업을 학원 수업 형태로 변형시켜야 하지 않을까?

2번을 선택한 경우: 우리 반 프로젝트 수업으로 학생들이 자기 주도적 학습력이 모두 향상될 수 있다면 정말 좋을 것이다. 그런데 여기서 자기 주도적 학습력이란 스스로 지식을 탐구하는 능력일까? 자기에게 필요한 학습을 선택하고 적절한 학습 방법을 터득(메타 인지와 관련)하는 능력일까? 이렇게 자기 주도적 학습력만 뛰어난 학생들이 바른 인성과 공감 능력으로 다른 사람과 협력할 수 있을까?

3번을 선택한 경우: 지나친 경쟁과 입시 위주의 교육 시스템 때문에 우리나라의 학생들은 창의성이 부족하고 비판적 사고 능력이 부족하다는 말을 듣곤 한다. 여기서 창의성 향상이나 비판적 사고 능력의 신장을 시키고 싶다면 이는 누구를 위한 것인가? 창의적인 사람은 개인적으로 행복할까? 혹시 국가공동체의 발전에 기여하게 하려고 양성하는 것은 아닐까? 공정하고 올바른 대안은 없이 비판하는 사람만 늘어난다면 어떤 일이 일어날까? 합리적이고 창의적인 비판에 대하여 우리는 얼마나 수용할 수 있을까?

4번을 선택한 경우: 우리가 미래를 위해 도입한 SW 교육은 SW를 구조화하는 절차적 사고력을 기르는 것이 주일까? SW를 효율적으로 다루고 활용하는 IT 소양 교육이 주일까? 얼마 전 유행하기 시작한 우리나라의 코딩교육은 무엇을 위한 것인가? 학교에서 로봇, 드론, AI를 기초적으로 다루는 기술이나 경험이 과연 다른 것들보다 더 중요할까? 빠르게 발전하는 AI에 대하여 인류가 고민하고 대비해야 할 것은 무엇일까? 초등학교에서 엔트* 등을 배우면 앞으로 우리나라에서 스티브 잡스 같은 인물이 단 한 명이라도 배출될까?

그런데도 1~4번이 다른 것에 더 큰 가치가 있다는 확신이 있다면 그것 또한 가치가 될 수 있다. 많은 연구와 깊은 고민 속에서 탄생한 담임교사의 운영철학, 즉 그 가치는 그것으로 이미 숭고한 것이기 때문이다.

다. 학급 교육과정의 운영관

교육과정은 학급 담임교사의 손에서 최종으로 완성된다. 교사 개인이 한 학급의 교육과정이며 실행 주체이기 때문이다. 그러므로 교육과정을 설계할 때 올해 학급 교육과정을 운영하는 교사의 운영관(운영철학)이 가장 먼저 정립되어야 한다.

학급 교육과정 운영관에는 담임교사의 교육철학과 올해 교육과정의 최종 목적지가 설정되어 있어야 하며, 결국 담임교사가 올해 학생들에게 심어주고 싶어 하는 가장 중요한 '가치'가 담겨 있어야 한다.

이는 교사 개인이 일방적으로 수업하기를 원하는 것, 교사의 장점이나 특기만이 부각되는 것, 그냥 매년 똑같이 되풀이되는 수업 패턴과는 구별된다.

가치는 처음부터 A 교사가 아래와 같이 고민한 것이며, 결국, 학급 교육과정의 운영관이 된다.

올해 우리 반 아이들에게 무엇을 가르쳐야 할까?
올해 우리 반 아이들에게서 어떤 배움이 일어나게 할까?
올해 우리 반 아이들에게서 어떤 변화와 성장을 이끌어 갈 것인가?

다음은 주제 중심의 가치 프로젝트를 함께 실천해 온 학급 교육과정 운영관의 예시이다. 담임교사들이 선정한 가치는 한 개일 수도 있고, 몇 개가 될 수도 있다.

	운영관(가치)과 설명 예시
구수진 2019 스승상 수상자	**더 나은 세상을 향한 꿈 너머 꿈을 꾸는 Non Sibi한 교육(Non Sibi)**
	미국 Philips Academy의 중요한 모토이자 라틴어인 Non Sibi는 '자신만을 위해 살지 않는다'라는 의미를 지님.
김은주 2020 모범 공무원	**Ad Astra! 세계시민윤리와 함께(Ad Astra)**
	per ardua ad astra 고난을 거쳐 별로(R.A.F.의 표어, cf. AD ASTRA PER ASPERA)
기애경 외 5인	**우분투 활동을 통한 Good to Great!(우분투)**
	UBUNTU- 남아프리카 공화국의 공유(공동체) 정신, 아프리카 반투족 말로 우리가 있기에 내가 있다는 뜻 『전 학년 프로젝트 수업으로 교육과정을 다시 디자인하다』 집필
시동국 필자	**미래 평화를 솔선하는 세계시민 63 Build-up(평화)**
	공감하고 숙고하며 협력하는 지구 시민의 소양 build-up, build up이란 발전을 위한 준비 단계를 의미, 앞으로 있을 일에 대해 사람들에게 기대하게 만드는 것
서정보 필자	**PLAY 프로젝트로 실천하는 세계시민 공동체(PLAY)**
	놀이 공동체 - Personality(인성), Learning(배움), Art(예술), enjoY(즐김)의 요소를 인성놀이(P.Y), 배움놀이(L.Y), 감성놀이(A.Y)로 구현하는 활동으로 창의·인성 놀이 활동을 통해 마음으로 느끼고, 스스로 실천하는 공동체
공영재 필자	**Happy for all 인지상정 프로젝(인지상정)**
	사람들이 보편적으로 갖는 생각을 기반으로 모두의 행복을 위한 세계시민의 소양과 자질 함양하기(인지상정- 인성이 바른 학생, 지혜로운 학생, 상상력이 풍부한 학생, 정의롭고 공감력이 뛰어난 학생을 의미)

신성진 필자	**Add Identity 공존으로 시민의식 함양하기(정체성과 공존)**
	Add Identity- 나와 우리의 정체성을 바로 세우기
	공共존Zone: 우리가 함께 사는 시간과 공간을 올바르게 탐색하기
우희석 필자	**참여와 실천으로 세상을 가꾸는 세계시민 프로젝트(참여, 실천)**
	공동체에 대한 존중과 관심, 인문학적 감성을 바탕으로 정보를 비판적으로 분석하고 평가하는 능력을 길러 사회문제 해결을 위해 참여하고 협업하는 세계시민 육성
이경윤 필자	**나, 너, 우리가 주인 되어 만드는 평화로운 세상(평화)**
	평화 감수성으로 성장하는 공감공동체, 배려하고 더불어 살기, 즐거운 배움과 창의성, 상상력과 감성을 가진 어린이
문석현 필자	**Upgrade SDGs! Upgrade 세계시민!(Upgrade=성장)**
	민주시민 의식(인권), 경제 관념, 친환경적인 사고, 문화 이해로 이 빅아이디어들에 대한 학생들의 역량을 올바르게 Upgrade하여 평화와 세계화를 도모함.

라. 가치 프로젝트 교육과정 탄생

필자가 근무하는 학교는 2016년부터 프로젝트 수업을 중점적으로 연구하고 선도한 학교이다. 이에 필자 7명은 2018년부터 4년간 프로젝트 수업만을 전문적 학습공동체 활동 등을 통해 꾸준히 연구해 왔고 지금도 연구 중이다.

앞에서 우리가 실천하고 있는 프로젝트 수업이 일반 프로젝트 수업과 가장 큰 차이점은 추구하는 '가치'를 먼저 선정하고, 이를 1년 전체의 교육과정에 반영한다고 설명한 바 있다. 그래서 우리 학교에서는 학급 교육과정을 '가치 프로젝트' 또는 '프로젝트 교육과정'이라는 말과 혼용하여 사용하기도 한다.

그렇다면 우리 학교의 선생님들은 어떤 가치들을 가지고 한 해 프로젝트를 설계하고 있을까? 다음은 2018년~2021년 동안 각 담임교사가 프로젝트의 가치로 선정한 것들의 예시이다.

공감 평화 공존 협력 정의 상생 사랑 행복 감성 이치
자치 온고지신 지속성장 문화 공동체 존중

위의 가치들을 보면 사실 너무나 추상적이면서도 이상적인 단어들이다. 그렇다면 이런 가치들을 어떻게 실현해 나가야 할까? 어떻게 가치 프로젝트 교육과정을 설계해야 할까?

프로젝트의 가치는 프로젝트 교육과정 전체를 이끄는 목표이며 방향이다. 성취기준은 우리의 프로젝트 수업이 진행될 때 교사가 꼭 가르쳐야 할 것과 학생들이 꼭 배워야 할 것에 대한 객관적인 준거가 되며, 이는 마지막에는 평가와 밀접하게 연결되어야 한다. 주제는 가치와 성취기준이 융합되어 재구성된 프로젝트 교육과정의 각 단원이라고 생각하면 이해하기 쉽겠다.

마. 가치를 담은 학급 교육과정 운영관의 예시

올해 6학년을 맡게 된 A 교사는 '평화'를 일 년의 가장 큰 가치로 설정하고 프로젝트 설계를 시작하였다. 다음은 A 교사가 작성한 학급 교육과정의 운영관이다.

평화로운 세계를 만드는 시민 되기 프로젝트

[세계시민교육의 지향점 – 평화]
왜 평화인가? 평화는 폭력이 사라진 상태이다.
폭력이란 '나로부터 시작하여 타인 공동체 세계로 확장되는 다양한 관계에서 누군가의 생존·생활·성장의 존엄성이 지켜지지 않는 상태'를 뜻한다. 누군가를 죽이거나 명백하게 다치게 하는 물리적 폭력, 눈에 보이지는 않지만 사회 구조로 인하여 존엄성을 훼손하는 구조적 폭력, 가르침이나 지침의 형태로 폭력을 전승·유지하는 문화적 폭력 등이 우리 삶 속의 폭력이다. 평화는 '전쟁이 없는 상태' 또는 '폭력이 없는 상태'의 소극적 평화만이 아니라 조화, 협력 및 통합이 이루어지는 상태로 확장되어야 한다. 이와 같은 적극적 의미의 평화를 이루기 위해 폭력의 다양한 유형을 인식하고 이를 막기 위해 노력해야 한다.
평화를 이루기 위해 유엔개발계획(UNDP)은 1994년 인간개발보고서에서 '인간 안보(human security)' 개념을 제시하였다. 기존의 국가 안보가 국가를 단위로 하여 외부의 물리적 폭력으로부터 자국의 영토와 국민을 보호하는 것에 초점이 맞춰져 있었다면, '인간 안보'는 인간이 인간다운 삶을 영위할 수 없게 막는 다양한 요소들로부터 인간을 지켜주는 것이라 규정했다. '인간 안보'는 군사력 위주의 전통적인 국가 안보 –소극적 평화에서 벗어나 인간의 생명과 존엄을 중시하는 안보의 새로운 패러다임으로 '공포로부터의 자유'와 '결핍으로부터의 자유'– 적극적 평화에 초점을 맞추고 있다.
세계시민교육은 학습자들이 더 포용적이고, 정의롭고, 평화로운 세상을 만드는 데 이바지할 수 있도록 필요한 지식, 기능, 가치, 태도를 길러줌으로써 변혁적인 교육을 달성하는 데 그 목적이 있다. 더 나은 세상을 위한 세계시민의 정체성 기르기에 최종 목표는 평화로운 세상을 만드는 데 있다. 평화로운 세계를 만드는 시민교육을 위하여 세계시민의 과정-민주주의, 세계시민의 교류-경제, 세계시민의 어울림-지구촌, 세계시민의 미래-하나 되기 프로젝트를 진행하고자 한다. (하략)

3-2

성취기준

모든 사람은 천재이다.
하지만 물고기들을 나무타기
실력으로 평가한다면
물고기는 평생 자신이 형편없다고
믿으며 살아갈 것이다.

유능한 사람은 언제나 배우는 사람이다. **- 괴테**

이번 장에서는 프로젝트의 주제나 방향을 설정할 때 각 교과의 성취기준을 반드시 연결해야 한다고 말하고 있습니다. 그런데 프로젝트 주제에 따라 교육과정을 설계할 때 수많은 성취기준을 연결 짓는다는 것은 너무나 어려운 일입니다. 그래서 여기서는 성취기준을 교과 간, 교과 내에서 Big Idea로 통합하고, 적절한 주제를 선정할 것을 안내하고 있습니다.

3-2

성취기준(成就基準, Achievement Standard)

가. 가치와 성취기준 연결하기

2015 개정 교육과정 총론은 초 · 중등교육법 제23조 2항에 따라 교육부에서 고시한 초 · 중등학교 교육과정이다. 교육과정 총론은 교과별로 다음과 같은 순서와 기준으로 작성되어 있다.

1. 성격
2. 목표
3. 내용 체계 및 성취기준
   (1) 영역명
      가. 학습요소

나. 성취기준 해설

다. 교수 · 학습 방법 및 유의 사항

라. 평가 방법 및 유의 사항

4. 교수 · 학습 및 평가의 방향

가. 교수 · 학습 방향

나. 평가 방향

필자는 학급의 프로젝트 교육과정을 처음 설계할 때 가장 선행되어야 할 것으로 교사가 한 해 동안 학생들과 함께 추구할 '가치'를 찾는 것이라고 반복적으로 강조하였다. 그렇다면 그다음으로 고려해야 할 것은 무엇일까? 그것은 바로 교과의 내용 체계에서 학급 프로젝트 교육과정에서 추구하고자 하는 가치를 담을 수 있는 학습 요소와 그에 따른 성취기준을 분석해야 한다. 프로젝트 교육과정을 구상할 때 성취기준을 고려하지 않으면 자칫 교사가 독단적으로 설계한 수업이 되거나 학생의 흥미만을 추구하는 수업으로 흘러버릴 수 있기 때문이다.

> 성취기준이란 학생들이 교과를 통해 배워야 할 내용과 이를 통해 수업 후에 할 수 있거나 할 수 있기를 기대하는 능력을 결합하여 나타낸 수업 활동의 기준을 말한다.
>
> – 초등학교 교육과정 총론(2018-162호)

그래서 필자의 학교에서는 어떤 교과에서 어느 정도의 성취기준을 가져와 프로젝트 교육과정에 접목하였는가에 따라 전면 프로젝트 교과, 부분 프로젝트 교과, 비 프로젝트 교과라고 부른다.

전면 프로젝트 교과 - 교과의 전체 성취기준을 프로젝트에 적용 부분 프로젝트 교과 - 교과의 성취기준 중 일부를 프로젝트에 적용 비 프로젝트 교과 - 프로젝트에 모든 성취기준을 적용하지 않음.

프로젝트 교육과정에서 추구하는 가치와 성취기준을 어떻게 연결할지는 교육과정을 설계하는 교사의 선택에 달려 있다. 그러므로 새 학기를 시작하기 전에 담임교사는 많은 고민의 시간이 필요하다.

나. 교과 간의 성취기준 통합하기

필자는 사회, 도덕, 국어 교과를 전면 프로젝트로 적용한다. 특히 사회과는 과거(역사), 현재(실제), 미래 같이 시간상으로 주제 구성이 쉬우며, 나로부터 시작하여 가족, 고장과 나라 그리고 세계로 공간을 확장할 수 있기 때문이다. 사회과는 다양한 주제를 통합적으로 구성하기에 적합한 교과라고 생각된다. 우리 학교에서 사회 교과가 아닌 다른 교과를 중심으로 프로젝트 교육과정을 설계한 여러 선생님의 시도는 있었으나 학년이 끝날 때 '성공적이다' 또는 '만족스럽다'라고 말하는 선생님의 결과를 아직 확인하지 못했다.

도덕과를 전면 프로젝트로 적용하는 이유는 바로 우리가 추구하고 있는 프로젝트가 '가치가 담긴' 프로젝트이기 때문이다. 도덕과에서 추구하는 정의, 평화, 사랑, 갈등 해결, 인권, 평등 등의 가치들은 이 세상에 긍정적인 영향을 미치는 세계시민으로써 바르게 성장시키고자 하는 주제 중심 가치 프로젝트의 최종 목표에 닿아 있다.

국어과를 전면 프로젝트로 적용하는 이유는 국어 교과야말로 모든 프로젝트의 과정을 역동적으로 만드는 최고의 프로젝트 도구 교과이기 때문이다. 해당 학년과 해당 학기의 성취기준들을 변형하여 생각을 친구에게 말하기, 읽을거리를 찾아 읽고 중요한 것 요약하기, 조사하고 발표하기, 느낌이나 생각을 글로 쓰기, 다양한 상황을 극으로 만들어 표현하기, 비교-대조-분석하기, 공통점과 차이점 찾기, 다양한 방법으로 토의토론하기 등 프로젝트 탐구에 다양하게 적용할 수 있다. 국어과는 프로젝트를 배움 중심, 학생 중심으로 수업을 역동적으로 만들며, 프로젝트의 꽃을 피우는 교과가 되어준다.

수학, 과학, 음악, 미술, 체육, 실과, 영어 교과(창의적 체험활동 포함)의 성취기준은 프로젝트에서 전면적으로 운영하기도 하도 부분적으로 활용하기도 한다. 예를 들어 과학과에서 지속가능발전, 지구환경, 에너지와 관련된 성취기준을 끌어오기도 하고, 유행하는 노래를 캠페인 활동에 적용하기 위해 음악의 창작 관련 성취기준을 연결할 수도 있다.

모든 교과의 모든 성취기준은 프로젝트 교육과정의 가치, 주제들과 연결이 가능하며, 지식을 탐구할 때, 탐구 과정을 이해할 때, 어떤 기능을 익힐 때, 결과를 정리할 때 등 프로젝트의 모든 과정에서 적용할 수 있다. 결국 학급 프로젝트 교육과정은 가치와 교과 성취기준을 융합하여 적용해야 하므로 프로젝트를 설계하는 담임교사가 결코 짧은 시간에 만들어내기는 어렵다.

1, 2학년의 경우, 프로젝트 교육과정을 설계할 때 전면적으로 활용하기에 적합한 교과는 바로 바른 생활, 슬기로운 생활, 즐거운 생활, 즉 통합교과이다. 이미 통합교과는 봄, 여름, 가을, 겨울이라는 네 가지 형태로 주제 통합되어 있으며 프로젝트화되어 있다. 봄-여름-가을-겨울이라는 시간적 변화 속에 나-가족-동네(고장)-국가(세계)로 공간이 확장되도록 구성되어 있다. 그렇지만 이 교과서는 어디까지나 학습할 내용의 순서만 제시하였을 뿐 프로젝트 교육과정이라고 하기에는 흐름이나 연결 부분에서 완성도가 높다고 말하기 어렵다.

필자가 프로젝트 수업으로 구성하는 과목의 예시
전면 프로젝트 교과 – 사회, 도덕, 국어, 통합교과(바슬즐)
부분 프로젝트 교과 – 주지교과와 예체능, 창의적 체험활동
비 프로젝트 교과 – 그 밖의 교과, 교과만의 별도 프로젝트가 필요한 교과, 모든 시수를 전담 수업으로 배정한 교과

위에서 제시한 프로젝트의 구성과 비중은 항상 그렇게 해야 한다는 것은 아니다. 교육과정을 설계하는 교사와 학생이 얼마든지 변형하고 창조할 수 있다.

다. 빅 아이디어로 주제 만들기

교육과정 총론을 살펴보면 모든 교과의 성취기준은 학생들이 꼭 다루어야 하는 것으로 제시되어 있다. 그런데 모든 성취기준을 백화점식으로 나열하여 가르치다 보면 시간이 부족하고, 쓸모없거나 나중에 없어질 지식을 배운다는 비판을 받을 수 있다. 특히 미래사회를 살아갈 학생들이 키워야 할 역량 중심의 교육과정을 전개하는 데 걸림돌이 될 수 있다. 미래 교육은 분절적인 교과별, 차시별로 나열된 교육과정이 아닌 프로젝트 기반의 교육과정으로 나아가야 함은 의문의 여지가 없다. 필자가 추구하는 주제 중심, 가치 중심의 프로젝트에서는 더욱더 그렇다.

그러나 국가 수준의 교육과정을 준수하면서 수많은 성취기준을 연결하다 보면 프로젝트 기반 교육과정을 설계하는데 어려움이 따른다. 그렇다면 교사는 무엇에 초점을 맞추어 프로젝트 기반 교육과정을 설계해야 할까? 그래서 교사가 추구하는 가치를 바탕으로 단원과 교과의 성취기준을 연결하고, 핵심 개념에서 전이가 가능한 '빅 아이디어(Big Idea)' [14] 를 구성할 필요가 있다. 즉, 가치를 바탕으로 교과의 경계를 허물고, 초학문적으로 전이 가능한 빅 아이디어로 성취기준을 통합하고 구체화해야 한다. 단, 여기서 중요한 할 것은 단순한 빅 아이디어가 아닌 교사의 교육철학과 가치를 품을 수 있는 빅 아이디어야 한다.

---

14 Wiggins와 McTighe(2005)가 이해 중심 교육과정 설계(Understandig by Design)의 원리로 제안한 빅 아이디어는 분리된 사실과 기능을 연결하고 의미를 부여하는 개념, 테마, 이슈이다. 빅 아이디어는 1~2개의 단어, 문구, 문장, 질문의 형식으로 나타낼 수 있다. 빅 아이디어는 영속적인 이해(enduring understanding)를 이끌며 교과 또는 해당 분야의 핵심(core)이다.

1. 빅 아이디어 구성하기

A 교사는 6학년의 국어, 사회, 도덕, 미술 교과를 중심으로 성취기준을 분석하여 다음과 같은 단어 형태의 빅 아이디어를 구성하였다.

균형 공동체 변화 관련성 상호 관련 상호 작용 환경
공정 다양성 문화 순환 발견 관점 평화 조화 행복
풍요 지속가능 적응 협동

A 교사가 추구하는 가치는 평화이며 평화의 가치를 실현하기 위해 교과 성취기준과 핵심 개념을 분석하였다. 다음은 앞 페이지의 빅 아이디어를 구성한 근거를 나타낸 표이다.

추구하는 가치		평화		
성취기준			핵심개념	Big Idea
국어	1. 비유하는 표현	[6국01-01] 구어 의사소통의 특성을 바탕으로 하여 듣기 · 말하기 활동을 한다. [6국01-03] 절차와 규칙을 지키고 근거를 제시하며 토론한다. [6국01-04] 자료를 정리하여 말할 내용을 체계적으로 구성한다. [6국01-06] 드러나지 않거나 생략된 내용을 추론하며 듣는다.	목적에 따른 담화 유형 (정보 전달, 설득)	관점, 관련성

국어	2. 이야기를 간추려요.	[6국02-02] 글의 구조를 고려하여 글 전체의 내용을 요약한다. [6국02-03] 글을 읽고 글쓴이가 말하고자 하는 주장이나 주제를 파악한다. [6국02-04] 글을 읽고 내용의 타당성과 표현의 적절성을 판단한다. [6국02-06] 자신의 읽기 습관을 점검하며 스스로 글을 찾아 읽는 태도를 지닌다.	목적에 따른 글의 유형 (정보전달, 설득)	특성, 관련성
	5. 속담을 활용해요.	[6국03-01] 쓰기는 절차에 따라 의미를 구성하고 표현하는 과정임을 이해하고 글을 쓴다. [6국03-02] 목적이나 주제에 따라 알맞은 내용과 매체를 선정하여 글을 쓴다.	국어 규범과 국어 생활 (문장·담화의 사용)	관점, 특성, 관련성
	6. 내용을 추론해요.	[6국04-01] 언어는 생각을 표현하며 다른 사람과 관계를 맺는 수단임을 이해하고 국어 생활을 한다. [6국04-03] 낱말이 상황에 따라 다양하게 해석됨을 탐구한다. [6국04-04] 관용 표현을 이해하고 적절하게 활용한다.	쓰기 전략 (상위인지 전략)	특성, 관련성, 상징
	9. 마음을 나누는 글을 써요.	[6국05-01] 문학은 가치 있는 내용을 언어로 표현하여 아름다움을 느끼게 하는 활동임을 이해하고 문학 활동을 한다. [6국05-03] 비유적 표현의 특성과 효과를 살려 생각과 느낌을 다양하게 표현한다. [6국05-04] 일상생활의 경험을 이야기나 극의 형식으로 표현한다. [6국05-05] 작품에 대한 이해와 감상을 바탕으로 하여 다른 사람과 적극적으로 소통한다. [6국05-06] 작품에서 얻은 깨달음을 바탕으로 하여 바람직한 삶의 가치를 내면화하는 태도를 지닌다.	문학의 본질, 문학의 수용과 생산 (작품의 맥락), 문학에 대한 태도(타자와의 이해와 소통)	문화, 조화, 적응

성취기준		핵심개념	Big Idea
사회 2. 우리나라 경제 발전	[6사06-01] 다양한 경제 활동 사례를 통해 가계와 기업의 경제적 역할을 파악하고, 가계와 기업의 합리적 선택 방법을 탐색한다. [6사06-02] 여러 경제 활동의 사례를 통하여 자유 경쟁과 경제 정의의 조화를 추구하는 우리나라 경제체제의 특징을 설명한다. [6사06-03] 농업 중심 경제에서 공업 · 서비스업 중심 경제로 변화하는 모습을 중심으로 우리나라 경제 성장 과정을 파악한다. [6사06-04] 광복 이후 경제 성장 과정에서 우리 사회가 겪은 사회 변동의 특징과 다양한 문제를 살펴보고 더 나은 사회를 만들기 위하여 해결해야 할 과제를 탐구한다. [6사06-05] 세계 여러 나라와의 경제 활동으로 나타난 우리 경제생활의 변화 모습을 탐구한다. [6사06-06] 다양한 경제 교류 사례를 통해 우리나라 경제가 다른 나라와 상호 의존 및 경쟁 관계에 있음을 파악한다.	경제생활과 선택, 시장과 자원 배분, 국가 경제, 세계 경제	지속 가능한 발전, 상호 의존
미술 6. 작품 속 시대가 보여요. 2. 쉿! 아름다움의 비밀 4. 생각을 나누는 이미지 7. 프로젝트 우리 전통 문화 나누기	[6미01-03 이미지가 나타내는 의미를 찾을 수 있다. [6미01-04 이미지를 활용하여 자신의 느낌과 생각을 전달할 수 있다. [6미01-05 미술 활동에 타 교과의 내용, 방법 등을 활용할 수 있다. [6미02-03 다양한 자료를 활용하여 아이디어와 관련된 표현 내용을 구체화할 수 있다. [6미02-04 조형 원리(비례, 율동, 강조, 반복, 통일, 균형, 대비, 대칭, 점증·점이, 동세 등)의 특징을 탐색하고, 표현 의도에 적합하게 활용할 수 있다. [6미02-06 작품 제작의 전체 과정에서 느낀 점, 알게 된 점 등을 서로 이야기할 수 있다. [6미03-02 미술 작품이 시대적 배경과 관련된다는 것을 이해할 수 있다.	지각, 소통, 연결, 제작, 이해, 비평	관련성, 변화, 창의성

도덕 5. 갈등을 해결하는 지혜 4. 공정한 생활	[6도02-02] 다양한 갈등을 평화적으로 해결하는 것의 중요성과 방법을 알고 평화적으로 갈등을 해결하려는 의지를 기른다 [6도03-01] 공정함의 의미와 공정한 사회의 필요성을 이해하고, 일상생활에서 공정하게 생활하려는 실천 의지를 기른다.	사회·공동체와의 관계	변화, 상호 관련

2. 빅 아이디어를 주제와 연결하기

A 교사는 여러 교과의 성취기준을 가지고 이들을 관통하는 빅 아이디어를 구체화하고자 한다. 교과의 지식이나 기능보다는 가치나 태도, 실천을 담은 빅 아이디어로 좀 더 다듬어 보았다. 다음은 사회와 도덕 교과 등에서 A 교사의 가치(평화)와 핵심 개념에 부합하는 빅 아이디어를 연결 지은 것이다. A 교사는 평화라는 가치로 프로젝트를 설계하고 있어서 아래의 표처럼, 사회 교과의 지속가능한 발전과 경제, 도덕 교과의 변화, 공동체, 상호 관련 등의 빅 아이디어를 중심으로 프로젝트 주제들을 체계화하였다.

빅 아이디어 체계							
국어					사회	미술	도덕
1단원	2단원	5단원	6단원	9단원			
관점, 관련성	특성, 관련성	관점, 특성, 관련성	특성, 상징, 관련성	문화, 조화, 적응	지속 가능한 발전, 상호의존	관련성, 변화, 창의성	변화, 공동체, 상호 관련
대주제 결정: 세계시민의 평화로운 교류-경제							

A 교사는 사회 교과의 지속가능한 발전과 상호의존, 도덕 교과의 공동체 등의 빅 아이디어를 연결하여 '세계시민의 평화로운 교류-경제'라는 대주제로 학습을 진행하고자 한다. 이때 사회나 도덕 교과에서 찾은 빅 아이디어를 가지고 평화의 가치와 핵심 개념을 연결 짓고, 국어, 미술 등의 교과 성취기준으로 기능, 표현, 탐구 방법을 구성하였다. 대주제와 소주제, 다음의 흐름에 대한 설명은 다음 장에서 이어가도록 하겠다.

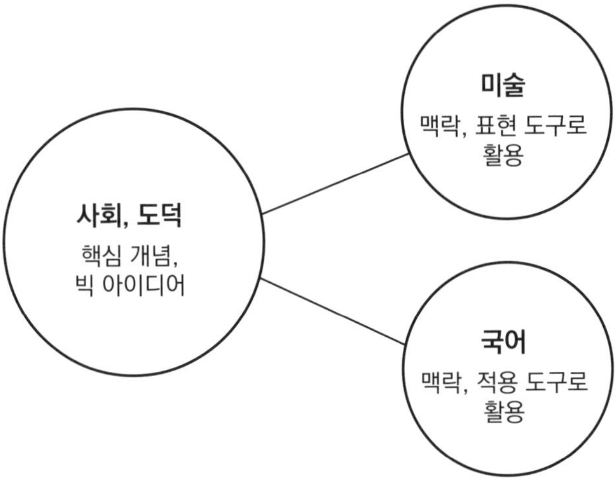

3. 빅 아이디어의 중요성

첫째, 빅 아이디어는 프로젝트 기반 교육과정을 설계할 때 대주제와 소주제의 흐름을 구성할 수 있도록 도와준다. 빅 아이디어는 여러 교과를 통합하여 재구성할 때 교육과정, 수업, 평가를 위한 핵심 개념이자 수업의 핵심 내용이 된다. 또한, 빅 아이디어는 학생들이 알아야 할 핵심 지식과 개념을 바탕으로 스스로 이해하고 탐구해야 할 것들의 순서를 정하는 기초가 된다.

둘째, 빅 아이디어를 통해 학생들이 다음 단계로 전이될 수 있는지 고려할 수 있다. 빅 아이디어는 사실적 지식과 기능에서 좀 더 중요한 지식과 기능으로 연결하는 역할을 한다. 교사는 다음 단계로의 성장과 발전을 염두에 두고 주제, 탐구, 문제 등을 생각하여 교육과정을 설계하게 된다.

단, 빅 아이디어는 추상적이기 때문에 핵심 개념과 지식을 바탕으로 학생들이 심층적 학습이 가능하도록 프로젝트 기반 교육과정을 설계해야 한다. 빅 아이디어를 중심으로 피상적인 학습만 진행하다 보면 학생들의 실생활과는 거리가 먼, 나와는 상관없는 사람들의 이야기, 아니면 먼 훗날의 이야기로 그치게 된다. 반드시 교육과정을 설계할 때에는 학생들이 심층적 학습의 결과를 스스로 구성하고 경험하며, 실제로 실천할 수 있도록 교육과정을 설계해야 한다.

> 성취기준 – 빅 아이디어 – 주제 만들기
> (빅 아이디어는 성취기준과 주제를 연결 짓는 핵심)

라. 프로젝트를 통한 잠재적 교육과정의 힘

각 교과의 성취기준들이 우리 반의 가치나 주제와 잘 연결된다면 프로젝트 교육과정에 정당성이 부여된다. 그러나 실제로 성취기준을 톱니바퀴 맞물리듯 유기적으로 연결하는 일은 참으로 어려운 일이다. 이 부분은 몇 년 동안 프로젝트를 연구해 온 우리 학교의 선생님들도 제일 어려운 점으로 꼽고 있다.

학생 중심의 프로젝트라는 것은 학생의 흥미를 자극할 수 있어야 하고, 학생이 교사와 함께 고민하고 소통하는 가운데 만들어지는 것이다. 그런데 프로젝트의 목표를 정하고 프로젝트의 과정에서 그 흐름에 어울리는 성취기준이 "저 여기 있어요!" 하고 딱 대기하고 있는 경우는 드물다. 반대로 흐름에 어울리는 성취기준을 찾아 넣다 보면 그 어디에도 어울리지 않는 성취기준들이 더 많이 발견되기도 한다. 프로젝트에 녹이지 못하는 성취기준들을 다루기 위해 부분 프로젝트와 비 프로젝트 교과의 수업을 어떻게 구성해야 할지 고민되는 순간도 분명 찾아온다. 그래서 어떤 선생님들은 학생들과 프로젝트를 같이 설계하기 위해 성취기준들을 뽑아 칠판에 붙이고 유목화하면서 프로젝트의 흐름을 짜기도 한다. 그러나 이러한 방법은 고학년에서는 가능할 수도 있지만, 저학년이나 이런 형태의 프로젝트를 접해보지 못한 학생들에게는 너무나 생소할 수밖에 없다.

이러한 성취기준에 대한 어려움 속에서도 필자가 프로젝트 교육과정과 수업을 고집할 수 있는 이유는 바로 잠재적 교육과정의 힘을 믿기 때문이다. 잠재적 교육과정이란 교사가 의도하거나 계획한 바는 없지만, 학교생활을 하는 동안에 은연중에 익히게 되는 경험이나 새로운 배움이라고 말한다. 배움은 프로젝트 수업을 실제로 운영하는 시간, 쉬는 시간, 중간활동 시간, 점심시간, 방과 후 가정에서의 시간 등 학생이 학교 수업과 관련되는 모든 시간에서 속에서 일어난다.

학생들은 프로젝트 수업을 통해 명시된(표면적) 교육과정에서 얻는 것 그 이상의 배움을 얻는다. 물론 프로젝트 교육과정에 담지 못한 성취기준이 있다면 별도의 계획을 세워 수업을 진행하는 것이 마땅하다. 결국, 명시된 교육과정이던 잠재적 교육과정이던 교사가 학생들을 위해 고민하고 노력한 만큼 학생들은 성장한다.

3-3

주제

백 명의 교사에게는 백 가지의
교육적 해석과 실천이 있어야 한다.

그림을 그리기 위해 가장 먼저 필요한 것은 흰 종이다.

뜻을 세운다는 것, 그것은 목표를 선택하고
그 목표에 도달할 행동 과정을 결정하고
그 목표에 도달할 때까지 결정한 행동을
계속하는 것이다. 중요한 것은 행동이다.

교육은 그대의 머릿속에 씨앗을 심어주는 것이 아니라, 그대의 씨앗들이 자라나게 해준다.
- 칼릴 지브란

이번 장에서는 가치를 실현하기 위해 국가 수준의 성취기준을 분석하고, 교과를 통합한 주제 중심의 프로젝트 교육과정을 재구성하는 방법에 대하여 설명합니다. Big Idea를 통합하여 대주제로 묶고 대주제는 다시 소주제들로 분화됩니다. 프로젝트 설계 단계에서는 보통 사회 교과를 중심으로 주제를 통합하는데, 이는 프로젝트 수업이 실제성과 깊은 관계가 있기 때문입니다.

3-3

주제(主題, Subject)

가. 주제 중심의 가치 프로젝트

필자가 추구하는 프로젝트가 일반적인 프로젝트와 가장 큰 차이점은 학생들의 마음속에 가치(담임교사의 교육철학 등)를 심어주고 뿌리내리게 하는 것이라고 앞에서 이야기하였다. 학급을 운영하는 담임교사는 프로젝트를 진행하기 위해 '어떤 가치를 담을 것인가?'에 대한 고민을 가장 먼저 하게 되고, 그 가치들은 성취기준과 핵심 개념이 통합된 빅 아이디어 형태로 나타난다. 이러한 빅 아이디어들은 다시 대주제로 통합되어 '주제 중심의 가치 프로젝트'를 실현한다.

1년의 가치는
성취기준 분석과 빅 아이디어 산출을 거쳐
다시 몇 가지 주제로 분화

↙ ↓ ↘

대주제 1 대주제 2 대주제 3

우리 학교의 선생님들은 대주제를 보통 한 학기에 2~3개(1년에 4~6개)로 나누어서 진행하는 경우가 대부분이다. 따라서 대주제 하나를 한 달에서 두 달 정도에 걸쳐 긴 호흡으로 일관된 가치를 추구하는 프로젝트로 진행하고 있다. 통상적으로 대주제는 문제 탐색-문제 원인 분석부터 시작하여 우리의 해결방안 모색-생활 속으로의 실천 순으로 마무리되기 때문에 하나의 대주제를 하나의 '실천 프로젝트'라고 부르기도 한다.

다음은 필자가 2학년 학생과 '성장'이라는 가치를 향해 1년간 설계하고 진행했던 대주제(실천 프로젝트) 예시이다.

학기	대주제(실천 프로젝트)	
1학기	내가 맞이한 봄	가족과 함께 성장하는 여름
2학기	풍성한 가을 동네	함께 나누는 겨울 세상

제목은 간결하지만, 대주제 속에 나-가족-동네-세상의 순으로 내가 살아가는 공간이 확장하고, 봄-여름-가을-겨울로 자연과 함께하는 시간의 변화가 있음을 담았다. 나의 성찰-가족과의 협력-주변에 대한 감사-가슴 따뜻한 나눔의 가치를 학생들 스스로 배우고 실천하여 세계시민으로서 '성장'하기를 바라는 마음을 담아 설계한 것이다.

나. IB 교육과정과의 관련성

요즘 많은 학교에서는 IB[15] 초등학교 프로그램에 관심을 가지고 6개의 초학문적 주제를 묶어 나름대로 재해석을 통하여 새로운 형식의 수업을 구안, 적용하려고 시도하고 있다. 아마도 프로젝트를 기반으로 스스로 생각하고 탐구하는 수업, 미래 지향적인 학습을 통해 의사소통 능력, 논리적 사고의 배양, 협동 능력 및 창의력을 키워 나가고자 하는 IB 교육과정에 대한 기대 때문일 것이다.

2016년부터 우리 학교의 선생님들은 IB 교육과정(PYP)의 '초학문적 주제'에 착안하고 이를 주제 중심의 프로젝트 수업에 응용하기 시작하였다. IB 교육과정에서 제시하는 6가지 초학문적 주제는 다음과 같다.

1. 우리는 누구인가?
2. 우리가 사는 시공간은 어디인가?
3. 우리는 우리 자신을 어떻게 표현할까?
4. 세상은 어떻게 돌아가는가?
5. 우리는 자신을 어떻게 관리할까?
6. 지구촌에 함께 살아남기

필자가 2학년 담임을 하면서 설계했던 구체적인 활동 예시들은 다음과 같이 IB의 초학문적 주제와 관련 지어볼 수 있다.

---

15 IB(International Baccalaureate): 국제 인증 교육과정

2학년에서의 구체적인 활동 예시	IB의 초학문적 주제
- 나를 탐구하고 마인드맵으로 표현하기 - 나의 흥미와 재능 찾기 - 내가 하고 싶은 것과 하고 싶지 않은 것 - 나의 몸, 마음의 변화 모습과 성장 과정 탐구	1. 우리는 누구인가?
- 우리 가족의 구성, 가족의 바람직한 역할 분담 - 우리 동네에 있는 것과 사람들이 하는 일 - 세계의 여러 나라, 우리나라와의 공통점과 차이점, 세계에서 배울 수 있는 것	2. 우리가 사는 시공간은 어디인가?
- 봄 동산, 여름 동식물, 가을 열매 만들기 - 가족과 함께 여름방학 중 지속가능발전을 위한 실천을 하고 결과 발표하기 - 프로젝트 후 에세이 쓰고 공유하기	3. 우리는 우리 자신을 어떻게 표현할까?
- 오감으로 알아보는 봄, 여름, 가을, 겨울 - 우리가 만들어가는 여름철 안전, 건강 수칙 - 행복한 겨울을 위해 우리가 준비하고 노력해야 할 것 - 주변을 행복하게 만들기 위해 내가 할 수 있는 일	5. 우리는 우리 자신을 어떻게 관리할까?
- 사계절 숲 체험으로 계절의 변화 이해하기 - 나와 친구의 공통점과 차이점 - 다양한 사람들의 모습과 서로에게 주는 영향 - 우리 동네의 문제점, 해결을 위해 우리가 할 수 있는 일	4. 세상은 어떻게 돌아갈까?
- 지속가능발전 목표와 가치 프로젝트 연결하기 (1. 빈곤 퇴치, 3. 건강과 웰빙, 6. 깨끗한 물과 위생, 7. 모두를 위한 깨끗한 에너지, 13. 기후 변화와 대응, 14. 해양 생태계 보전, 15. 육상 생태계 보전)	6. 지구촌에 살아남기

앞에서 제시한 활동 예시들만 살펴보아도 우리는 1년간 IB에서 다루는 초학문제 주제와 연결되는 다양한 활동을 꾸준히 함께 공부해왔다고 볼 수 있다. 사실, 우리나라 교과서에 제시된 모든 활동을 재구성하고 주제를 중심으로 잘 정돈하면 IB의 모든 초학문적 주제와 관련지을 수 있다.

다만, 여기에서의 논점은 교사가 프로젝트를 설계할 때 구체적인 단위 활동을 어떻게 유기적으로 연결하고, 어떤 기승전결의 흐름을 갖게 하여, 어떻게 유의미한 교육 활동을 만들어 가는가가 매우 중요하다는 것이다. 그래서 교사는 먼저 자신의 가치를 명확하게 설정하고, 성취기준과 빅 아이디어의 통합을 거쳐 유의미한 대주제들을 구성하는 과정이 필요하다.

또한 IB 교육과정의 영향을 받은 것에 그치지 말고, 이보다 한 단계 더 나아가 IB 교육과정을 비판적인 시각으로 바라보고, 더 깊고 넓은 교육의 방향을 모색해 나가야 한다. 이 책을 읽는 선생님들이 다음과 같은 시각으로 IB(PYP)를 바라볼 수 있으면 좋겠다.

> IB는 일부 고위층이나 부유층 가정의 학생들만을 위한 수월성 교육과정은 아닐까?
> IB 교육과정을 접한 학생들은 세계시민으로서의 자질을 갖추고 있을까?
> 과연 우리나라 교육과정에 일반적으로 적용할 만한가?
> 실제적인 효과나 입증을 하지 않은 채 형식만 흉내 내고 있는 것은 아닐까?
> IB를 뛰어넘는 한국형 가치 중심의 프로젝트를 구안, 적용할 수는 없을까?

다. 대주제의 흐름 만들기

A 교사는 '세계시민의 평화로운 교류-경제'라는 대주제로 사회과와 도덕과를 중심으로 프로젝트의 큰 줄거리(흐름)를 구상하려고 한다. 먼저 관련된 성취기준은 다음과 같다.

대주제: 세계시민의 평화로운 교류 – 경제

[6사06-01] 다양한 경제 활동 사례를 통해 가계와 기업의 경제적 역할을 파악하고, 가계와기업의 합리적 선택 방법을 탐색한다.

[6사06-02] 여러 경제 활동의 사례를 통하여 자유 경쟁과 경제 정의의 조화를 추구하는 우리나라 경제 체제의 특징을 설명한다.

[6사06-03] 농업 중심 경제에서 공업·서비스업 중심 경제로 변화하는 모습을 중심으로 우리나라 경제 성장 과정을 파악한다.

[6사06-04] 광복 이후 경제 성장 과정에서 우리 사회가 겪은 사회 변동의 특징과 다양한 문제를 살펴보고 더 나은 사회를 만들기 위하여 해결해야 할 과제를 탐구한다.

[6사06-05] 세계 여러 나라와의 경제 활동으로 나타난 우리 경제생활의 변화 모습을 탐구한다.

[6사06-06] 다양한 경제 교류 사례를 통해 우리나라 경제가 다른 나라와 상호 의존 및 경쟁 관계에 있음을 파악한다.

[6도02-02] 다양한 갈등을 평화적으로 해결하는 것의 중요성과 방법을 알고 평화적으로 갈등을 해결하려는 의지를 기른다.

[6도03-01] 공정함의 의미와 공정한 사회의 필요성을 이해하고, 일상생활에서 공정하게 생활하려는 실천 의지를 기른다.

A 교사는 처음에 자신의 가장 중요한 가치로 선택했던 '평화'의 가치를 어떻게 담을 수 있을까를 고민하였다. 그래서 먼저 성취기준을 사회과를 중심으로 좀 더 간단하게 정리하였고, 학습의 순서를 결정하기 위해 학습 내용을 개념이나 현상을 탐구하는 부분과 쟁점이나 문제를 분석하는 부분으로 구분 지었다.

개념, 현상 탐구	1. 가계와 기업의 경제적 역할을 파악 및 합리적 선택의 방법 2. 우리나라 경제 체제의 특징 3. 우리나라 경제 성장 과정
쟁점, 문제 분석	4. 경제 성장 과정에서 생겨난 다양한 문제와 해결해야 할 과제
개념, 현상 탐구	5. 여러 나라와의 교류로 인한 경제생활의 변화 모습
쟁점, 문제 분석	6. 경제 교류 사례를 통해 나라 간 상호 의존 및 경쟁 관계, 문제점

위에서 정리한 표를 보면 '평화'라는 가치는 개념, 현상 탐구 부분보다는 쟁점, 문제 분석 부분에서 연결 짓는 것이 좀 더 적절해 보인다. 쟁점과 문제를 분석하고 해결 방안을 찾는 과정에서 '평화'의 가치를 연결 지어 보면, 경제활동 속에서 가계와 기업 간에 평화롭지 못한 문제를 탐색 · 분석해 볼 수도 있고, 국가 간 교류에서 발생하는 불공정의 문제를 더 평화로운 방향으로의 해결을 생각해 볼 수도 있겠다.

이러한 과정은 곧 '세계시민의 평화로운 교류-경제'라는 대주제의 줄거리가 된다. 프로젝트를 진행하는 순서는 앞으로 학생들과 프로젝트를 진행하며 수정, 보완할 수도 있으나 일단 A 교사는 이 흐름이 자연스럽다고 판단하여 다음의 표로 다시 정리하였다.

'세계시민의 평화로운 교류-경제'의 흐름	
경제 알아보기	1. 가계와 기업의 경제적 역할을 파악하고 합리적 선택에 대하여 입장 정하기 2. 우리나라 경제의 특징을 알고 설명하기

경제 성장의 양면성	3. 우리나라 경제 성장 과정을 분석하기 4. 경제 성장 과정에서 **평화롭지 못한** 다양한 문제를 살펴보고 **평화를 위해** 해결해야 할 과제를 탐구하기(경제성장의 양면성 탐구와 문제 해결)
평화로운 세계 경제	5. 여러 나라와의 교류로 인한 경제생활의 변화 모습 탐구하기 6. 경제 교류 사례를 통해 나라 간 상호 의존 및 경쟁 관계, 불공정 등의 사례 알아보기 7. 평화롭지 못한 교류 사례를 알아보고 분석하여 미래 세계의 평화를 위해 나아가야 할 방향 제시하기, 우리가 평화를 위해 할 수 있는 일을 찾고 실천하기

라. 소주제로 흐름 다듬기

하나의 대주제(실천 프로젝트)는 한두 달 정도 긴 호흡으로 이어지기 때문에 대주제 하나는 보통 2~3개 정도의 소주제로 나누어 호흡을 가다듬는다. 그래서 소주제 하나를 또 하나의 '작은 프로젝트'로 말하기도 한다. 여기서 말하는 작은 프로젝트(소주제) 하나가 보통의 학교에서 하는 '단위 프로젝트'의 크기와 비슷하다고 보면 된다.

그리고 대주제 한 개를 1시간짜리 수업에 비유한다면, 프로젝트 대주제는 1시간 수업의 목표나 주제가 되고, 대주제 안의 소주제 1, 2, 3은 수업 활동 1, 2, 3 정도로 생각하면 이해에 도움이 될 것이다.

대주제 설계	대주제	소주제 1, 2, 3
단위 차시 수업 설계	수업 목표(주제)	활동 1, 2, 3

단위 수업을 설계할 때 수업 목표, 학습 내용에 맞는 적절한 수업 모형을 찾고 절차를 적용하는 것처럼 프로젝트를 설계할 때도 다음과 같은 절차를 적용하는 것이 유용하다. 여기서 말하는 절차는 대주제나 소주제 한 개 정도를 설계하는 정도의 크기이며 프로젝트 교육과정의 전체 설계의 한 부분임을 밝혀둔다.

연구자 및 기관	프로젝트 설계의 절차
마이클 맥도웰	프로젝트 게시 ▶ 기초 워크숍 ▶ 심화 워크숍 ▶ 발표/성찰
스탠퍼드 대학교	공감·설계 ▶ 창의·탐구 ▶ 성찰·공유
Donnelly &Fitzmaurice	계획 ▶ 실행 ▶ 초안작성 ▶ 수정 ▶ 최종 산출물 발표

프로젝트 설계 절차에 대하여 다양한 연구가 있지만, 필자는 마이클 맥도웰이 고안한 '프로젝트 게시 및 설계 ▶ 탐구 ▶ 발표 및 성찰'의 절차 또는 스탠퍼드 대학교의 **'공감·설계 ▶ 창의·탐구 ▶ 성찰·공유**' 절차로 설계하는 경우가 대부분이다.

프로젝트 대주제를 설계할 때 스탠퍼드 대학교에서 고안한 절차를 적용한다면 다음과 같다.

<table>
<tr><th colspan="5">대주제(실천 프로젝트)</th></tr>
<tr><td rowspan="2">공감·설계</td><td>소주제 1</td><td>소주제 2</td><td>소주제 3</td><td rowspan="2">성찰·공유</td></tr>
<tr><td colspan="3">창의·탐구</td></tr>
</table>

위의 절차로 프로젝트를 진행할 경우 공감 · 설계 단계에서는 프로젝트 주제에 대하여 충분히 공감하는 과정을 거친다. 창의 · 탐구 단계에서는 소주제 1부터 소주제 3까지 주제에 대하여 본격적으로 탐구를 하거나, 논의할 점과 해결이 필요한 부분을

끌어내며, 실행에 옮기거나 실천에 대한 의지를 다진다. 마지막으로 성찰 · 공유 단계에서는 전체적인 프로젝트 과정과 결과에 대하여 공유하고 반성하며 마무리한다.

때로는 프로젝트의 성격에 따라 아래와 같이 하나의 소주제 안에서 공감 · 설계-창의 · 탐구-성찰 · 공유의 모든 절차를 거치기도 한다. 소주제의 흐름은 주제의 성격이나 탐구 질문의 흐름에 따라 결정하는 것이 적절할 것이다.

대주제(실천 프로젝트)					
소주제 1			소주제 2		
공감·설계	창의·탐구	성찰·공유	공감·설계	창의·탐구	성찰·공유

A 교사는 '세계시민의 평화로운 교류-경제' 프로젝트의 줄거리로 다음과 같이 소주제를 구성하였다.

프로젝트 대주제: 세계시민의 평화로운 교류 – 경제		
소주제 1	소주제 2	소주제 3
경제 알아보기	우리나라의 경제 성장 과정 알아보기	세계 여러 나라의 교류 알아보기

그리고 A 교사는 옆 반 B 교사와의 협의를 통해 소주제를 프로젝트의 방향성을 드러낼 수 있도록 다음과 같이 수정해 보았다.

프로젝트 대주제: 세계시민의 평화로운 교류 - 경제		
소주제 1	소주제 2	소주제 3
경제생활과 우리	경제 성장의 양면성	평화로운 세계 경제

마. 세부 활동 계획 세우기

주제에 대해서 지금까지 설명한 내용을 정리하면,

1. 프로젝트 교육과정 설계를 위해 먼저 교사가 '가치'를 설정하고,
2. 교과 '성취기준'을 분석, 핵심 개념과 'Big Idea'를 산출하여
3. 'Big Idea'를 중심으로 '대주제와 소주제'를 확정하였다.

이제는 소주제의 다양한 활동과 관련된 성취기준을 다시 연결하고 다듬는 재구조화의 과정을 거쳐 살을 붙여 나가야 한다. 이 부분에서 특히 교사의 교수학습 성향이 잘 반영되기도 한다.

프로젝트 수업 속에서 어떤 주제에 대하여 국어과 성취기준을 연결하여 글을 읽고 자료의 타당성과 표현의 적절성을 판단해 볼 수 있다. 뜨거운 쟁점에 대해서는 질

서와 규칙에 따라 근거를 제시하며 토의토론을 할 수 있다. 도덕과 성취기준을 연결하여 공정한 사회의 필요성을 이해하고 일상생활에서 공정한 생활을 위해 노력할 점을 탐색해 볼 수도 있다. 이렇게 탐구한 내용은 예체능 교과의 성취기준을 연결하여 마임(또는 무언극) 영상이나 시각적 표현으로 나타내고, 이를 타인과 공유할 수도 있다. 여기서 중요한 점은 실제 프로젝트를 운영할 때 재구조화한 성취기준을 단지 프로젝트 전개의 수단으로 활용하는 것이 아니라 학생들이 성취기준에 제대로 도달하고 있는지를 수시로 확인하고 피드백(과정 중심의 평가)하는 과정을 거쳐야 한다는 점이다.

A 교사는 '세계시민의 평화로운 교류-경제' 프로젝트의 두 번째 소주제인 '경제 성장의 양면성'을 운영하기 위하여 다음과 같이 세부 활동 계획을 작성하였다.

프로젝트 설계 절차, 활동 제목, 주요 활동 내용, 관련 성취기준을 좀 더 구체적으로 재구성하였고 앞으로 학생들과 프로젝트를 진행하며 활동 내용과 순서를 조율할 예정이다.

소주제 설계의 예시 : 소주제 2. 경제 성장의 양면성

설계 절차	활동 제목	주요 활동 내용	관련 성취기준
공감 · 설계	소주제 진행 준비 및 시작하기	**탐구 주제 선정하기** · 관련 정보 검색 · 협력 토의 및 의사결정 · 탐구 소주제 선정 **도입 활동** · 탐구 질문 도출 · 탐구 주제 선정	[6국02-02] 글의 구조를 고려하여 글 전체의 내용을 요약한다. [6국01-01] 구어 의사소통의 특성을 바탕으로 하여 듣기 · 말하기 활동을 한다.
창의 · 탐구	우리 경제의 성장 과정 분석 우리 경제의 특징과 문제점	**탐구 활동** · 탐구 해결계획 · 결과 예상 · 예상 결과 협의 · 모둠 구성 회의 · 역할 분담 · 탐구 활동 수행 · 일지 작성	[6사06-03] 농업 중심 경제에서 공업 · 서비스업 중심 경제로 변화하는 모습을 중심으로 우리나라 경제 성장 과정을 파악한다. [6국01-04] 자료를 정리하여 말할 내용을 체계적으로 구성한다. [6사06-04] 광복 이후 경제 성장 과정에서 우리 사회가 겪은 사회 변동의 특징과 다양한 문제를 살펴보고 더 나은 사회를 만들기 위하여 해결해야 할 과제를 탐구한다. [6국02-04] 글을 읽고 내용의 타당성과 표현의 적절성을 판단한다. [6국01-03] 절차와 규칙을 지키고 근거를 제시하며 토론한다.
성찰 · 공유	우리 경제의 빛과 그림자 보고서 (원인 탐구)	**비평 및 개선** · 자기평가 및 상호 평가 · 보강 및 개선하기 **발표 및 전시회** · 발표 연습, · 리허설 및 전시하기	[6사06-04] 상동 [6국01-06] 드러나지 않거나 생략된 내용을 추론하며 듣는다. [6음03-01] 음악을 활용하여 가정, 학교, 사회 등의 행사에 참여하고 느낌을 발표한다. [6미02-06] 작품 제작의 전체 과정에서 느낀 점, 알게 된 점 등을 서로 이야기할 수 있다.

성찰 · 공유	해결 방안과 실천 방법	**성찰 및 정리** · 탐구 질문에 대하여 해답 만들기 · 프로젝트 일지 확인하기 · 역량 성장 점검하기	[6사06-04] 상동 [6국01-03] 상동 [6도03-01] 공정함의 의미와 공정한 사회의 필요성을 이해하고, 일상생활에서 공정하게 생활하려는 실천 의지를 기른다. → 평화로운 세계를 만들기 위한 우리 경제의 나아갈 방향을 제안한다.
	프로젝트 일지 작성 및 점검		[6국04-01] 언어는 생각을 표현하며 다른 사람과 관계를 맺는 수단임을 이해하고 국어 생활을 한다. [6국03-02] 목적이나 주제에 따라 알맞은 내용과 매체를 선정하여 글을 쓴다.

4 PBL 실행

4-1

질문

생각하는 것을 가르쳐야지
생각한 것을 가르치면 안 된다.
우리는 사람들에게 그 어떤 것도 가르칠 수 없다.
우리가 할 수 있는 일은 다만 그들이 자기 안에서
무엇인가를 찾도록 돕는 것이다.

우리는 문제에 직면할 때, 진정으로 생각한다.
_존 듀이

이번 장에서는 프로젝트를 실행하기 위한 첫 단계, 질문에 대하여 설명하고 있습니다. 질문의 필요성과 질문이 가진 힘, 질문을 디자인하는 방법 등입니다. 수업 속에서 어떤 질문을 주고받느냐에 따라 학생의 배움은 달라집니다. 수업을 잘하는 교사는 질문의 클래스(class)가 다릅니다.

4-1

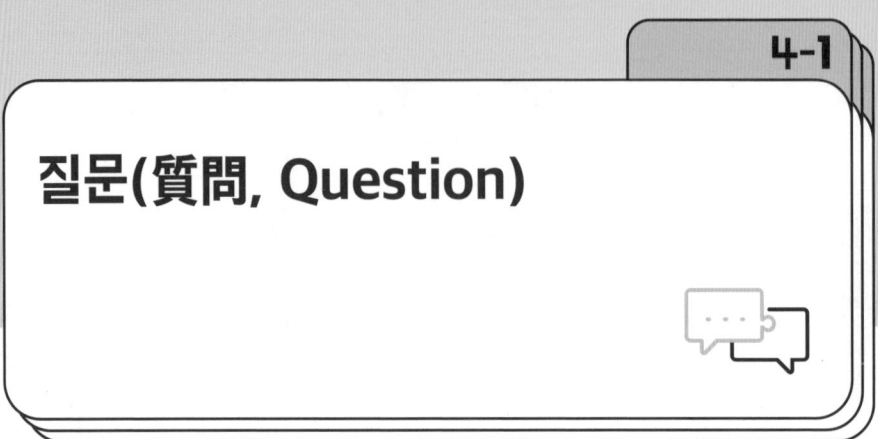

질문(質問, Question)

가. 의욕(관심)을 자극하는 질문

A 교사는 오늘도 열정적으로 수업에 임하고 있다. 수업을 마무리하며 학생들에게 묻는다.

"무슨 말인지 다 알아들었죠?"

"네!"

"자, 오늘 수업은 여기서 마칩니다. 질문 있나요?"

"……"

"그럼 오늘 수업 마칩니다!"

A 교사는 자신은 훌륭한 교사라고 자부하며 보람을 느낀다. 과연 학생들도 같은 생각일까? 학생들이 수업 내용을 모두 잘 이해해서 궁금한 점이 없는 것일까?

여기서 우리는 두 가지 경우로 예측해 볼 수 있다. 먼저, A 교사의 생각대로 학생들이 수업 내용을 모두 이해하고 알아들었다는 경우와 또 다른 경우는 A 교사 혼자만의 착각이었고, 학생들은 수업 내용을 이해하지 못했거나 수업에 관심조차 없는 경우이다.

우리는 A 교사의 학생으로 수업에 참여하지 못했기 때문에 정확하게 알 수는 없지만, 이런 경우 그동안의 경험으로 미루어 짐작할 수 있다. 학창 시절의 수업을 돌아보거나 최근에 직접 들은 강연이나 연수를 떠올려보면 어느 정도 판단이 되리라 생각한다.

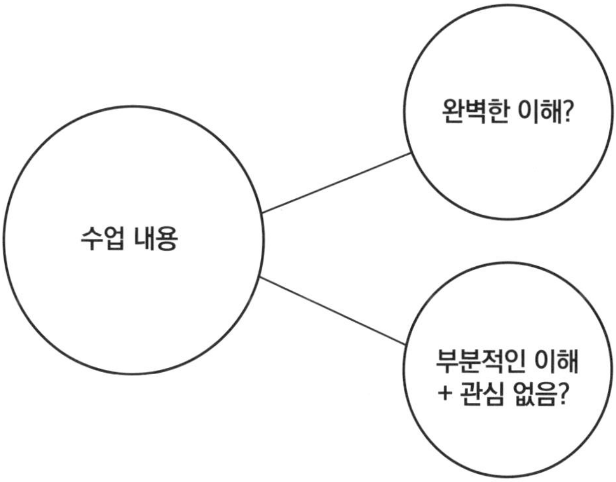

필자는 교육자이기도 하지만, 자녀를 키우는 학부모로서 자녀가 성장하는 과정에서 아래와 같은 질문을 받았다.

"엄마! 왜 하늘에서 물이 떨어져?"

"아빠! 이 세상에서 뭐가 제일 빨라?"

"책에서처럼 구름을 타고 날 수 있어?"

때로는 너무나 당연하다 싶은 질문을 하기도 하고, 대답하기 곤란한 질문을 하기도 하고, 어떻게 대답하면 좋을지 고민하게 만드는 질문을 하기도 한다. 그런데 어느덧 아이가 성장하면서 질문의 횟수가 급격히 줄어들었다.

초등학교 저학년의 경우에는 선생님이 수업을 진행하기 어려울 정도로 자기의 의견을 마음대로 제시하거나 질문을 많이 하기도 한다. 그런데 고학년으로 올라가면서 발표뿐 아니라 의미 있는 질문을 하는 학생들을 거의 찾기가 힘들다. 왜 그럴까?

여기에는 여러 가지 이유가 있을 것이다. '이 시점에서 질문해도 괜찮을까?', '이 질문이 맞는 것일까?', '다른 사람이 비웃으면 어떡하지?'를 먼저 걱정한다. 질문했을 때 무시당하거나 거절당할 것 같은 불안함, 누가 나에게 질문을 하면 정답을 꼭 말해야 한다는 강박, 우리나라의 무한 경쟁 체제나 시험 문화 속에 살며 굳어버린 고정관념 등 때문일 것이다. 그리고 무엇보다도 가장 근본적인 이유는 학습에 대한 호기심이 급속도로 줄어들어서일 것이다. 무엇인가를 탐구하고 해결하고자 하는 의욕이나 관심이 줄어든 것이라고 볼 수 있다. 누구든 무언가에 관심이 있으면 궁금해지고 궁금해지면 질문하기 마련이다.

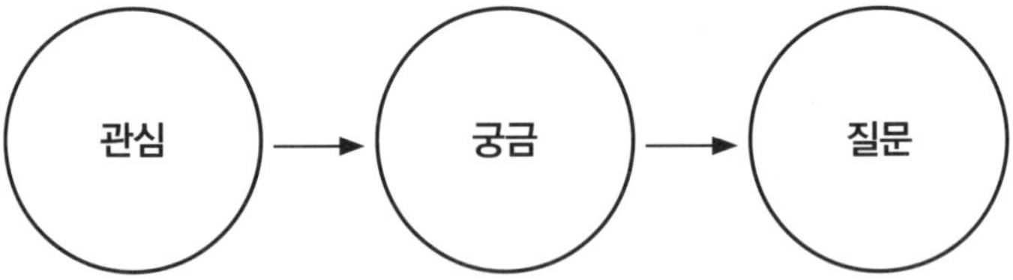

수업 속에서 학생이 질문한다는 것은, 곧 수업에 관심(의욕)이 있다는 것이며, 수업 내용에 의문점이나 궁금한 점이 생겼다는 긍정적인 신호이다. 바로 아이들이 수업에 적극적으로 참여하고 싶다는 표현을 하는 것이다.

필자는 고등학교 때 점심 후 수학 선생님께서 5교시 수업을 시작하면서 "이 분필이 1cm 닳으면 오늘 수업을 끝내고 자유 시간을 주겠다"라고 말씀하신 기억이 난다. 모든 학생은 점심 후 졸음이 몰려오던 시각에 수학 선생님의 이 한마디에 잠이 깨면서 '와!, 오늘 수업은 일찍 끝나겠구나!' 하며 마음속으로 쾌재를 불렀다. 필자 또한 마찬가지였다.

보통 수학 수업에서 분필 몇 개는 기본적으로 사용했기 때문에 1cm 정도는 몇 분이면 닳아 없어지리라 생각했다. 그런데 예상과는 달리 분필의 길이는 좀처럼 줄어들지 않았다. 칠판 한가득 몇 번을 판서하셨는데 50분 수업 내내 그대로인 것 같았다.

선생님께서는 수업을 끝내면서 말씀하였다. "이 분필은 압축 코팅 분필이라 그런지 잘 닳지를 않네. 하하하" 약간의 배신감이 들었지만, 필자는 호기심이 들었다.

"신기하네. 저런 분필이 있었나?"

"어떻게 만들었을까?"

"일반 분필하고는 무엇이 다를까?"

그때 수학 선생님께서는 학생들이 의문점을 갖고 수업 내내 집중하게 하려고 스스로 아래와 같은 질문을 하지 않으셨을까?

"선생님의 한마디는 수업에 어떤 영향을 미칠까?"

"졸음이 밀려오는 5교시, 학생들을 어떻게 집중시킬 수 있을까?"

수하 수업이 끝나고 여러 가지 궁금한 점이 꼬리에 꼬리를 물었다. 그래서 이런 궁금한 점을 화학 선생님께 질문했던 기억도 난다. 이 기억이 오랜 시간이 지난 지금까지 머릿속에 남아 있는 이유는 분명 그 당시 필자에게 큰 자극이 되었기 때문이라고 생각한다.

프로젝트를 성공적으로 실행하기 위해서는 수업의 주제를 선정하는 데 있어 학생들의 관심이 우선되어야 한다. 또한, 주제와 연결된 엄선된 질문이 학생들의 관심을 극대화할 수 있어야 하고, 저절로 궁금한 점이 생겨 질문이 끊임없이 이어지도록 해야 한다.

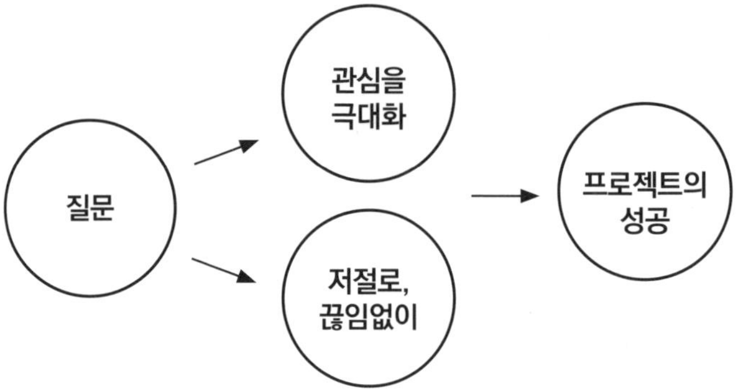

나. 질문의 힘!

질문하는 그 과정에서 학생들은 스스로 배움을 얻는다.

질문은 학생들에게 수업의 목적과 내용을 이해하게 하고, 교사는 질문의 순서를 다듬으며 수업의 구체적인 흐름과 방향을 결정하기도 한다. 질문에 대한 해답을 찾기 위해 수업의 내용은 결정되고, 교사는 이 해답을 학생들이 스스로 찾을 수 있도록 질문의 순서를 정하고 시기적절하게 던질 수 있어야 한다.

그리고 질문에 대한 해답을 찾는 과정에서 학생들은 탐구의 과정을 경험하기도 한다.

사과는 왜 땅에 떨어질까? - *뉴턴*
태양이 움직이고 있을까? 지구가 움직이고 있을까?- *코페르니쿠스*
높은 곳에서 물건을 떨어뜨리면 무거운 것과 가벼운 것 중 어떤 것이 먼저 떨어질까? - *갈릴레오*
만약 빛처럼 빠른 속도로 나아가는 우주선이 있다면 어떻게 보일까? - *아인슈타인*
우리는 왜 이 제품을 만드는가? - *스티브 잡스*

지난 역사를 돌아보면 세상은 의미 있는 질문을 시작으로 탐구의 과정을 거쳐 계속 변화해 왔다는 것을 알 수 있다. 어떤 것에 아무 의문을 품지 않는다면 아마 의미 있는 변화는 없을 것이다.

질문에 대한 해답을 찾다 보면 실패를 경험할 수 있다. 그러나 실패에 대한 경험과 이를 극복하는 과정에서 새롭게 성장한다. 그리고 가끔은 실패를 통해 아래와 같이 또 다른 성공을 경험하기도 한다.

접착제 만들기 실패 → *포스트잇*
지구 둘레 잘못 계산(콜럼버스) → *신대륙 발견*

다. 교육과정 속에서의 질문

제이 맥타이(Jay McTighe)와 그랜트 위긴스(Grant Wiggins)가 공저한 『이해 중심 교육과정(Understanding by Design)』은 우리나라 2015 개정 교육과정의 기저가 되었다. 2015 개정 교육과정은 수없이 많은 교육내용 속에서 꼭 가르쳐야 할 것을 엄선할 것을 강조하면서, 내용 체계를 핵심 개념과 일반화된 지식 중심으로 구성하였다.

즉, 우리나라 2015 개정 교육과정의 주된 포인트는 핵심 개념과 지식을 이해시키는 것이다. 그렇다면 어떻게 '이해시키느냐?'에 대하여 깊이 고민해 볼 필요가 있다. 교사가 쉽게 설명하고, 학생들이 알아들어도 이해이다. 선생님이 탐구할 것을 정해주고 학생들이 조사, 발표하면서 주제에 대해 알도록 하는 것도 이해이다. 그러나 학생이 주제에 대하여 의문을 품게 되어 학습할 과제를 정하고 과제 해결을 위해 필요한 정보를 찾고 선별하며 스스로 개념과 지식을 익히도록 하는 것이야말로 2015 개정 교육과정에서의 진정한 이해이다.

결국, 학생들의 진정한 이해를 돕기 위해서는 교사가 '의미 있는 질문'을 구성하고, 질문 능력을 다듬고 다듬어 수업 중에 적절하게 구사할 수 있어야 한다. 교사는 아래와 같은 내용이 연결되는 질문을 통해 학생들이 수업에 몰입할 수 있도록 해야 한다.

자기의 삶과 연결되는 내용	배우고 싶은 내용
학생의 흥미와 관심이 있는 내용	몰입할 수 있는 내용
스스로 배우고자 하는 내용	

라. 탐구 질문과 핵심 질문

제이 맥타이(Jay McTighe)와 그랜트 위긴스(Grant Wiggins)가 출간한 『핵심질문: 학생에게 이해의 문 열어주기(Essential Questions: Opening Doors to Student Understanding)』에서는 의미 있는 질문의 모든 형태를 '핵심 질문'이라는 용어로 사용하고 있다. 그러나 필자는 프로젝트 수업에서 탐구 질문과 핵심 질문을 구분하여 사용하고 있음을 밝혀둔다. 그렇다면 탐구 질문이란 무엇일까?

탐구 질문은 프로젝트를 결정하고 설계하는 중요한 질문이다.
탐구 질문은 교육의 핵심 목표를 알려준다.
탐구 질문은 성취기준을 분명히 파악하고 이에 대한 우선순위를 결정하도록 돕는다.
탐구 질문은 학생에게 명료함을 제공한다.
탐구 질문은 학생의 초인지를 독려하고 탐구 모델을 제공한다.
탐구 질문은 학문 내, 학문 간 연계의 기회를 제공한다.

결국, 탐구 질문을 통해 학생은 모두 프로젝트에 대한 주제와 내용을 인식하고, 교사는 프로젝트 수업의 방향을 구성한다. 탐구 질문은 이 프로젝트에서 무엇을 해야 할지, 어떻게 해야 할지 등에 대한 방향을 제시하며, 프로젝트 수업의 출발점이라고 할 수 있다.

필자의 프로젝트 수업 설계에서는 가치와 주제를 연결한 질문, 성취기준을 관통하는 질문, 대주제에서 소주제까지 연결되는 질문, 소주제의 흐름을 결정하는 질문 정도를 보통 '탐구 질문'이라고 부른다.

그렇다면 핵심 질문이라는 말은 언제, 어떻게 사용할까? 필자는 단위 차시 수업의 흐름에 있어서 가장 중요한 질문들을 '핵심 질문'이라고 부른다. 핵심 질문은 탐구 질문과 같이 학생들이 스스로 많이 생각하도록 하는 동시에 심도 있는 이해를 할 수 있도록 돕는 역할을 한다.

탐구 질문 ⊃ 핵심 질문

교실에서 질문 사용의 연구 결과, 수업 시간에 이뤄지는 대부분의 질문은 교사 주도의 수렴적 질문이라고 한다. 그러나 핵심질문은 개방형 질문이며 핵심적인 질문의 취지는 탐구를 증진하고, 사고력을 촉발하며, 학생들이 스스로 의미를 구성할 수 있도록 돕는 데 있다. *- 제이 맥타이(Jay McTighe)*

핵심 질문은 개방형 질문이며 확산적 질문이라고 말한다. 그렇다면 이런 핵심 질문을 어떻게 활용해야 할까? 제이 맥타이의 말처럼 우리는 실제 수업 속에서 질문보다는 수렴적 질문을 많이 한다. 시험에 대비한 사실 위주의 정보 습득에 치중된 우리나라의 교육 현실과 이런 이유로 학생들에게 정보를 습득시켜야 한다는 고정관념에서 벗어나지 못하고 있기 때문이다. 그리고 어려서부터 정보 습득의 주 자료로 교과서만을 활용했던 습관이 수렴적 질문만을 하는 수준에 계속 머무르게 하는 것 같다.

교육의 장기적인 목표는 학생이 더욱더 훌륭한 질문자와 실천가가 되도록 하는 것이다. 의미 있는 질문을 통해 수업 속에서 단순한 내용 습득에 그치는 것이 아니라 의미 있는 학습과 높은 수준의 지적 성취를 이루며, 가치를 발견하고 문제를 스스로 해결하거나 실천하도록 도와야 한다.

그러기 위해서는 우리 교사들부터 질문을 바꿔 나가야 한다. 질문에는 단계가 있고 수준이 있다. 속사포처럼 짧은 시간에 많은 질문을 던진다고 해서 아이들이 성장하지는 않는다.

마. 탐구 질문 디자인

그렇다면 탐구 질문은 어떻게 하면 좋을까?

A 교사는 앞 장에서 이미 평화의 가치를 바탕으로 성취기준을 분석하고 경제와 관련된 대주제와 소주제를 구성하였다. 이번에는 소주제를 바탕으로 프로젝트 수업의 첫 단추를 풀기 위해 다음과 같이 탐구 질문을 생각해 보았다. 앞 장에서 언급했듯이 탐구 질문 또한 A 교사가 추구하는 '평화'의 가치, 사회 및 도덕 교과의 성취기준들, 대주제와 소주제의 흐름과 연결되어야 한다.

소주제	탐구 질문
소주제(1) 경제와 우리	경제는 우리와 어떤 관계가 있을까? 경제는 무엇일까? 경제생활은 왜 필요할까? 나는 합리적 선택을 하고 있을까?
소주제(2) 경제 성장의 양면성	우리의 경제는 평화로울까? 우리나라 경제 성장 과정은 어떤 모습인가? 바람직한 경제 성장을 위해 우리는 무엇을 해야 할까? 경제성장과 평화(행복)는 어떤 관계가 있을까?

소주제(3) 평화로운 세계 경제	평화로운 경제를 위해 우리가 할 수 있는 일은 무엇일까? 세계는 평화롭게 교류하고 있을까? 국가 간 올바른 경쟁은 무엇인가? 지속가능한 교류를 위해 우리는 무엇을 해야 할까?

프로젝트를 설계하고 진행하는 과정은 교사가 주도하여 계획할 수 있다. 그런데 세부적인 교육내용은 학생들과 함께 만들어가야 한다. 학생에게 탐구 질문에 대한 선택권을 주는 것도 학생의 사고와 탐구 의욕을 자극하는 데 도움을 준다. 질문은 프로젝트 수업 속에서 끊임없이 반복되며 수정되고 보완되어 간다.

바. 핵심 질문 디자인

그렇다면 핵심 질문은 어떻게 하면 좋을까?

수업 시간에 사용할 질문을 만들어내는 방법은 다양하지만, 필자는 Wiggins & McTighe(2005, 2011, 2012)가 이해 중심 교육과정에 대한 책에서 제안한 이해에 대한 평가의 6가지 측면(지도)에서 핵심 질문을 예로 들어보겠다.

소주제 2 중에서 탐구 질문: 우리나라의 경제 성장 과정은 어떤 모습인가?	
이해의 측면	핵심 질문 예시
설명	- 6·25 이후 우리나라의 경제는 어떻게 성장해 왔을까? - 도로와 철도는 경제에 어떤 영향을 미쳤을까?

해석	- 우리나라의 경제 성장에 있어서 가장 큰 역할을 한 것은 무엇일까? - 우리나라의 경제 발전에서 가장 부족했던 점은 무엇일까?
적용	- 우리나라의 경제는 앞으로 어떻게 성장할 것으로 보는가? - 앞으로의 경제 성장 정책에서 가장 중점을 두어야 하는 점은 어떤 부분일까?
관점 전환	- 우리나라 경제는 바람직한 방향으로 성장해 왔을까? - 경제 성장이 우선인가? 국민의 복지가 우선인가?
공감	- 내가 그때 당시의 정치인이라면 어떤 경제 정책에 중점을 두었을까? 그리고 그 이유는 무엇인가? - 1997년 IMF 경제 위기 때 사람들은 어떤 마음이었을까? 이를 극복하게 하는 힘은 어디에서 왔을까?
자기 평가	- 나는 우리나라 경제 성장 과정에 대하여 친구에게 쉽게 설명할 수 있는가? - 수업을 진행하는 과정에서 내 생각은 어떻게 바뀌었는가?

위의 예시는 탐구 질문에서 각 수업으로 연결할 수 있는 핵심 질문의 예시로 질문 하나만으로도 한 차시 이상의 수업을 할 수 있다.

교사는 단위 수업 하나만을 생각하지 말고 수없이 쏟아져 나오는 질문 중에서 어떤 것을 핵심 질문으로 선정할지 어떤 순서로 어떻게 연결하여 프로젝트 수업을 진행할지를 학생들과 만들어가야 한다.

4-2

탐구

우리는 나보다 지혜롭다.

아이에게 물고기를 잡아주면 한 끼를 배부르게 먹을 것이다.
아이에게 물고기 잡는 법을 가르쳐주면 평생 배부르게 먹고살 수 있을 것이다.
- 탈무드

경험은 기억에 오래 남는 생생한 체험을 의미하며 상상력과 창의성의 원천이다.
- 존 듀이

독서를 정신적으로 충실한 사람을 만든다. 사색은 사려 깊은 사람을 만든다.
그리고 논술은 확실한 사람을 만든다.
- 벤저민 프랭클린

이번 장에서는 프로젝트 수업의 탐구 과정에서 교사와 학생의 역할, 탐구 대상이나 내용, 탐구 방법에 대하여 설명합니다. 탐구 과정은 바로 학생 스스로 배움을 만들어가는 과정 그 자체라고 볼 수 있습니다. 탐구의 과정은 여러 활동의 백화점식 나열이 아니라 프로젝트의 목표와 방향에 부합되는 방향으로 학생과 교사가 만들어가야 합니다.

4-2

탐구(探究, Inquiry)

탐구: 진리나 학문 따위를 깊이 파고들어 연구함.

이제 프로젝트 설계를 마치고 질문을 거쳐 본격적인 탐구를 준비하는 단계이다. 하지만 A 교사는 어디서부터 무엇을 어떻게 실행해야 할지 잘 모르겠다. 갑자기 머릿속이 복잡해지면서 교과서 순서대로 학습을 진행해 오던 예전이 그리워지는 순간이 왔다.

더욱 의미 있고 능동적인 프로젝트 학습을 전개해보리라 다짐했던 A 교사는 잠시 흔들렸던 마음을 접어두고 다시 한번 천천히 고민하기 시작했다. 다음은 그동안 프로젝트 탐구를 준비하고 진행하는 동안 A 교사가 고민하며 스스로 던진 질문들이다.

〈 A 교사의 고민 〉

❶ 더욱 깊이 있는 탐구, 실천 중심의 탐구로 학습을 발전시키려면 어떻게 해야 할까?
❷ 탐구 과정이 일관되고 심화한 탐구로 흐름을 이어가려면 어떻게 해야 할까?
❸ 탐구를 통해 실제적인 경험과 실천적 행동, 성공의 경험을 제공하기 위해 내가 할 일은 무엇일까?

A 교사는 위와 같은 고민에 대해 생각을 정리하기 위해서 탐구 과정을 머릿속에 그려보며 점검해야 할 부분을 찾아보았다.

〈프로젝트 탐구 과정 Thinking map〉
누가(Who), 무엇을(What), 어떻게(How)

그렇다면 각각의 장면에서 더 깊이 생각해 보아야 할 것은 무엇일까? 위의 Thinking Map을 바탕으로 탐구 과정에서의 주체, 대상, 방법에 대해 하나씩 짚어가며 이야기를 풀어가고자 한다.

가. 탐구 주체

프로젝트를 '탐구'하는 주체는 누구일까? 이 질문에 대한 답은 비교적 간단하다. 프로젝트 탐구는 학생들의 자발적인 의견과 선택을 중심으로 운영하는 것이 가장 중요하다. 그렇지만 A 교사는 프로젝트 탐구 과정에서 교사와 학생, 각각의 역할은 무엇일지 궁금했다.

그래서 프로젝트 수업을 경험한 동료 교사들에게 프로젝트 학습에서 교사의 역할에 관하여 물었고 다음과 같은 조언을 들을 수 있었다.

B 교사 프로젝트 탐구에서 교사의 역할이요? 전 먼저 끊임없는 질문이 필요하다고 생각해요. 이 질문은 학생이 자신에게 스스로 던지는 질문이기도 하며 교사가 의도적으로 학생들에게 직접 묻는 말일 수도 있지요. 교사는 질문을 통해 프로젝트 탐구 과정에서 일관된 방향을 제시하고 좀 더 확산적인 사고를 돕는 역할을 한다고 생각해요. 그리고 숙련된 교사와 학생들은 이러한 질문에 하나 이상의 질문을 추가해 좀 더 심화한 탐구를 수행할 수 있어요.

C 교사 프로젝트 탐구에서 각각의 탐구 과정은 교사의 '연결 짓기'를 통해 목표와 관련성을 갖고 의미를 찾게 돼요. 연결 짓기는 때로는 탐구 과정의 톱니들이 원활하게 돌아가게 하는 윤활유와 같은 역할을 하므로 교사의 연결 짓기는 매우 중요하다고 할 수 있죠. 결국, 교사는 연결 짓기를 통해 탐구 과정이 목표와 관련하여 일관된 방향으로 나아가도록 해야 합니다.

D 교사 '되돌리기'는 단위 차시의 수업뿐 아니라 큰 호흡으로 진행되는 프로젝트 학습 전반에 걸쳐 부족한 부분과 보완해야 할 부분을 찾는 데 중요한 역할을 해요. 교사는 학습 과정에서 반복적인 점검을 통해 좀 더 발전된 탐구를 진행할 수 있는지 확인하게 돼요. 보완할 점이 발견되었을 경우 '되돌리기'를 통해 탐구 내용을 더욱더 단단하게 다지는 역할을 하게 되는 것 같아요.

E 교사 교사는 넓은 시야를 갖고 탐구 과정에서 수시로 학생들을 격려하고 지원하는 역할을 해야 한다고 생각해요. 교사의 적절한 격려와 지원은 프로젝트 학습에서 나타나는 시행착오나 무기력 또는 학생 간에 발생하는 갈등에 대해 능동적으로 대처

할 수 있게 해주는 힘을 갖게 하지요. 학생들의 학습에 대한 의욕과 긍정적인 마음은 교사의 적절한 격려와 지원에 큰 영향을 받게 됩니다.

F 교사 그리고 교사는 학습자의 시선을 넘어선 위치에서 탐구 문제를 바라보아야 한다고 생각해요. 이때 교사가 탐구에 필요한 적절한 자료나 탐구 방법을 코칭하는 것도 매우 중요하죠. 특히 프로젝트에서 탐구 질문을 작성하고 탐구 방향을 선택하는 과정에서는 많은 학생의 개인적인 지적 요구와 기호 등도 반영해야 하므로 더 넓고 깊은 시선으로 탐구 과정을 살펴보고 코칭하는 과정은 매우 중요하다고 생각해요.

동료 교사들과의 진지한 대화 속에서 A 교사는 교사의 역할에 대해 다음과 같이 정리하였다.

〈 프로젝트 탐구 과정에서 교사의 역할 〉

❶ 질문하기　❷ 연결 짓기　❸ 되돌리기
❹ 격려하기　❺ 코칭하기

그렇다면 프로젝트 탐구 과정에서 학생들은 어떤 역할을 해야 할까? A 교사는 선생님들과 대화를 이어 나갔다.

B 교사 교사의 역할에서 이야기한 것처럼 질문하기는 탐구 활동을 이끌어주는 핵심입니다. 특히 학생들에게 있어 꼬리에 꼬리를 무는 질문은 학습해야 할 것을 찾게

하며 학습한 것들을 정리하게 하는 역할을 하죠. 또 끊임없이 질문을 찾고 해답을 스스로 찾는 습관을 지닌 학생들에게는 질문을 던지는 과정만으로도 학습 효과가 극대화되는 것을 경험할 수 있었어요.

C 교사 네, 저도 B 선생님의 말씀에 동의합니다. 교사의 질문에 따라 학생들이 만들어내는 연속적인 질문은 학습의 의욕을 자극합니다. 그리고 교사는 탐구 과정에서 학생과 학생 간에 질문이 원활하게 오갈 수 있도록 도와주어야 합니다. 자신이 궁금해하는 것에 대하여 친구가 알고 있는 것이나 자신의 경험을 이야기해 줄 수도 있습니다. 하브루타와 하크니스 테이블[16]이 매력적인 이유 중의 하나는 서로가 서로에게 가르쳐 주며 배움을 얻을 수 있다는 것입니다.

F 교사 학생들은 탐구 방향의 설계, 탐구 과정, 조사 결과물을 정리하는 과정에서 모둠을 구성하고 있는 동료들과의 토의토론을 기초로 의견을 모으고 역할을 나누는데 토의토론은 학습 주제와 상황에 따라 다양한 형태와 방법으로 나타날 수 있어요. 그리고 토의토론은 아이디어를 개발하고, 논쟁거리를 분석하며, 지식을 습득하게 하고, 대화를 통해 의사를 결정하는 등 탐구의 꽃을 피우는 역할을 해요. 그래서 제대로 된 탐구를 위해서는 언제, 어디서나 자연스럽게 토의토론하는 문화도 정착되어야 한다고 생각해요.

---

16 하크니스 테이블(Harkness table): 필립스 엑시터 아카데미의 특별한 공부 비법, 미국의 석유 재벌이자 자선 사업가인 '에드워드 하크니스'의 이름을 딴 것이다. 큰 타원형의 탁자에서 교사와 학생이 둘러앉아 수업하는 방법으로 모든 사람이 상대의 얼굴을 보며 토론할 수 있고, 모든 사람의 질문과 의견, 아이디어는 모두 동등하게 대우받는다.

D 교사 조사하고 학습한 결과물은 프로젝트 학습장이나 중간발표 자료 등으로 정리하면 다음의 탐구에 도움이 돼요. 학습 결과물의 정리는 완전한 학습을 돕고, 지속적인 반복을 통해 탐구한 것을 정리하는 것에 익숙해지기도 하죠. 스스로 조사하고 그 결과를 정리하는 습관은 내가 잘 알고 있는 것과 모르는 것을 더 쉽게 파악하게 만들고, 더 알아야 할 것을 스스로 찾게 만든다는 점에서 중요해요.

C 교사 탐구 과정에서 학생들은 탐구해야 할 공동의 과제에 대하여 협력을 통해 과제에 도전하게 돼요. 프로젝트에서 탐구가 더 가치 있으려면 여러 사람의 손을 거치면서 생각을 덧입히는 과정이 필요해요. '협력하기'의 과정은 학습 정서에도 큰 영향을 미치며 궁극적으로 학생들에게 요구되는 역량이기도 하죠.

E 교사 이미 실패했던 경험, 어렵고 힘들 것 같은 것 그리고 새로운 것에 대한 도전은 그 자체에 의미가 있습니다. 이런 도전 의식은 시행착오나 뜻하지 않은 위기가 발생했을 때 그것을 극복하려는 의지를 길러줍니다. 결국 앞으로의 바람직한 탐구와 학습을 이어가는 데 큰 힘이 됩니다. 요즘 우리들의 생활 속에 큰 영향을 주고 있는 구* 검색엔진이나 위*피디아와 같은 온라인 플랫폼들은 모두 이런 과정을 통해 태어났다고 할 수 있습니다.

B 교사 탐구 과정 전반에 걸쳐 학생들은 자신들이 스스로 탐구하고 있는 과제와 각종 탐구 결과물, 토의토론 과정 중에 문제점이나 오류는 없는지 지속해서 검증하고 이야기 나누는 과정을 반복하게 되지요. 이때 모둠원들과 서로 비판적 사고를 통해 자신의 결과물을 객관적인 입장에서 바라보기도 하고 중간발표 등을 통해 다른

모둠으로부터 피드백을 받는 것도 필요해요.

동료 교사들과의 대화와 조언 속에서 A 교사는 프로젝트 학습을 준비하는 마음이 한결 가볍게 느껴졌다. 진지하게 이어진 대화 속에서 찾아낸 학생의 역할, 교사가 학생들에게 기대하고 지도해야 할 사고와 역량은 아래와 같이 정리할 수 있다.

< 프로젝트 탐구 과정에서 학생의 역할 >

❶ 질문하기	❷ 토의토론하기	❸ 조사하고 정리하기
❹ 협력하기	❺ 도전하기	❻ 비판적으로 사고하기

나. 탐구 대상과 내용

그렇다면 프로젝트 학습에서 교사와 학생들은 무엇을 탐구해야 할까? A 교사는 프로젝트에서의 탐구 대상은 교과서 또는 간단한 자료 탐색을 통해 답을 찾기 어려운 것들, 이전과는 다른 새로운 답을 요구하는 것들이라고 생각하게 되었다. 프로젝트에서 탐구가 어려운 이유는 바로 여기에 있다. 쉽게 '답'을 찾기 어렵기 때문이다.

쉽게 답을 찾을 수 없다는 점은 반대로 프로젝트에서의 탐구가 더욱 매력적으로 다가오도록 만든다. A 교사는 무엇을 탐구해야 할지에 대한 결론은 정해져 있지 않다고 생각했다. 사람들의 모습과 생각이 모두 다른 것처럼 프로젝트 학습에 참여하는 모든 구성원이 각각 다양한 목표와 탐구 문제를 가지고 있기 때문이다. 프로젝트 수업에서 뻗어 나가는 생각의 폭과 깊이는 제한을 둘 수 없다.

그렇다면 프로젝트에서 우리는 무엇을 탐구해야 할까?

A 교사는 탐구할 과제들을 목록으로 정리했다. 그리고 프로젝트 학습 결과물(산출물)을 고려하며 탐구가 필요한 과제들을 정리하다 보니 아래처럼 우리가 '알고 있는 것', '알아보아야 할 것', '새롭게 알게 된 것'으로 분류할 수 있었다.

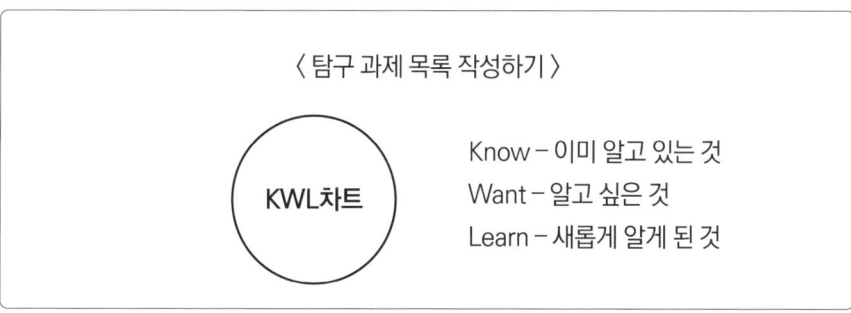

〈 탐구 과제 목록 작성하기 〉

KWL차트

Know – 이미 알고 있는 것
Want – 알고 싶은 것
Learn – 새롭게 알게 된 것

KWL 차트 등을 활용하여 탐구 과제를 분류하는 과정은 매우 중요하다. 프로젝트 주제와 관련하여 이미 알고 있는 것과 알아보아야 할 것들을 정리하는 과정을 통해 프로젝트 학습 과제 목록(프로젝트 흐름이 잘 연결되는)이 작성된다. 그리고 이 과제 목록은 프로젝트 탐구를 진행하는데 함께 학습해야 할 것과 수정하거나 추가해야 할 부분도 한눈에 알아볼 수 있게 해준다.

A 교사는 학생들과 함께 프로젝트 과제 목록을 정리하며 중점적으로 탐구할 것이 무엇인지 고민하게 되었다. 학습 과제 목록만 가지고 탐구를 진행하기는 너무 막연했기 때문이다.

프로젝트 학습 또한 교육과정 총론을 기반으로 운영해야 하므로 탐구 대상을 선정하는 데 있어 교육과정의 내용 요소와 성취기준을 배제할 수 없으며, 프로젝트 주제와도 연관 지어야 했다. 그래서 A 교사는 아래와 같이 기본적으로 탐구해야 할 대상을 다음과 같이 정리하였다.

< 탐구해야 할 대상 >

❶ 프로젝트 관련 교육과정 내용 요소
❷ 프로젝트 성취기준에 따른 탐구 요소(지식, 기능, 태도)

그렇다면 교육과정 내용 요소는 무엇이고 프로젝트 성취 기준에 따른 탐구 요소는 무엇일까? A 교사는 먼저 교육과정 체계표에서 다음과 같은 교육과정 내용 요소를 찾았다.

< 교육과정 체계표 내용 요소 예시 >

영역	핵심 개념	일반화된 지식	내용 요소			기능
			초등학교		중학교	
			3-4학년	5-6학년	1-3학년	
경제	경제생활과 선택	희소성으로 인해 경제 문제가 발생하며, 이를 해결하기 위해서는 비용과 편익을 고려해야 한다.	희소성, 생산, 소비, 시장	가계, 기업, 합리적 선택	희소성, 경제 체제, 기업의 역할, 자산 관리, 신용 관리	조사하기 분석하기 추론하기 적용하기 탐구하기 의사결정하기
	시장과 자원 배분	경쟁 시장에서는 시장 균형을 통해 자원 배분의 효율성이 이루어지고, 시장 실패에 대해서는 정부가 개입한다.		자유경쟁, 경제 정의	시장, 수요 법칙, 공급 법칙, 시장 가격	
	국가 경제	경기 변동 과정에서 실업과 인플레이션이 발생하며, 국가는 경제 안정화 방안을 모색한다.		경제 성장, 경제 안정	국내 총생산, 물가 상승, 실업	
	세계 경제	국가 간 비교 우위에 따른 특화와 교역이 발생하며, 외환 시장에서 환율이 결정된다.		국가 간 경쟁, 상호 의존성	국제 거래, 환율	

위에서 보는 것처럼 교육과정 체계표에는 영역, 핵심 개념, 일반화된 지식, 내용 요소, 기능으로 구성되어 있는데, 이 중 내용 요소에는 해당 교육과정에서 다루어야 할 핵심적인 지식을 담고 있다. 따라서 A 교사는 위의 내용 요소를 바탕으로 탐구 과제 목록을 작성하고 프로젝트 학습을 실행하고자 한다.

A 교사가 6학년 담임교사인 점을 고려하면 프로젝트 학습에서 학생들과 함께 다루어야 할 탐구 대상은 위 표에서 보는 것과 같이 가계와 기업의 합리적 선택, 자유경쟁, 경제의 정의, 경제 성장과 안정, 국가 간 경쟁과 상호의존의 필요성 등이 된다. 그리고 프로젝트 성취기준은 프로젝트 주제와 방향에 따라 요구되는 것을 재구성해야 한다.

A 교사는 '평화로운 세계를 만드는 시민 기르기 프로젝트'의 4-1. 질문 부분에서 다룬 바와 같이 소주제별로 탐구 질문을 대략 작성했고, 이를 바탕으로 소주제 3의 탐구 질문과 탐구 과제 목록을 다듬어 보았다.

(소주제 3) 탐구 질문 및 탐구 과제 목록 예시
① 세계는 평화롭게 교류하고 있을까?
② 국가 간 올바른 경쟁이란 무엇인가?
③ 평화로운 경제를 위해 우리가 할 수 있는 일은 무엇일까?
④ 지속가능한 교류를 위해 우리는 무엇을 해야 할까?

[탐구 과제 목록]
- 경제의 정의
- 경제의 유형
- 우리 생활과 경제
- 가계와 기업의 합리적 선택
- 경제 성장과 안정
- 국가 간 경쟁과 상호 의존성
- 경제생활에서의 올바른(평화로운) 경쟁의 방향
- 평화롭고 지속가능한 교류의 필요성
- 평화롭고 지속가능한 경제를 위해 우리가 할 수 있는 일

위에서 선정한 탐구 과제 목록은 사회과 교육과정의 내용 요소를 기초로 프로젝트 설계 과정에서 분석한 성취기준과 심화한 탐구 질문을 바탕으로 다듬어진다. 학생들은 탐구 과제 목록을 해결하는 동안 프로젝트에 필요한 지식을 탐구하고 관련 기능들을 익히게 된다. 결국, KWL 차트에서 교육 과정상의 성취기준, 내용 요소가 만나 탐구 과제 목록이 완성되며 탐구의 과정들이 더 구체화되는 것이다. A 교사는 이 탐구 과제 목록이 프로젝트 학습의 과제이자 학습을 이끌어주는 설계도(또는 흐름도)가 된다는 점을 알게 되었다.

다. 탐구 방법

A 교사는 프로젝트 탐구 과정에서 학생들과 함께 인터넷 조사, 관련 도서 탐독, 토의토론 등 다양한 탐구 방법을 과제의 성격과 특징에 맞게 선택하고 활용하였다. 그리고 이때 탐구한 결과는 학습장(배움 노트) 쓰기, 전시물 제작하기, 중간발표하기 등을 통해 점검하였다. 프로젝트 수업에서 흔히 쓰는 탐구 방법은 아래와 같은 방법들인데 방법에 대한 자세한 설명은 생략하며 후반부의 사례를 통해 참고 자료를 제시하고자 한다.

< 프로젝트 탐구 방법 >

인터넷 조사-정리, 관련 도서 탐독, 신문 기사 스크랩, 인터뷰, 시각화 자료, 교육연극과 놀이, 현장 답사, 토의토론 등

탐구를 진행하다 보면 학생들의 탐구 활동 수준도 자연스럽게 구분된다. 여기에서는 A 교사의 사례를 바탕으로 탐구 과정을 크게 기초적인 탐구와 심화된 탐구로 나누어 살펴보고자 한다.

그렇다면 기초 탐구 활동과 심화 탐구 활동에서 다루어야 할 부분은 무엇이 다를까?

기초적인 탐구는 프로젝트 학습에서 다루어야 할 핵심 지식과 내용을 이해하는 과정이다. 이때는 주로 교사 중심으로 안내된 탐색이 이루어지기도 하며, 교사가 학생 개개인의 탐구를 지원하기도 한다. 물론 이 과정에서 학생의 탐구 동기유발 과정과 지속적이고 자발적인 탐구는 굉장히 중요하다.

A 교사는 '경제'라는 대주제를 이끌어 가기 위해 먼저 개인과 국가 간의 경제생활로 인한 사회적 문제를 가지고 프로젝트 열기와 동기유발의 과정을 거쳤다. 이때 학생들의 입에서 나오는 문제점들이나 탐구 질문들을 평화로운 경제, 지속가능한 경제활동에 관한 것들로 묶는 과정이 필요했다. 그리고 평화롭고 지속가능한 경제 성장을 위해 경제의 의미와 합리적 선택, 경제 성장과 안정, 국가 간에 경쟁과 상호 의존성 등을 탐구할 수 있도록 탐구 과제 목록을 정리해야 했다.

기초 탐구 활동이 주로 교육과정 내용 요소를 근거로 한 탐구였다면 심화 탐구 활동은 프로젝트 학습 과정에서 다듬어지는 탐구 질문이 바탕이 된다. 따라서 심화 탐구에서는 기초 탐구 결과를 바탕으로 더 알아보고 싶은 내용, 더 알아보아야 할 내용

에 대한 탐구가 중심이 된다. 학생들은 심화 탐구를 통해 새롭게 알게 된 지식과 기존의 지식을 연결하여 또 다른 배움을 얻게 되며 이 과정에서 학생들은 자신이 이해하는 방식으로 지식을 재구성하게 된다.

< 탐구 활동의 구분 >
기초 탐구 활동 + 심화 탐구 활동

탐구 과정을 하는 동안 학생들은 프로젝트에서 배워야 할 기초적인 지식을 기억하는 것뿐만 아니라 이미 알고 있던 지식에 새롭게 알게 된 지식을 더하고 개개인의 역량과 협력을 통해 사고체계를 놀라운 수준까지 발전시킬 수 있게 된다. 그리하여 프로젝트 학습의 탐구는 학생들의 사고력 발달을 돕는다. 일반적인 기억을 중심으로 하던 저차원적 사고의 수준에서 더 고차원적으로 사고하도록 영향을 미친다. 그리고 이러한 사고력의 발달과 더불어 프로젝트에서 요구하는 다양한 역량들이 함께 길러진다.

다시 A 교사의 교실로 돌아가 보자. '소주제 1'에서 A 교사는 경제와 우리 생활의 관계, 합리적 선택에 대해서 알아보았다. A 교사의 학생들은 '소주제 1'의 기초 탐구를 바탕으로 '소주제 2'에서 함께 해결해야 할 문제와 관련된 새롭게 탐구할 질문을 선택하게 된다.

이어 '소주제 2'에서는 경제 성장의 모습(양면성)을 통해 경제 성장과 평화(행복)의 가치에 대해 다음과 같이 탐구하는 과정을 전개하게 된다.

구 분	탐구 방법		탐구 과정 및 결과
우리 경제의 성장 과정과 특징	- 관련 도서 탐독 - 자료 조사	토의 토론	우리 경제의 성장 과정과 특징 탐구 결과 보고서
우리 경제 성장의 문제점	- 뉴스, 신문 기사 스크랩 - 관련 인물 인터뷰 - 현장 답사		스크랩 자료 인터뷰, 답사 활동지
문제 발생 원인과 해결방안	- 조사 및 면담 결과 분석 - 쟁점 토론 - 해결 아이디어 구상		탐구 결과 자료 해결 아이디어 제안서

위의 표는 '소주제 2'에서 다루게 될 기초 탐구의 과정이다. 우리 경제의 모습 속에서 발견한 양면성 그리고 관련된 문제점과 원인에 관해 탐구하면서 학생들은 경제 활동에서의 문제점을 더 다양한 관점에서 살펴보고 문제 해결 방안에 관해 토의토론하게 된다. 이때 탐구 과정을 더욱더 세밀하게 구상하고 계획을 세우기 위해서는 학습에 필요한 일반적인 '지식'을 어떻게 이해할지, 효율적인 탐구를 위해 어떤 '기능'을 익히도록 할지도 같이 고려해야 한다.

그 예로 우리 경제의 성장 과정과 특징을 이해하기 위해 도서를 검색하고 탐독할 수 있다. 친구들과 공유해야 할 중요한 정보를 효과적으로 정리하기 위해 마인드맵이나 씽킹맵으로 나타낼 수도 있다. 또 경제 관련 문제에 대한 뉴스와 신문 기사를 스크랩한 후 뉴스 분석 프로그램을 이용하여 빅데이터(Big Data) 분석을 해 볼 수 있고, 경제 관련 키워드를 중심으로 검색할 수도 있다. 어떤 경우는 관련 인물을 인터뷰하거나 현장답사와 같은 활동을 시작하기 전에 중점적으로 볼 것, 질문거리, 준비물, 예절이나 주의사항에 대해 교사가 미니 워크숍을 해야 할 수도 있다. 학생이 자료 찾기로 낭비하는 시간을 줄이기 위해 교사가 학생들에게 필요한 도구를 제공하거나 정확한 참고자료를 제공해 줄 수도 있다.

특히 경제와 관련된 문제점들을 이야기하다 보면 공동의 선택과 판단이 필요한 시점이 오기도 하는데 이럴 때는 토의토론을 통해 탐구의 꽃을 피울 수 있다. 우리가 흔히 알고 있는 PMI, 디베이트, 쟁점 토론 등의 토의토론 방법이 그 예가 된다.

그리고 '소주제 2'의 탐구를 진행하는 중에는 반드시 가치 프로젝트에서 A 교사가 추구하고자 했던 '평화'의 가치를 추구하고 있는지를 확인하는 과정이 필요하다. 탐구 결과에 가치를 더하게 되면 프로젝트의 최종 목표와 방향, 결과물이 자연스럽게 연결된다.

< 탐구 결과에 가치 더하기 >

탐구 활동+프로젝트 핵심 가치=프로젝트 최종 목표와 방향

그렇다면 A 교사는 대주제인 '세계시민의 평화로운 교류-경제'의 '소주제 2' 경제 성장의 양면성을 학생들과 어떤 것부터 탐구 과정을 풀어 가면 좋을까?

필자가 우리 학급에 적용한다면 먼저 경제 활동과 관련된 우리 일상의 문제나 사회적인 문제, 더 크고 넓게는 인류 공동의 문제에 대한 문제 해결 아이디어를 구상하고 제안하는 방향으로 탐구 활동을 전개할 것이다. 또는 경제생활 과정에서 발생하는 선택과 기회비용의 발생, 무책임으로 인한 환경 문제를 바탕으로 프로젝트를 전개할 수도 있다. 예로 들면 과대포장의 문제, 플라스틱 남용이나 미세 플라스틱 문제, 엉터리 분리배출 등 경제 성장으로 인한 다양한 문제에 대한 우리의 해결방안 제시

또는 인식개선 캠페인 등과 같은 활동 말이다.

당신이라면 어떤 프로젝트를 전개해보고 싶은가? 탐구 활동에 대한 계획과 실행은 바로 프로젝트 학습을 고민하는 교사와 의욕이 충만한 학생들의 선택에 달려 있다. 이 장에서 다루고 있는 내용은 하나의 예시일 뿐이며 매뉴얼이 될 수 없다. 프로젝트 학습에서 같은 주제라 하더라도 학습에 직접 참여하고 이를 주도하는 구성원의 목표와 그 밖에 모든 여건이 또한 모두 다르기 때문이다.

프로젝트 교육과정을 처음 도전하고 실행하면서 탐구의 범위, 성취기준, 내용 요소에 대한 달성에 대하여 너무 의심하거나 두려워하지 않아도 된다. 처음 비구조화된 형태에서 시작된 탐구는 질문에 질문을 더해가며 조금씩 구조화되며, 학습에 대한 이해와 전이는 반드시 이루어진다. 다만, 프로젝트의 주체인 교사와 학생이 끊임없는 질문과 탐구를 통해 스스로 배움을 만들어가야 하고, 함께 보완해 나가야 한다는 점을 잊지 말아야 함을 강조하고 싶다.

4-3

결과(산출물)

작은 성공의 경험이 큰 힘이 된다.

배움은 가르침의 결과가 아니라
학습자의 활동 결과이다.

나무가 꾸는 꿈이 숲을 이루듯
우리가 꾸는 꿈은 세상을 이룬다.

교육이란 알지 못하는 바를 알도록 가르치는 것이 아니라
사람들이 행동하지 않을 때 행동하도록 가르치는 것을 의미한다. **- 마크 트웨인**

변화는 모든 배움의 마지막 결과이다. **- 레오 버스카글리아**

이번 장에서는 프로젝트 탐구 과정에서 자연스럽게 탄생하는 결과물을 누구를 대상으로 어떤 형식으로 공개하고 발표할지를 설명합니다. 결과물을 만들기 위한 프로젝트 설계를 하라는 말은 아니며, 결과물을 만들기 전에 누구에게 어떤 메시지를 전할지를 확실히 설정해야 결과물을 만들어가는 과정 또한 의미가 있답니다.

4-3

결과(산출물, Public Product)

가. 결과(산출물)의 의미

프로젝트 수업에서 결과물(산출물)이 의미하는 것은 무엇일까? 프로젝트를 탐구하면서 나오는 크고 작은 결과물일 수도 있으며, 프로젝트에 가치와 성취기준을 연결하는 설계 단계부터 다양한 탐구 과정을 거쳐 최종으로 만들어지는 산출물일 수도 있다. 또한, 성취기준에 얼마나 도달하였는지를 평가까지 가능하게 하는 결과일 수도 있다.

프로젝트 수업에서 '결과물은 이래야 한다'라는 명확한 기준은 없다. 그래도 프로젝트 결과물(산출물)을 만들어내는 주체는 교사가 아니라 학생이어야 한다는 점을 강조하고 싶다. 왜냐하면, 프로젝트 결과물은 학생들의 의욕에 의해 시작되어 스스로 탐구하며 만들어지는 그들의 결실이기 때문이다.

그렇다면 프로젝트 수업에서 결과물의 범위는 어디까지일까? 학생들의 탐구 과정에서 만들어지는 모든 결과물이 프로젝트 결과물이라 말할 수 있을까? 필자는 탐구하는 과정에서 나오는 모든 결과가 프로젝트 결과물이라고 말하지 않는다. 프로젝트 결과물에는 학급의 가치와 어떤 의미 있는 과정이 담겨 있어야 한다.

프로젝트 결과물로써 의미가 있으려면 학생들 스스로 만들어낸 결과물에 대하여 공개할 대상을 먼저 정해야 한다. 공개할 대상은 같은 반 친구일 수도 있고 담임교사일 수도 있다. 아니면 다른 반 친구, 다른 학년의 선배나 후배일 수도 있으며 학부모일 수도 있다. 나아가 정부나 기관에 아이디어를 제안하는 제안서가 될 수도 있으며 전 세계 사람들에게 나눔의 메시지를 전하는 기부 캠페인의 형태가 될 수도 있다. 중요한 것은 학생들이 만든 프로젝트 결과물은 어떤 형태가 되든지 간에 먼저 공개할 대상을 누구로 할지 결정해야 한다는 것이다. 공개할 대상이 없는 결과물은 학생들의 의욕을 불러일으키는데 제한적이며, 공개할 대상으로부터 피드백을 받을 수 없기에 다음 단계로의 성장과 발전을 어렵게 만든다. 무엇보다 탐구하는 과정에서 공개할 대상을 설득하거나 혹은 멋진 결과물을 소개하기 위해 철저하게 준비하고 노력하는 모습을 찾아보기 힘들어진다.

프로젝트 수업의 과정에서 만들어지는 결과물은 모두 의미가 있겠지만 이번 장에서는 '프로젝트 결과물'에 대하여 아래와 같이 정리하고자 한다. 프로젝트 결과물에서 중심 키워드는 두 가지로 하나는 '공개'이고, 다른 하나는 '대상'이다.

> 프로젝트 결과물(산출물)이란 공개할 대상을 정하여 학생들이 스스로 탐구하여 만들어지는 의미 있는 결과물(산출물)을 말한다.

나. 결과(산출물)의 중요성

앞서 프로젝트 결과물(산출물)의 의미를 알아보았다면 프로젝트 결과물(산출물)이 갖는 중요성을 살펴보고자 한다. 프로젝트 결과물의 중요성에 대한 이해를 돕고자 요즘 유행하고 있는 DIY(Do It Yourself) 인테리어와 프로젝트 결과물을 비교해 보려고 한다.

DIY 제품- 소비자가 스스로 물건을 직접 만들어낸 제품
프로젝트 결과물- 학생 스스로 공개할 대상을 정하고 탐구하여 만들어지는 결과물

A와 Y는 초등학교 교사로 같은 동네에 같은 평수의 집으로 이사를 앞두고 있다. 이들은 각각 이사할 집에 대하여 인테리어를 어떻게 하면 좋을지 고민에 빠졌다. A 교사는 요즘 유행하고 있는 DIY 가구와 직접 인테리어를 디자인해서 집을 꾸미고 싶어 하고, Y 교사는 이미 제품으로 출시되어 매장에 진열되거나 추천된 가구와 업체에서 디자인한 모습으로 집을 꾸미고 싶어 한다. 특히 A 교사와 C 교사는 자신들이 꿈꾸는 가구 인테리어에 대하여 장단점을 아래와 같이 비교해 보았다.

[A 교사 → 나만의 DIY 가구 제작]

장점

1. 세상에 하나밖에 없는 나만의 가구를 만들 수 있음.
2. 자신이 원하는 크기나 디자인으로 제작이 가능

3. 인건비를 아껴 더 좋은 재료를 구매하여 제작할 수 있음.

4. 스스로 DIY를 한 경험을 토대로 앞으로 더 잘 만들 수 있음.

5. 제작한 가구가 파손되거나 고장 났을 경우 쉽게 수리할 수 있음.

6. 기억(추억)에 오래 남고, 가구에 대한 애착이 더 생길 수 있음.

단점

1. 소위 말하는 '똥손'인 경우 시간과 비용을 모두 낭비할 수 있음.

2. 실패할 경우 다시 재료를 구매하거나 제작해야 함.

3. 가구 전문가가 아니면 완성도 높은 가구를 제작하기 힘듦.

[Y 교사 → 완성된 가구(메이커 제품)를 구매하여 가구 배치]

장점

1. 여러 매장을 돌아보며 디자인과 가격을 비교해 볼 수 있음.

2. 어떻게 만들지에 대하여 고민과 노력이 필요 없음.

3. 배송 기사가 직접 배송 및 설치까지 해주어 편리함.

4. 가구의 완성도가 높고, 보기에도 아름다움.

5. 수년간의 시행착오를 반영한 최고의 기술들을 집약해 만들었고 내구성이 좋으며 사용이 편리함.

단점

1. 디자인에 대하여 변심하거나 유행을 탈 수 있음.

2. 원하는 디자인의 가구가 방 넓이나 높이와 맞지 않을 수 있음.

3. DIY 가구보다 비교적 비용이 많이 발생하고 고장이 났을 때 별도의 비용이 많이 발생할 수 있음.

여러분이 새로 이사 갈 집에 가구를 결정한다면 A 교사와 Y 교사 중에서 어떤 누구의 입장에서 가구나 인테리어를 선택할까? 대부분은 당연히 Y 교사처럼 선택할 것이다. 우리는 가구 디자이너나 목수도 아니며, 원하는 디자인과 기능을 갖춘 가구와 인테리어를 쉽게 구성할 수 없기 때문이다. 물론 DIY나 가구 제작에 남다른 소질이 있고 가구를 스스로 만드는 과정 자체가 행복한 사람이라면 A 교사처럼 나만의 DIY 인테리어에 도전해 볼 만하다. 그렇지만 아마도 원하는 가구를 만들어내기까지는 수많은 시행착오를 겪어야 하거나 기존의 가구를 리폼해서 사용하는 수준에 머무를 것이다.

인테리어에 대한 고민은 잠시 접고 A와 Y의 학급으로 가보자.

학년 초 A 교사는 프로젝트 교육과정을 스스로 설계하였고, Y 교사는 교사용 지도서나 교과서의 순서대로 교육과정을 설계하였다. 학기 말이 되어 A 교사와 Y 교사는 학생들이 그동안 학습한 결과물(산출물)을 전시하고 발표하는 시간을 가졌다. 두 교사는 자신이 맡은 학급의 학습 결과물 발표에 대하여 다음과 같이 비교하였다.

[A 교사→ 학생 중심 프로젝트 교육과정의 결과물]

장점

1. 학생이 원하는 방향으로 설계하고 실행한 결과를 나타냄.
2. 학생이 직접 결과물을 제작하는 과정에서 학습자의 의욕이 고취되고 다음 학습으로의 전이가 이루어짐.
3. 학습 과정에서 발견된 오류나 문제를 학생들이 협력을 통해 수정하고 보완할 수 있음.
4. 프로젝트 결과물에 대하여 학생들의 자부심이 크고 실천에 대한 의지가 강화됨.

단점

1. 전체적인 결과물이 나오는 데까지 긴 시간과 많은 노력이 필요함.

2. 교사는 학생의 학습 과정에 대하여 계속 관심을 가져야 하며, 의미 있는 결과가 나올 수 있도록 수시로 학생들에게 피드백해야 함.

3. 프로젝트를 처음 접할 때는 탐구의 과정에서 방향을 잃거나 원하는 결과를 얻지 못할 수도 있음.

[Y 교사→ 지도서나 교과서 순서대로 진행한 교육과정의 결과물]

장점

1. 교육 관련 사이트나 기존에 개발된 자료를 쉽게 검색하여 선택하고 활용할 수 있음.

2. 짧은 시간 안에 준비할 수 있고, 많은 결과물이 나올 수 있음.

3. 어떤 교사가 하더라도 몇 가지 형식만 주어지면 어느 누구든지 결과물을 쉽게 끌어낼 수 있음.

4. 교과서 순서대로 빠짐없이 가르치면 기본적으로 열심히 했다는 생각이 듦.

단점

1. 교사 중심으로 설계된 것으로 학생이 교사의 일방적인 지시에 따라 활동하는 습관을 갖게 됨.

2. 학습자는 교사가 원하는 방향으로 수동적으로 따라가므로 학습 동기가 낮으며 학습에 대한 전이가 잘 이루어지지 않음.

3. 다음 학습에서 학생이 스스로 한다거나, 협력하며 무언가를 하려는 모습을 기대하기가 힘듦.

처음에 이사 갈 집의 가구와 인테리어를 DIY로 할지, 매장의 물건으로 할지를 선택하는 것과 학기 말에 학습 결과물을 학생 중심의 프로젝트를 진행한 결과로 공개할지, 교사 주도로 학습한 결과를 발표할지를 선택하는 것은 비슷한 성격일까? 아니면 다른 성격일까?

A 교사가 DIY 가구를 만들고 직접 인테리어를 하는 모습과 A 교사가 학급 학생들이 스스로 결과물을 만들어내도록 한다는 점은 수요자가 스스로 선택한다는 점에서 서로 비슷해 보인다. 그리고 Y 교사가 이미 잘 제작된 가구를 선택하여 인테리어 하는 모습과 Y 교사가 기존에 개발된 우수한 자료나 방법을 활용하여 학급 학생들에게 결과물을 만들도록 한다는 점도 서로 비슷하다.

그러나 깊이 생각해 보면 이사할 집의 인테리어 구성하는 것과 학습 결과를 어떻게 할지를 결정하는 것에는 이를 선택하는 대상이 누구인지에 대하여 차이가 있다. 집의 인테리어는 'A 교사와 Y 교사가 개인적인 성향'으로 결정하는 것이 맞다. 그러나 학급의 학습 결과에 대한 부분은 다르다. 'A 학급과 Y 학급에서는 학습자의 의견이나 의욕이 고려되고 있는가?'를 생각해 보아야 한다. 즉, 이사할 집에 가구나 인테리어의 수요자는 각 개인이겠지만, 교육에서 결과물을 선택하는 수요자는 학생이어야 한다는 점에 주목해야 한다.

다시 본론으로 돌아와 프로젝트의 결과물은 왜 중요할까? 과정 중심의 평가 학습의 과정이 학습의 결과보다 중요하다고 말하지만, 훌륭한 과정은 결국 훌륭한 결과를 낳는다. 학생들은 프로젝트 학습 과정에서 자신이 스스로 노력하거나 자신이 속한 팀 안에서 협력하여 만들어낸 산출물을 자랑하며 보여주고 싶어 한다.

직접 가구를 DIY 방식으로 꾸민 사람과 프로젝트 수업을 통해 학습 결과물을 발표하는 학생의 공통점은 자신이 만들어낸 결과에 대하여 애착과 자부심이 매우 크다는 점이다. 그리고 자신이 스스로 할 것을 선택하고 성취를 위해 부지런히 노력하게 만드는 힘은 프로젝트 학습에서 가장 중요한 요소로 꼽았던 학생의 '의욕'에서 나온다. 결국, 프로젝트의 결과를 어떻게 나타낼지 고민하고 고민하며 하나씩 거슬러 올라가다 보면 결국 맨 위에는 학습에 대한 '의욕'이 꿈틀거리고 있는 것을 발견하게 된다.

프로젝트 결과(산출물)는 학생들이 의욕을 가지고 스스로 탐구하여 만들어지는 결과(산출물)이기에 그 의미가 있다.

다. 결과(산출물)의 구성

그렇다면 프로젝트 수업에서 프로젝트 결과물(산출물)은 어떻게 구성하여 공개하면 좋을까?

A 교사는 자신만의 DIY 가구를 제작하였고, 발품을 팔아 새로 이사하는 집의 인테리어도 무사히 마쳤다. 이제 집들이를 하려고 친구들을 자신의 집에 초대하기로 하였는데 자신이 공들여 꾸민 집을 어떻게 자랑할지 고민에 빠졌다.

자신이 직접 제작한 특색 있는 DIY 가구를 중심으로 하나씩 소개해야 할까? 아니면 각 방과 화장실, 베란다 등 공간의 특징을 중심으로 소개해야 할까? 집 전체 구조와 가구, 인테리어의 조화를 생각하면서 소개를 해야 할까? A 교사는 자신의 집을 어떻게 소개하면 더 효과적일지 다음과 같이 장단점을 정리해 보았다.

[자신이 DIY로 제작한 특색 있는 가구를 중심으로 소개]

1. 개별적인 가구의 특성을 자세하게 소개할 수 있음.
2. 자신이 어떤 부분에 특히 개성과 생각을 담았는지 자세하게 설명할 수 있음.
3. 소개 시간이 길어지고 너무 자랑하는 시간이 될 수도 있음.
4. 각 공간의 조화로움이나 집 전체의 분위기를 느끼기 어려움.

[각 방, 화장실, 베란다 등 공간의 특징을 중심으로 소개]

1. 방 쓰임새에 맞게 배치된 DIY 가구의 특성을 소개할 수 있음.
2. 공간별 쓰임새나 구조에 따른 배치 이유를 소개함.
3. 개별적인 가구의 특성을 자세하게 소개하기는 어려움.
4. 친구들이 DIY 가구보다는 방의 크기나 모양에 더 관심을 가질 수 있음.

[집 전체 구조와 가구, 인테리어와의 조화를 중심으로 소개]

1. 집 전체 자신이 디자인한 것들의 의미를 담아서 소개할 수 있음.
2. 집 전체에 대해 방의 쓰임새와 가구 배치 이유를 소개할 수 있음.
3. 어떤 공간, 어떤 가구부터 소개할지 순서를 잘 정해 두어야 함.
4. DIY 가구들의 세부적인 특징 등을 설명하기에는 어려움.

사실 어떤 방법으로 자신의 집을 소개하는 것이 효과적일지 정답은 없다. 이와 비슷하게 프로젝트 수업에서 결과물(산출물)을 어떻게 구성하여 발표할지를 정하는 모범 답안은 없다.

스스로 인테리어한 집 소개와 프로젝트 결과물 발표의 비슷한 점	
개별적인 DIY 가구 소개	프로젝트 탐구 활동을 하면서 생기는 결과물 - 개수의 제한이 없음.
각 방, 화장실, 베란다 등 공간을 중심으로 소개	대주제(실천 프로젝트)를 통해 도달하고자 하는 결과물 - 소주제마다 1~2개 정도로 구성하여 발표
집 전체의 조화를 중심으로 소개	가치를 바탕으로 프로젝트 대주제를 아우르는 결과물 - 학기당 한 번 또는 학년말에 프로젝트 발표회 형식으로 발표

프로젝트로 학습한 결과물(산출물)을 누구를 대상으로 얼마만큼 어떻게 공개할 것인지는 프로젝트를 실제 시작하는 단계인 탐구 질문을 구성하는 단계에서부터 교사와 학생이 함께 설계해야 한다. 결과물을 어떻게 구성하여 발표할지는 프로젝트의 시작 단계부터 탐구 중에도 수시로 변경되고 보완할 수 있다. 결과를 어떻게 정리할지에 대하여 아래와 같은 생각을 계속하는 것이 좋다.

- 우리가 추구하는 가치는 무엇인가?
- 지금 우리가 알고 있는 것은 무엇이고, 더 배워야 할 것(성취기준, 내용 요소)은 무엇일까?
- 우리가 좀 더 탐구해야 할 것은 무엇이며, 우리가 할 수 있는 일은 없을까?
- 우리가 공부한 결과는 누구에게 어떤 형태로 공개하면 좋을까?

라. 프로젝트 결과(산출물)의 형태

지금까지 프로젝트 결과물(산출물)의 의미와 중요성 그리고 구성을 어떻게 하면 좋을지 살펴보았다. 다음으로 프로젝트 결과물(산출물)은 어떤 형태로 나타내면 좋을지 알아보자.

다시 A 교사의 집을 구경하고 집 소개에 마음이 들었던 한 친구가 본인의 집도 A 교사처럼 DIY로 꾸미고 싶어 하였다. 친구는 새로 이사한 집을 어떻게 꾸몄는지 세세하게 물으며 모든 자료를 자신에게 보내 달라고 부탁하였다. A 교사는 자신이 집을 꾸미면서 얻은 자료를 정리하여 친구에게 모두 보내주었다.

DIY 책상은 디자인을 특히 신경 써서 제작하였으므로 자신이 참고했던 회사들의 가구 사진과 설계도 등을 모은 포트폴리오를 만들었다. DIY 침대는 튼튼함을 강조하여 재료를 신경 써서 제작하였는데 특별히 신경 써야 하는 부분과 제작이 어려운 부분은 가공하는 과정을 동영상으로 찍어두었다.
집의 각 공간은 실용성과 편리성을 목적으로 제작하였기에 리플릿 형태로 만들고 사진과 설명으로 적절하게 설명하였다.
이사 날짜에 맞추어 재료를 주문하고 제작하는 순서, 제작 시 주의해야 할 점, 관련 업체 전화번호 등의 자료는 구* 캘린더에 메모해 둔 것을 PDF 파일로 내려받았다.
집 전체의 형태는 구상하며 평면도를 그리고 전시장 미니어처 형태로 제작하였다.
디자인한 의미(가치)를 생각해 보고 새로 꾸민 자신의 집의 제목도 붙여보았다.

A 교사는 친구에게 보내줄 자신의 집 소개 자료를 정리하며, 학교에서 진행하고 있는 프로젝트 결과(산출물)도 아래와 같이 여러 목적에 따라 다양한 형태로 나올 수 있겠다고 생각해보았다.

프로젝트 결과의 목적과 형태	
신체적 표현	연극, 뮤지컬
실용성	리플릿 홍보자료
디자인	그림, 만화
음악적, 시각적 표현	영상, 노래
학습 정리 및 공유	전시회, 학술 발표회
실천	캠페인, 직접 체험 및 참여

프로젝트 결과(산출물)의 형태는 목적과 탐구 내용,
학습자의 선택에 따라 다양한 형태로 나타날 수 있다.

사실 위와 같은 결과의 형태를 목적에 따라 구분하는 것도 고정관념에 불과할지도 모른다. 예를 들어 '연극'이라는 결과물을 '신체적 표현'의 목적에 분류하였지만, '연극'은 모든 결과를 종합하는 결과물이 될 수 있다. 학생들은 연극의 대본을 쓰기 위해 사실적인 지식을 임팩트 있는 대사로 정리해야 하고, 장면과 장면에 어울리도록 무대 배경을 적절하게 디자인해야 한다. 극의 분위기에 어울리는 효과음이나 배경음악을 더빙해 두어야 하고, 사람들에게 자신의 메시지가 전달되도록 신체 움직임도 구성하여 친구와 함께 연습하는 과정도 필요하다.

즉, 프로젝트의 결과(산출물)는 목적에 따라 형태를 나누는 것은 큰 의미가 없다. 형태는 얼마든지 다양하게 나타날 수 있다. 단, 학생들이 학습하며 성장하고 변화한 장면, 장면이 종합적으로 나타날 수 있다면 그것으로 충분하다.

마. 결과(산출물)의 계획

A 교사는 지금까지 설계한 프로젝트 설계의 모든 내용을 바탕으로 아래와 같이 프로젝트의 기본 흐름을 정리하였다(단, 아래의 표는 프로젝트의 흐름을 파악하고 이해시키기 위한 것으로 프로젝트를 설계하는 교사마다 다르게 할 수 있음을 밝혀둔다).

<table>
<tr><td>운영관</td><td colspan="6">평화로운 세계를 만드는 시민 기르기(가치: 평화)</td></tr>
<tr><td>성취기준</td><td colspan="6">사회, 도덕, 국어 등의 성취기준과 연계(생략)</td></tr>
<tr><td rowspan="2">1학기 프로젝트 체계</td><td colspan="3">세계시민의 성장 과정 – 민주주의</td><td colspan="3">세계시민의 평화로운 교류 – 경제</td></tr>
<tr><td>민주정치의 기본원리</td><td>민주적 의사결정</td><td>평화를 위한 정치 참여</td><td>경제생활과 우리</td><td>경제 성장의 양면성</td><td>평화로운 세계 경제</td></tr>
<tr><td>대주제 (실천 PBL)</td><td colspan="6">세계시민의 평화로운 교류 – 경제</td></tr>
<tr><td rowspan="2">운영 내용</td><td colspan="3">소주제 1. 경제생활과 우리
– 평화와 경제 연결하기
– 경제의 정의와 중요성 탐색하기
– 가계와 기업의 역할 파악하기
– 합리적 선택과 우리 삶의 관계, 나의 입장 정하기
– 우리나라 경제의 특별한 특징</td><td colspan="3">소주제 2. 경제 성장의 양면성
– 우리 경제의 성장 과정 분석하기
– 우리 경제 성장 과정의 좋은 점과 문제점 알아보기
– 문제점이 발생한 근본적인 원인을 탐구하고 평화를 위해 해결해야 할 과제 탐구하기(경제 성장의 양면성 탐구와 문제 해결)</td></tr>
<tr><td colspan="6">소주제 3. 평화로운 세계 경제
– 세계 속의 우리 경제, 상호 교류와 영향
– 국가 간 경제 교류에서 상호 의존 및 경쟁, 불공정의 사례 알아보기
– 평화롭지 못한 교류, 미래 세계 평화를 위해 나아갈 방향
– 우리가 할 수 있는 일 실천하기, 배움의 결과를 나눌 방법 제시하기
– 관점의 변화: 프로젝트 발표회(부스 운영 –실천을 유도하는 홍보 활동)</td></tr>
<tr><td>탐구 질문</td><td colspan="6">– 소주제별로 별도로 기입(생략)</td></tr>
</table>

결과 (형태)	- 경제의 정의와 중요성(시각화 자료) - 기계화 기업의 역할(모둠별 조사, 발표 자료) - 나의 합리적 선택(리플릿) - 우리나라 경제의 빛과 그림자(초대형 연표 형식) - 성장의 문제점을 해결하기 위한 제안(제안서 - 행정부 제출) - 국가 간 불공정을 막기 위한 토론회(동영상) - 우리가 만들어 실천하는 NGO(Public 캠페인 또는 광고) - 평화로운 경제 성찰 에세이(발표/댓글 달기)

4-4

평가

한날한시에 뿌린 씨앗일지라도
꽃 피는 시기가 다르다.

가장 큰 영광은 한 번도
실패하지 않음이 아니라
실패할 때마다 다시 일어서는 데 있다.

미래는 우리가 현재 무엇을 하고 있는가에 달려 있다.
- 마하트마 간디

다른 사람보다 뛰어나다고 해서 대단한 것은 아니다. 진정으로 대단한 것은
어제의 당신보다 더 뛰어난 오늘의 당신이 되는 것이다.
- 어니스트 헤밍웨이

이번 장에서 평가는 곧 활동 과정과 결과에 대한 모든 피드백이라고 말하고 있습니다. 평가하는 궁극적인 이유는 배운 것을 성찰하고 개선하여 결국 성장과 발전을 하려는 것입니다. 학생의 성장과 발전을 위해 모든 사람이 해주는 모든 방법의 피드백을 평가로 보고 있습니다.

4-4

평가(評價, Assessment)

가. 좁은 의미의 평가

평가: 사물의 가치나 수준 따위를 평함. 또는 그 가치나 수준

일반적으로 많은 사람이 '평가'라는 단어를 들으면 먼저 '시험(test)'이라는 말을 생각한다. 이들은 '평가'라는 말을 들으면 학창 시절에 보던 쪽지 시험, 진단평가(요즘은 진단검사라고 함), 형성평가, 월말시험, 중간고사, 기말고사 등을 떠올리기 때문이다. 이러한 시험의 공통점은 '지식을 얼마나 외우고 있는가?'에 초점이 맞추어져 있다는 점이다. 많은 초등학교 학부모를 대상으로 "아이가 학교에서 공부를 잘하나

요?”라고 물으면 “초등학교에서 시험을 보지 않아서 잘하는지 못하는지 몰라요”라고 답한다. 많은 어른의 머릿속에 평가는 ‘지식의 양’과 ‘지식을 이용한 약간의 응용력’만을 보는 것이라는 고정관념이 자리 잡고 있다.

그렇지만 이러한 ‘시험(Test)’ 성격의 평가는 사실 상위 학교로 진학하기 위한 등급 구분, 자격증 취득이나 취직으로 가는 데 있어 꼭 필요한 방법이기도 하다. 그동안의 시험은 자리는 몇 개 없는데 많은 사람이 지원할 경우 가장 객관적으로 자리를 정해주는 제일 나은 방법이었기 때문이다.

요즘 교사에게 ‘평가’라는 단어는 수행 평가 형태로 실시하는 성취기준에 대한 평가로 인식되고 있다. 평가라고 하면 학기 말에 Neis에 입력하는 ‘매우 잘함, 잘함, 보통, 노력 요함’ 같은 4단 척도나 ‘◎, ○, △’ 같은 3단 척도로 평가하는 것이 고작이기 때문이다. 그래도 교사들은 각 영역과 성취기준의 성격에 따라 체크리스트, 관찰평가, 동료평가, 실기평가, 포트폴리오 등을 통해 학생을 객관적으로 평가하려고 노력하고 있다. 그리고 창의적 체험활동 상황, 교과학습 발달상황이나 행동 특성 및 종합의견 등에 대한 평가를 서술형으로 기록하기도 한다.

여기서 말하는 ‘평가’는 학생의 생활기록부에 기록으로 남기기 위한 것이다. 그리고 이것은 생활기록부에 남는 매우 중요한 ‘평가’이기 때문에 오류와 누락 여부를 동료 교사를 통해 서로 점검하기도 한다. 매년 생활기록부 기재요령 매뉴얼이 배포되고, 단위학교에서 학업성적관리위원회를 통하여 세부적인 기재 방법을 결정하는 이유는 학생의 평가에 대한 부분을 교육부령으로 정하는 기준에 따라 작성, 관리하여야 한다는 법적인 근거 때문이다.[17]

17 2021학년도 학교생활기록부 기재요령(초등학교). 교육부.

> **초 · 중등교육법**
> [시행 2020.10.20.] [법률 제17496호, 2020.10.20., 일부개정]
>
> **제25조(학교생활기록)** ① 학교의 장은 학생의 학업성취도와 인성(人性) 등을 종합적으로 관찰·평가하여 학생지도 및 상급학교(「고등교육법」 제2조 각 호에 따른 학교를 포함한다. 이하 같다)의 학생 선발에 활용할 수 있는 다음 각 호의 자료를 교육부령으로 정하는 기준에 따라 작성·관리하여야 한다.
>
> 1. 인적사항
> 2. 학적사항
> 3. 출결상황
> 4. 자격증 및 인증 취득상황
> 5. 교과학습 발달상황
> 6. 행동특성 및 종합의견
> 7. 그 밖에 교육목적에 필요한 범위에서 교육부령으로 정하는 사항
>
> ② 학교의 장은 제1항에 따른 자료를 제30조의4에 따른 교육정보시스템으로 작성·관리하여야 한다.

즉, 좁은 의미로 평가는 지식적인 측면에서 배운 것을 알고 있는지를 확인하는 '시험'과 교사로서 학생이 상급 학교로의 선발에 활용될 수 있도록 발달상황을 작성, 관리를 위한 '최소한의 기록'을 말한다. 교사로서 후자의 '기록'에만 충실해도 문제가 되지는 않는다.

나. 평가의 궁극적인 이유

최소한의 '기록'을 잘했다고 우리는 교사로서 '평가'의 소임을 다했다고 말할 수 있을까? 다음은 교육부에서 고시한 2021 초 · 중등학교 교육과정 총론에 명시된 '평가'의 운영 지침이다.

가. 평가는 학생의 교육 목표 도달 수준을 확인하고 교수 · 학습의 질을 개선하는 데에 주안점을 둔다.

1) 학교는 학생에게 평가 결과에 대한 적절한 정보 제공과 추후 지도를 통해 학생이 자신의 학습을 지속해서 성찰하고 개선할 수 있도록 지도한다.

2) 학생 평가 결과를 활용하여 수업의 질을 지속해서 개선한다.

나. 학교와 교사는 성취기준에 근거하여 학교에서 중요하게 지도한 내용과 기능을 평가하며 교수 · 학습과 평가 활동이 일관성 있게 이루어지도록 한다.

1) 학생에게 배울 기회를 주지 않은 내용과 기능은 평가하지 않도록 한다.

2) 학습의 결과뿐 아니라 학습의 과정을 평가하여 모든 학생이 교육 목표에 성공적으로 도달할 수 있도록 한다.

3) 학교는 학생의 인지적 능력과 정의적 능력에 대한 평가가 균형 있게 이루어질 수 있도록 한다.

다. 학교는 교과의 성격과 특성에 적합한 평가 방법을 활용한다.

1) 서술형과 논술형 평가 및 수행평가의 비중을 확대한다.

2) 정의적, 기능적, 창의적인 면이 특히 중시되는 교과는 타당한 평정 기준과 척도에 따라 평가한다.

3) 실험 · 실습의 평가는 교과목의 성격을 고려하여 합리적인 세부 평가 기준을 마련하여 실시한다.

4) 창의적 체험활동은 내용과 특성을 고려하여 평가의 주안점을 학교에서 결정하여 평가한다.

더욱 적극적인 의미로 평가를 정의하면 교사가 해야 할 일은 더욱더 많아진다. 다음은 평가 운영 지침에서 강조되는 것을 핵심적으로 정리한 것이다.

목표 도달도 확인	지도한 내용과 기능을 평가
학습을 지속해서 성찰하고 개선	학습 과정과 결과를 모두 평가
수업의 질을 지속해서 개선	인지적 능력, 정의적 능력 평가의 균형
성취기준에 근거	교과의 성격과 특성에 맞는 평가

그렇다면 필자가 프로젝트 수업에서 평가를 더욱 강조하는 이유는 무엇일까?

먼저, 40분 단위 수업에서 목표에 도달했는지를 확인하기 위해서이고, 이번에 진행했던 프로젝트 주제의 목표에 도달했는지를 확인하기 위해서이며, 학년말에 담임교사가 심어주고자 했던 '가치'를 학생들이 가슴 속에 품게 되었는가를 확인하기 위해서이다. 즉, 평가하는 첫 번째 이유는 '**확인**'이다.

둘째로는 교사로서 수업의 질을 높이기 위함이다. 교사는 학생에게 적절한 정보를 제공했는지, 학생 수준에 맞았는지 등을 살펴 자신의 수업을 개선해야 한다. 또한, 학생의 입장에서도 평가를 통해 학습에 대하여 지속해서 성찰하고 자신의 학습을 개선하기 위해 평가가 필요하다. 평가를 하는 두 번째 이유는 '**개선**'이다.

결국 평가를 하는 궁극적인 이유는 바로 나의 배움을 확인하고 앞으로의 개선할 점을 찾아 '**변화하고 성장**'하기 위해서일 것이다. 교사와 학생 모두에게 말이다.

평가의 궁극적인 이유: 확인 - 개선 - 변화와 성장

다. 과정 중심의 평가

몇 해 전부터 평가와 관련하여 꼭 등장하는 말이 있다. 바로 '과정 중심 평가'라는 말이다. 앞 페이지에서 이야기한 평가를 하는 궁극적인 이유와 과정 중심의 평가는 일맥상통한다.

> 과정 중심 평가: 교육과정 성취기준에 기반을 둔 평가계획에 따라 교수학습 과정에서 학생의 변화와 성장에 대한 자료를 다각적으로 수집하여 적절한 피드백을 제공함으로써 교사와 학생의 상호작용이 이루어지는 평가

과정 중심 평가를 정리하면 학교 현장에서 교사들이 해오던 평가와 다르지 않다. 과거에는 학생들의 결과물이나 시험에 기반을 둔 결과 중심의 평가에 비중을 높게 두었다면 이제는 학생들의 배움 과정에서 적절한 피드백을 하는 것이 학습에 더 효과적이라는 관점으로 전환하고 있는 것뿐이다.

결과 중심 평가는 수업을 마치거나 프로젝트 학습을 마친 후 결과물을 가지고 평가하기 때문에 추후 학습과 연계하기가 어려웠다. 그래서 결과 중심의 평가는 학생들의 학습과 배움의 성장에 큰 영향을 주지 못하는 결과를 낳았다. 반면 과정 중심 평가는 학습의 과정에서 평가가 이루어짐으로써 학습 과정에 도움을 줄 수 있는데 평가가 곧 학습이고, 모든 수업의 과정이 된다.

과정 중심 평가는 새로운 것이 아니다. 교육 현장에서 흔히 이루어져 오던 형성평가의 일환이다. 다만 평가에 대한 관점의 변화가 필요하다. 평가는 결과를 분류하는

작업이 아니라 학습과 배움의 과정에서 학생들의 변화와 성장을 이끌기 위한 피드백이다.

아래의 표는 평가의 관점에 따라 그 특징을 정리한 표이다.

평가 관점	학습 결과에 대한 평가 (assessment of learning)	학습을 위한 평가 (assessment for learning)	학습으로의 평가 (Assessment as learning)
평가 목적	점수, 등급 등으로 성적을 제공하기 위한 평가	교수학습 방법의 개선과 피드백 제공으로 학생의 학습을 돕기 위한 평가	학습에 대한 성찰 기회 제공으로 학습전략을 수립하여 자기 주도적 학습을 돕기 위한 평가
학습과 평가의 관계	평가와 학습이 명확하게 구분됨.	평가와 학습이 명확하게 구분되지 않음.	평가와 학습이 통합
평가 시기	교수학습이 완료된 후	교수학습 진행 전, 진행 중	교수학습 전 과정
평가 방법	총괄평가	진단평가, 형성평가	
평가 주체	교사평가	교사평가, 자기평가, 동료평가	자기평가, 동료평가
평가 준거	상대평가/절대평가	절대평가	
평과 관점	결과 중심 평가	결과 중심 평가, 과정 중심 평가	

평가의 관점에 따른 평가의 특징

예전의 평가가 '학습 결과에 대한 평가'와 같은 관점으로 이루어졌다면 과정 중심의 평가에서는 교육과정, 수업, 평가가 독립된 것이 아니라 서로 긴밀하고 유기적으로 연결되어 학생들의 성장을 이끌어 가야 한다는 관점을 가지고 있다.

수업 과정에서 학생들이 유의미한 정보나 피드백을 받지 못한다면 다음 단계로의 변화와 성장을 위한 디딤돌이 빠져버린 것과 다름없다.

라. 평가 방법과 주의사항

1. 명확한 성공기준의 제시

체계적이고 효과적인 프로젝트 수업의 설계와 진행을 위해서는 단계별로 성취기준과 최종 도달목표를 학생들에게 명확하게 제시해야 한다고 반복하여 말하였다. 어떤 문제 상황이 있는지, 무엇을 해결해야 하는지, 최종적으로 무엇을 이루어야 하는지에 대하여 교사와 학생이, 학생과 학생이 이해할 수 있도록 충분히 논의해야 한다.

학생들은 가야 할 목적지가 어디이며, 어떤 과정에서 무엇을 해결해야 하고 무엇을 평가받는지를 명확하게 알아야 한다. 그래야 학습 과정에서 이루어지는 성찰과 피드백을 어떻게 반영하여 프로젝트를 좀 더 나은 방향으로 수정, 보완해 나갈 수 있는지를 파악할 수 있다.

보통 현장에서는 평가 기준이나 채점 기준을 교사만 알고 있고, 학생들에게는 과제만 제시하는 경우가 대부분이다. 그렇기 때문에 학생들은 지금의 과제를 왜 해야 하는지, 어떤 부분을 어떻게 평가받는지도 모르는 상황에 부닥치게 되고 자칫하면 배움의 방향을 잃어버린다.

프로젝트를 설계하는 단계에서 학생들에게 성취기준을 먼저 제시하고 평가기준표나 채점기준표를 함께 만들어가는 방법도 과정 중심의 평가를 효과적으로 준비하는 한 가지 방법이 될 수도 있다. 이런 경우 학생들이 배움의 목표를 명확하게 인지하고 프로젝트의 방향성에 대하여 좀 더 잘 이해할 수 있으며, 보다 수준 높은 단계로 발전하려는 의지를 갖게 하는 데 도움을 줄 수 있다.

2. 개인평가와 모둠평가의 균형 잡기

PBL에서는 협업을 매우 중요시한다. 특히 프로젝트의 전 과정에서 모둠 친구들과의 협업은 프로젝트의 성패를 좌우하는 중요한 요소가 된다. 협업하는 능력은 미래의 핵심역량으로도 강조되고 있다.

그런데 프로젝트 결과에 대하여 모둠 전체에 대해 평가를 하다 보면, 몇몇 학생과 학부모가 불만을 제기할 때도 있다. 프로젝트 학습 과정이나 결과에서 분명 학생마다 기여한 정도가 다른데 어떻게 같은 수준의 평가를 받을 수 있나 하는 것이었다. 즉, 무임승차한 학생도 같은 평가를 받는 부분에 대하여 문제를 제기하는 것이다. 이것은 과정으로서의 평가가 아닌 결과로서의 평가가 공정하지 못하다는 생각에서 비롯된 것이다.

그렇다면 PBL에서 모둠 활동 과정과 공동의 결과물에 대하여 어떻게 공정한 평가를 할 수 있을까? 필자가 그동안 연구하고 적용해 온 방법은 다음과 같다.

첫째, 개인 평가과제와 모둠 평가과제를 구분하여 제시한다. PBL 설계 단계부터 성취기준에 따라 개인의 과제와 모둠의 과제를 확실히 나누어주는 것이 좋다. 개인 과제의 경우는 각자의 역할에 따라 수행하는 과정을 체크리스트, 글쓰기, 지필, 에세이, 결과물에 대한 기여도 등으로 정하고, 모둠 과제의 경우는 의사소통과 협업 과정, 공동의 해결책, 프로젝트 결과물의 완성도 등으로 정한다.

실제로 필자는 평가할 때, 학생마다 이해 정도와 능력이 다르므로 모둠 평가보다는 오히려 개인 평가에 비중을 많이 두는 편이다. 적절한 피드백을 통하여 학습을 돕고 개개인의 의욕을 계속 자극하기 위해서이다.

둘째, 동료 간의 역할분담을 스스로 결정하도록 충분한 시간을 준다. PBL에서 협력이 매우 중요하다고 앞에서 강조하였다. 효과적인 협력이 이루어지기 위해서는 각자가 가진 능력을 최대한 발휘할 수 있어야 하고, 명확한 역할 분담과 이에 대하여 충분한 이해하는 과정이 필요하다. 그리고 프로젝트의 활동과 단계마다 모둠원끼리 역할을 분담하고 조정할 수 있도록 기다려 주어야 한다.

모둠원들은 이번 프로젝트에서 자신은 무엇을 할 수 있고, 다른 친구는 무엇을 잘하는지에 대하여 협의를 하는 시간을 통해 서로에 대한 이해도 높일 수 있다. 이는 서로가 더 잘하고 부족한 부분을 채워감으로써 더 나은 결과물을 만들어낼 수 있음을 알게 되는 소중한 경험이 된다.

셋째, 모둠에서는 개인의 책무성을 강화한다. PBL의 모둠 활동에서 개인의 책무성은 더욱 강조되어야 한다. 개인이 조사와 탐구과제 등의 맡은 역할을 제대로 해오지 않으면 자신이 속한 모둠 활동 또한 원활하게 진행될 수가 없다. 자신이 맡은 역할을 제대로 안 해왔을 경우 선생님의 눈치를 보는 것이 아니라 모둠 친구들의 눈치를 보고 미안한 마음을 갖도록 분위기를 만들어야 한다. 제대로 된 협력의 과정에서는 자신의 역할과 책무성이 더욱더 크다는 것을 느낄 수밖에 없다. 이것 또한 프로젝트 수업이 가진 큰 장점이라 하겠다.

모둠 과제에 대한 결과물 평가를 할 때도 모둠원들을 똑같이 평가하지는 않는다.

프로젝트가 끝날 무렵 모둠원들이 서로의 역할과 기여도에 대하여 의견 묻기, 토론, 설문 등을 통해 동료 간에 평가도 충분히 할 수 있다. 이때에는 다른 친구의 잘못을 지적하기보다는 자신에게 부족했던 점을 돌아보고 많은 역할을 한 친구를 칭찬하는 기회로 삼아야 한다.

넷째, 지난 활동에 대한 성찰의 시간을 갖는다. PBL을 진행하다 보면 모둠원 간에 크고 작은 분쟁이 자주 발생한다. 아직 자기중심적 사고를 하는 어린 학생이기에 당연한 일이다. 그러므로 PBL 수행과정에서는 수시로 자신의 모둠 활동에 대하여 성찰하는 시간이 필요하다. 성찰의 시간을 통해 더 나은 배움을 위해 학습하는 방향이나 문제점을 수정할 수도 있지만, 스스로 자신의 태도에 대해서도 돌아보고 수정할 수 있어야 한다. 그리고 다음 활동에서 어떤 점을 더 노력하고, 어떤 부분을 바꾸어 나갈지를 반성하도록 하는 것도 의미가 있어 보인다.

필자는 하나의 프로젝트 결과 발표를 마치고 배움에 대하여 공유하는 단계에서 '에세이 쓰기'를 통해 배움을 되돌아보는 시간을 갖는다. 이는 그동안의 배움의 과정과 결과에 대하여 스스로 성찰하게 함으로써 다음의 학습을 긍정적으로 이끌어 준다.

3. 다양한 주체가 다양한 각도로 평가하기

일반적인 수업에서는 주로 교사에 의해 평가 대부분이 이루어진 것이 사실이다. 하지만 PBL에서는 다양한 주체가 다양한 방법으로 평가(피드백)가 이루어진다.

첫째 – 교사 평가

PBL에서도 평가는 많은 부분에서 교사에 의해 이루어진다. 교사는 프로젝트 교육과정을 설계, 진행하고 학생을 가장 가까이에서 가장 긴 시간 동안 관찰하는 주체이기에 당연한 일이다.

교사는 항상 학생들의 배움의 과정 전체를 면밀하게 파악함으로써 올바른 변화와 성장이 일어날 수 있도록 친절하고 체계적인 피드백을 제공해야 한다.

둘째 – 동료 평가

우리는 동료에게서 많은 것을 배운다. 같은 맥락으로 학생들 사이에서 일어나는 피드백은 학생들에게 더 많은 것을 배우고 느끼게 해준다. 이를 자연스럽게 만들기 위해서는 먼저 학생들의 비판적 사고 역량부터 길러주어야 한다. 비판적 사고는 학습 과정에서도 중요한 요소이지만, 동료에 대해 평가할 때에도 매우 중요하다.

비판적 사고의 관점에서 평가는 단순하게 어떤 평가 대상에 대하여 지적을 하고 이를 깎아내리기 위한 것이 아니다. 먼저 평가할 대상을 세밀하고 정확하게 관찰해야 하며, 공정하게 판단하여 자기 생각을 적극적으로 표현할 수 있어야 한다.

그리고 평가는 단순하게 비판으로 끝나서는 안 된다. 대안이나 또 다른 해결책을 제시하거나 더 나은 방향에 대하여 근거나 이유를 들어 설명할 수 있어야 한다. 이러한 비판적 사고나 관점은 짧은 시간에 쉽게 생겨나지 않는다. 오랜 시간 갈고 닦는 과정이 필요하다.

PBL에서 동료에 대한 평가는 토의토론이나 최종 산출물의 발표 과정에서 많이 이루어진다. 토의토론에서 동료에 대한 평가를 효율적으로 하려면 먼저 우리나라 보통 학급의 인원수부터 고려해야 한다. 한 예로 반 전체를 두 팀으로 나누어 한 팀은 토의토론에 직접 참여시키고, 다른 한 팀은 그 과정을 관찰하면서 평가하도록 토의토론을 운영할 수 있다. 물론 다음에 하는 토의토론에서는 참여팀과 평가팀을 바꾸어 운영할 수 있다. 이런 경험을 통해 학생들은 동료들의 학습 과정을 비판적인 관점에서 바라볼 수 있고, 이를 자신의 학습 과정에도 투영하는 경험을 하게 된다.

또한, 산출물 발표의 과정에서도 동료 평가를 할 수 있는데 모둠이 함께 발표하기, 둘 가고 둘 남기, 어항 활동 등을 통해 학생 간의 상호평가는 얼마든지 가능하다.

동료평가 활동을 할 때는 분명한 평가 기준을 제시해야 한다. 교사는 학생들이 어떠한 관점에서 무엇을 평가하고 어떤 피드백을 주고받아야 하는지를 안내하거나 사전에 학생들과 함께 평가 기준을 마련해야 한다. 명쾌한 기준을 제시하지 않으면 학생들은 자신의 주관적인 생각과 느낌으로 평가(특히 자신과 친한 친구에게 좋은 말로만 일관하는 평가)하거나 객관적인 평가가 어려워진다. 결국, 서로를 위한 의미 있는 피드백을 주지 못하여 함께 성장하는 결과를 얻기가 힘들다.

셋째 – 청중 평가

학생들이 PBL을 마무리하며 최종 산출물을 외부에 공개하고 평가를 받는 것도 유용한 평가 방법이다.

공개의 대상은 같은 학년 친구들, 학교의 선생님들, 전교 학생들, 학부모 등으로 다양하다. 특히 학부모를 초청하여 그동안의 과정과 결과를 공개하는 프로젝트 발표회는 학생과 학부모 모두에게 지난 노력에 대한 보상적 측면에서, 지난 과정에 대한 성찰적 측면에서, 다음 과정에 대하여 새로운 다짐을 한다는 측면에서 정말 값진 시간이 된다.

특히 결과물을 외부에 공개한다는 것은 무엇보다도 학생들의 욕구와 흥미를 크게 불러일으킨다는 점에서 그 의미가 있다. 필자는 프로젝트를 시작하는 단계에서 학생들과 최종 산출물의 공개 대상과 방법에 대하여 함께 논의하는데 이는 학생들이 프로젝트에 몰입하게 하는 동기를 부여한다는 것을 매번 경험하고 있다.

그리고 결과 공개 시에는 단순하게 발표로 그치지 않도록 해야 한다. 청중이 누가 되었건 간에 과정과 결과에 대하여 의미 있는 평가와 피드백을 받아야 한다. 질문이나 칭찬, 조언 등 다양한 방법을 통해 청중과 소통하는 경험은 학생들의 다음 학습 과정에 좋은 영양분이 된다.

넷째 – 전문가 평가

전문가를 통해 평가할 때도 있다. 물론 전문가나 전문 기관을 통한 평가는 현실적인 상황이나 제약이 있어 실시하기에 많은 한계점이 있지만, 그 위력은 대단하다는 것을 항상 느낀다.

필자는 2019년 프로젝트 학습 과정에서 비주얼씽킹 기법을 중심으로 PBL을 설계해 나간 적이 있다. 학생들은 비주얼씽킹 방법의 하나인 만화를 통해 내용을 구조화하고 체계화시키고 있었다. 이때 필자는 비주얼씽킹의 대가 '김차* 선생님'을 초청하여 학생들이 학습 과정을 피드백 받도록 하였다. 모둠마다 전문가에게 과정을 설명하고 작품을 보여주면서 피드백을 받고, 전문가로부터 비주얼씽킹을 좀 더 잘하는 방법에 대하여 설명을 들으며 실습도 해보았다.

이러한 경험은 학생들에게 엄청난 자극과 성장의 기폭제가 되었다. 전문가에게 들은 칭찬과 조언은 자신이 하는 활동에 대하여 강한 확신과 자신감이 되었고, 더 잘하고 싶은 욕구와 열정을 불타오르게 하였다.

또 다른 방법으로 최종 목표 또는 산출물의 형태로 외부 전문기관에 제안서를 제출하거나 관련 대회나 행사에 직접 참여하는 경우도 있다.

프로젝트 속에서 학생들이 주변의 문제 상황을 파악하고 이를 해결하기 위한 제안서를 관련 기관에 제출하기 위해 친구들과 함께 연구하고 노력하는 과정, 관련 대회나 행사에 직접 참여한 경험, 제안서를 제출한 기관으로 받은 회신문은 그 어떤 경험과도 바꿀 수 없다. 이와 같은 경험은 자신들이 학습하고 실천한 것들이 세상에 긍정적인 영향을 주며 결국 자신이 바꾸어 갈 수 있다는 확신과 자신감을 가질 수 있게 해준다.

마. 과정 중심 평가 계획의 예시

[프로젝트 교육과정의 위계-6학년 1학기-대주제 1-소주제 2]

운영관) 평화로운 세계를 만드는 시민 기르기(가치: 평화)

대주제) 1. 1학기 두 번째 프로젝트- 세계시민의 평화로운 교류-경제

소주제) 2. 경제 성장의 양면성

학습 차시	주요 활동 과정(결과물)	평가 준거	평가 주체	과정 평가 유형
1~4차시	-관련 자료 검색 및 토의 -탐구 질문 도출하기 -탐구 주제(소주제) 선정하기	[6국02-02][6국01-01] - 제시자료의 전체 내용을 요약하고 이를 바탕으로 의사소통을 위한 듣기·말하기 활동을 활발하게 하는가?	교사	구두 표현(발표)

5~ 13 차시	-우리 경제의 성장 과정 분석하기 -우리 경제의 특징 파악하기 -우리나라 경제 성장의 문제점 도출하기 (우리나라 경제의 빛과 그림자-초대형 연표 형식으로 제작)	6사06-03] [6국01-04] [6사06-04] [6국02-04] [6국01-03] - 우리나라 경제성장 과정을 체계적으로 구성한 자료를 바탕으로 말을 하는가? - 더 나은 사회를 만들기 위한 타당성과 적절성을 갖춘 과제를 탐구하면서 절차와 규칙을 지키고 근거를 제시하며 토론하는가?	교사 동료	시각적 표현 (연표) 글쓰기 (메모)

15~ 20 차시	-우리 경제성장에 대한 보고서 정리하기, 협력하여 완성하기 -우리 경제의 빛과 그림자와 관련한 공연발표 및 전시	[6국01-06] [6음03-01] [6미02-06] - 음악과 미술 요소를 활용한 공연에 참여하고 느낀 점과 알게 된 점을 서로 이야기하는가?	학부모	구두 표현 (대화)

21~ 28 차시	-문제의 근본적 원인 탐구하기 -평화의 보편적 가치 적용하기 -해결방안과 실천 방법 제시하기 (성장의 문제점을 해결하기 위한 제안서 제출)	[6사06-04] [6국01-03] [6도03-01] - 평화로운 세계를 만들기 위해 우리 경제가 나아갈 방향을 근거를 제시하여 타당하고 적절하게 토론하는가?	동료 전문가	구두 표현 (토의 토론) 글쓰기 (답변서)

29~ 30 차시	-경제 성장의 양면성에 대하여 Padlet(패들렛) 게시글 남기기 -소주제의 성찰 및 정리하기	[6국04-01] [6국03-02] - 알맞은 배제를 활용하여 글을 쓰며 다른 사람에게 잘 전달하는가?	교사 자신	구두 표현 (가르치기) 글쓰기 (일기)

5 PBL 사례

5-1

사례

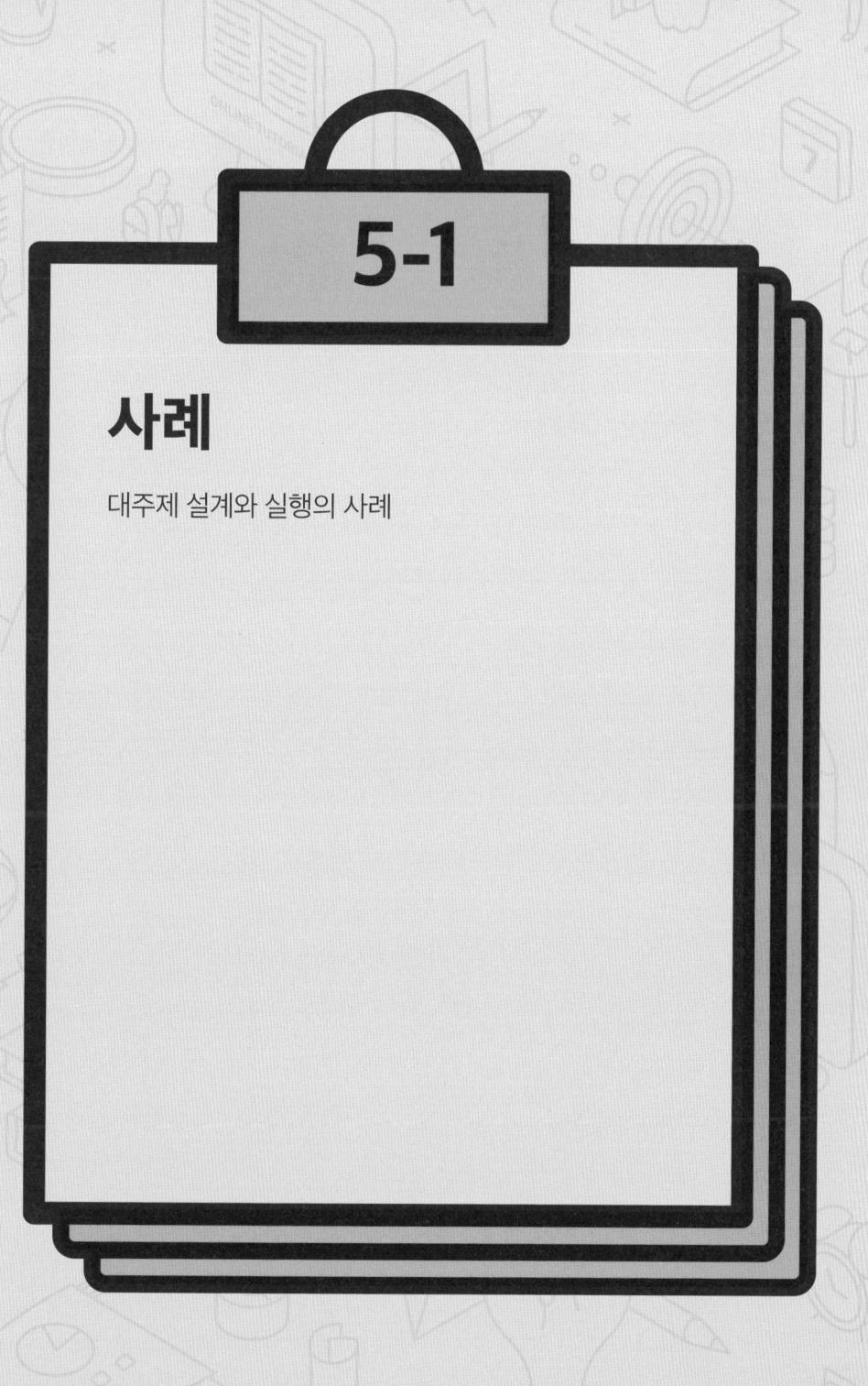

대주제 설계와 실행의 사례

가. 이경윤 선생님의 1학년 2학기 네 번째 프로젝트
대주제: 평화로운 우리나라

가. 우리 학급의 가치

나, 너, 세계의 공감공동체로 확장하기 위한 평화 감수성

세상은 세계화의 급속한 진전으로 인하여 국경을 넘어선 인적·물적 교류가 더욱 활발해졌을 뿐만 아니라 정치·경제·사회·문화적인 측면에서 국가 간의 상호 연결과 의존이 심화하고 있다. 이와 함께 빈곤, 환경문제, 테러, 전염병 등 어느 한 국가 차원에서 해결할 수 없는 전 지구적 문제가 더욱 많이 발생하고 있으며 이를 공동으로 대응하기 위한 평화적 협력이 강조되고 있다.

이와 더불어 4차 산업혁명에 대비하여 교육에도 혁명이 함께 일고 있다. 2017년 OECD 미래 교육 2030 회의에서 핵심 키워드로 제시한 '학생 주도성'은 가르치는 지식 중심의 학습이 아닌, 스스로 배움을 찾아 나갈 수 있는 형태로의 전환을 의미한다. 즉, 배움이란 학습자 스스로가 자신의 힘을 찾아 나가는 과정으로 학습자 개인을 둘러싼 공동체와 사회의 관계를 통해서만 학습자 행동 주체가 성장해 나갈 수 있음을 의미한다. 이에 따라 공감공동체의 중요성이 더욱 커지고 있음을 의미한다.

미래사회는 다양성의 가속화, 불평등의 확산 등으로 갈등의 문제가 더욱 심각해질 수 있는데 이를 평화롭게 해결해 나갈 수 있는 세계시민으로서의 역량이 필요하다.

이에 초등학교 저학년 때부터 학습자의 일상생활에서 평화 감수성을 내면화하고 평화의 가치를 실천해 나가도록 해야 한다. 평화 감수성은 공감과 소통의 출발점이자 교육 전체를 아우르는 내용이 되어야 한다.

여기서 '감수성'이란 타인의 관점에서 그들의 마음이나 고통을 공감하는 마음이다. 다른 사람이 경험했던 고통, 현재 겪고 있는 고통에 대해 연민을 느끼고 나의 고통처럼 느끼는 것, 타인의 시선을 통해 문제의 본질에 더 깊이 다가가려고 하는 것 그리고 진정한 의미에서 우리 스스로 평화를 지키고 평화로운 공동체를 만들 수 있다는 믿음을 가지는 것이다.

'평화 감수성'이라는 이름의 공감 능력은 영유아기, 초등학교 저학년 때 가장 많이 길러진다고 한다. 그래서 초등학교 저학년의 발달 특성에 맞는 세계시민교육을 위해 공감 기반의 '나, 너, 세계로 나가는 평화 지킴이 프로젝트'를 운영하고자 한다. 즉, 공감을 기반으로 하여 문제를 발견하고 결론을 도출하는 과정을 스스로 행동하며 배우는 것을 목표로 한 해 교육과정을 설계하고자 한다. 본 학급에서는 지구공동체의 문제를 평화롭게 해결할 줄 알고, 변화하는 시대를 준비할 수 있는 세계시민을 육성하여 미래 평화로운 공동체를 만들기에 힘을 보태고자 한다.

나, 너, 세계로 나가는 평화 지킴이 1학년 3반

SDGs(지속가능발전목표)	생활을 탐구하는 배움
▸ 생태교육(세계시민교육) ▸ 모든 생명이 지속가능한 배움 가치 추구	▸ 학생들의 삶과 관련된 배움 ▸ 생활 속에서 탐구 가능한 배움 ▸ 실천 가능한 평화의 가치 추구

나. 교육과정 성취기준

본 프로젝트는 1학년 2학기의 네 번째 프로젝트로 성취기준을 분석하여 다음과 같이 내용 요소를 통해 Big Idea를 구성하였다.

<table>
<tr><th colspan="3">추구하는 가치</th><th>평화</th></tr>
<tr><td colspan="3">성취기준</td><td>내용 요소</td></tr>
<tr><td>국어</td><td>7. 무엇이
중요
할까요?</td><td>[2국02-03] 글을 읽고 주요 내용을
확인한다.
[2국04-04] 글자, 낱말, 문장을 관심 있게
살펴보고 흥미를 느낀다.</td><td>목적에 따른 글의 유형
(정보 전달, 설득)

읽기의 태도
(읽기 흥미,
읽기의 생활화)</td></tr>
<tr><td>바생</td><td rowspan="3">겨울
1.
여기는
우리나라</td><td>[2바07-01] 우리와 북한이 같은 민족임을 알고, 통일 의지를 다진다.</td><td rowspan="3">남북통일

같은 민족

공통점과 차이점

우리나라 상징

통일에 대한 마음</td></tr>
<tr><td>슬생</td><td>[2슬07-01] 우리나라의 상징과 문화를 조사하여 소개하는 자료를 만든다.
[2슬07-02] 남북한의 공통점과 차이점을 비교한다.</td></tr>
<tr><td>즐생</td><td>[2즐07-01] 우리나라의 상징을 여러 가지 방법으로 표현한다.
[2즐07-02] 남북한에서 하는 놀이를 하고, 통일을 바라는 마음을 다양하게 표현한다.</td></tr>
<tr><td colspan="2">Big Idea</td><td colspan="2">공동체 지속가능성 개별성과 다양성
정체성과 자존감 공감 능력</td></tr>
</table>

추출한 Big Idea 중에서 평화라는 가치를 공동체 및 지속가능성과 연결 지어 국어, 통합 교과 중심의 프로젝트를 설계하였다.

다. 대주제와 소주제

프로젝트는 우리나라에 대한 기본적인 인식에서 공동체로의 확장을 통해 우리나라 평화 공동체를 일구는 구성원으로 성장할 수 있도록 설계하려고 한다. 그래서 본 프로젝트의 대주제를 '평화로운 우리나라'라고 정하였다. 이와 관련된 성취기준은 다음과 같다.

대주제: 평화로운 우리나라

[2바07-01] 우리와 북한이 같은 민족임을 알고, 통일 의지를 다진다.
[2슬07-02] 남북한의 공통점과 차이점을 비교한다.
[2즐07-01] 우리나라의 상징을 여러 가지 방법으로 표현한다.
[2즐07-02] 남북한에서 하는 놀이를 하고, 통일을 바라는 마음을 다양하게 표현한다.

이를 기반으로 다음과 같이 소주제의 흐름을 구상해보았다.

'평화로운 우리나라'의 흐름	
소주제(1) 우리나라는 어떤 나라일까?	1. 우리나라를 상징하는 것과 전통문화 조사하기 2. 우리나라에 대하여 다양한 방법으로 공부하기 3. 우리나라에 관하여 공부한 것 중에서 자랑스러운 것 선정하기 4. 우리나라 소개 자료를 만들기 위해 계획 세우기 5. 빅북 전시회 및 발표하기

소주제(2) 우리나라를 어떤 나라로 만들까?	1. 우리나라의 모습에 대하여 알아보기 2. 남한과 북한에 관하여 공부하기 3. 남북한의 공통점과 차이점 조사하기 4. 통일된 한반도의 모습을 다양한 방법으로 표현하고 소개하기 5. 빅북 전시회 및 홍보하기

통합 교과를 중심으로 국어와 연결 지어 다음과 같이 프로젝트를 계획하였다.

<table>
<tr><th colspan="2">흐름
(차시)</th><th>소주제</th><th>배움 주제 및 활동 내용</th><th>성취기준</th></tr>
<tr><td>공감
•
설계</td><td>1
(1~4)</td><td>프로
젝트
준비
하기</td><td>- 우리나라에 대하여 얼마나 알고 있는지 확인하기
- 이번 프로젝트에서 공부하고 싶은 것 정리하기</td><td>[2슬07-01] 우리나라의 상징과 문화를 조사하여 소개하는 자료를 만든다.</td></tr>
<tr><td rowspan="6">창의
•
실행</td><td>2
(4~9)</td><td rowspan="3">우리
나라는
어떤
나라
일까?</td><td>- 우리나라에 관하여 공부할 것 정하기
- 우리나라를 상징하는 것과 전통문화에 대하여 조사하고, 탐구하기</td><td rowspan="3">[2슬07-01] 우리나라의 상징과 문화를 조사하여 소개하는 자료를 만든다.
[2즐07-01] 우리나라의 상징을 여러 가지 방법으로 표현한다.
[2국02-03] 글을 읽고 주요 내용을 확인한다.
[2국04-04] 글자, 낱말, 문장 등을 관심 있게 살펴보고 흥미를 느낀다.</td></tr>
<tr><td>3
(10~14)</td><td>- 우리나라에 관하여 공부한 것 중에 자랑스러운 것 찾기
- 우리나라 소개 자료를 만들기 위해 계획 세우기</td></tr>
<tr><td>4
(15~23)</td><td>- 우리나라를 소개하는 자료를 여러 가지 방법으로 표현하기
- 우리나라를 상징하는 모습 소개하기
- 빅북으로 정리하기(1)</td></tr>
<tr><td>5
(24~30)</td><td rowspan="3">우리
나라를
어떤
나라로
만들
까?</td><td>- 우리나라의 모습을 자세히 살펴보기
- 우리나라가 분단된 이유에 대하여 알아보기</td><td rowspan="3">[2바07-01] 우리와 북한이 같은 민족임을 알고, 굳은 통일 의지를 다진다.
[2슬07-02] 남북한의 공통점과 차이점을 비교한다.
[2즐07-02] 남북한에서 하는 놀이를 하고, 통일을 바라는 마음을 다양하게 표현한다.</td></tr>
<tr><td>6
(31~39)</td><td>- 남한과 북한의 공통점과 차이점을 탐구하고 발표하기</td></tr>
<tr><td>7
(40~46)</td><td>- 통일이 되었을 때 한반도의 모습을 예상하고 표현하기
- 평화로운 우리나라를 위해 내가 해야 할 일을 생각하고 다양한 방법으로 표현하기
- 빅북으로 정리하기(2)</td></tr>
</table>

성찰 • 공유	8 (47~50)	프로 젝트 성찰 및 공유 하기	- 프로젝트 성찰하기 - 발표 및 공유하기	[2슬07-01] 우리나라의 상징과 문화를 조사하여 소개하는 자료를 만든다. [2바07-01] 우리와 북한이 같은 민족임을 알고, 굳은 통일 의지를 다진다.

라. 탐구 질문

본 프로젝트를 이끌 탐구 질문을 다음과 같이 디자인하였다.

소주제	탐구 질문
소주제(1) 우리나라는 어떤 나라일까?	우리는 우리나라에 대하여 얼마나 알고 있을까? 우리나라를 상징하는 것은 무엇일까? 전통문화에는 어떤 것이 있을까? 우리나라를 대표하는 것 중에 자랑스러운 것은 무엇인가? 우리나라를 누구에게 어떻게 소개하면 좋을까?
소주제(2) 우리나라를 어떤 나라로 만들까?	우리나라는 어떻게 생겼을까? 우리나라는 왜 남한과 북한으로 나누어졌을까? 남한과 북한의 공통점과 차이점은 무엇일까? 우리나라는 통일을 해야 할까? 통일된 한반도는 어떤 모습일까?

마. 탐구 과정

소주제	활동 내용	활동 모습
프로젝트 준비하기	우리가 알고 있는 우리가 만들어 가야 할 대한민국 ‣ 활동 1. 얼마나 알고 있을까? ‣ 활동 2. 어떤 것을 공부할까?	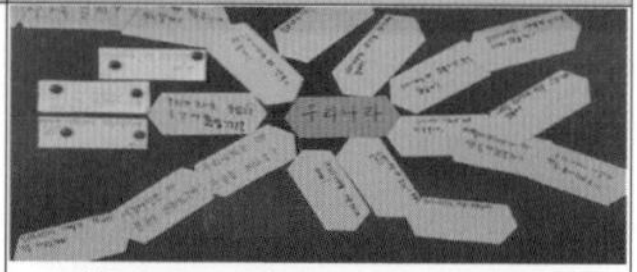 〈우리나라 자랑거리 질문 만들기〉
우리나라는 어떤 나라일까?	우리나라 탐구하기 ‣ 활동 1. 태극기는 어떤 의미일까? ‣ 활동 2. 왜 태극기를 흔들었을까?	 〈태극기 의미 알아보기〉
우리나라는 어떤 나라일까?	자랑하고 싶은 우리나라 ‣ 활동 1. 우리나라에서 소개하고 싶은 것은? ‣ 활동 2. 어떻게 표현할까?	 〈우리나라 소개자료 발표하기〉
우리나라를 어떤 나라로 만들까?	평화로운 우리나라 만들기 ‣ 활동 1. 통일된다면 어떻게 될까? ‣ 활동 2. 통일의 마음을 표현해요! (평화의 통일탑 만들기)	 〈통일탑 만들기〉
프로젝트 성찰 및 공유하기	프로젝트 성찰하기 (그림과 낱말로 표현하기) 발표 및 공유하기	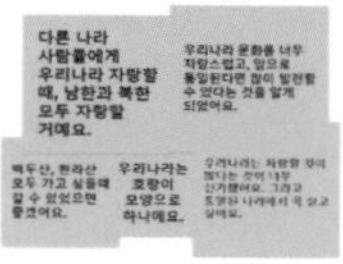 〈잼보드로 프로젝트 성찰하기〉

바. 결과(산출물)

우리나라의 자랑거리, 상징, 문화 등을 담은 빅북 만들기 활동을 통해 우리나라에 대한 깊은 이해와 자긍심을 키울 수 있었다.

빅북(탐구 결과 공유 자료)

우리나라를 소개하고 싶은 상징에 관하여 이야기하는 중에 태극기에 나라를 사랑하는 마음을 표현하자는 의견이 있었다. 아래 그림은 학생들과 우리나라를 사랑하는 마음을 태극기에 담아본 것이다.

프로젝트 과정 동안 1학년 학생들이 탐구한 내용을 스스로 정리하고 이를 전시, 발표하며 우리나라의 자랑스러운 모습과 평화로운 통일 한반도의 미래 모습을 그려 볼 수 있었다.

사실 1학년 학생들이 긴 호흡의 프로젝트에 대하여 이해할 수 있도록 구상하고 실현하는 것은 참으로 어려운 일이었다. 그러나 흰 도화지에 그림을 그리듯 1학년 학생들은 프로젝트 수업을 아주 잘해주었다.

태극기에 나의 마음 담기

사. 과정 중심의 평가

학습 차시	주요 활동 과정 (결과물)	평가 준거	평가 주체	과정 평가 유형
1~4 차시	- 탐구 질문 도출하기 - 탐구주제(소주제) 선정하기 - 우리나라의 어떤 내용을 소개하면 좋을지 알아보기	[2슬07-01] [2슬07-02] [2국02-03] [2국04-04] - 제시자료의 전체 내용을 요약하고 이를 바탕으로 의사소통을 위한 듣기·말하기 활동을 활발하게 하는가?	교사	구두표현 (토론, 발표)

4~23 차시	- 우리나라 나타내는 것과 전통 문화 알아보기 - 우리나라 나타내는 것과 전통 문화 조사하기(빅북 만들기) - 자랑스러운 우리나라 모습 조사하기(빅북 만들기) - 우리나라를 상징하는 모습 여러 가지 방법으로 표현하기 - 우리나라를 상징하는 모습 소개하기 - 빅북 전시회 및 홍보하기	[2슬07-01] [2즐07-01] [2국02-03] [2국04-04] - 우리나라 상징과 문화를 조사한 자료를 바탕으로 말하는가? - 우리나라 상징을 여러 가지 방법으로 표현하기 위해 절차와 규칙을 지키고 근거를 제시하며 토론하는가? - 우리나라 상징과 문화를 글자, 낱말, 문장 등으로 표현할 줄 아는가?	교사 동료	시각적 표현 (빅북) 글쓰기 (한 문장 쓰기)

24~ 46 차시	- 왜 한반도를 우리나라라고 부르는지 생각해보기 - 한반도를 우리나라라고 부르는 이유 알아보기 - 남한과 북한의 공통점과 차이점 조사하기 - 남한과 북한의 공통점과 차이점 알아보기 - 남한과 북한의 공통점과 차이점 발표하기 - 통일된 한반도의 모습 생각해보기 - 통일된 한반도의 모습 표현하기 - 통일된 한반도의 모습 다양하게 표현한 내용 소개하기	[2바07-01] [2슬07-02] [2즐07-02] - 우리와 북한이 같은 민족임을 알고, 남북한의 공통점과 차이점을 서로 이야기할 줄 아는가? - 놀이 활동을 통해 통일을 바라는 마음을 표현하는가?	교사 동료	구두표현 (토의 토론)

29~ 30 차시	- 프로젝트에 대해 그림일기 쓰기 - 프로젝트 성찰 및 정리하기	[2슬07-01] [2바07-01] - 알맞은 매체를 활용하여 글을 쓰며 다른 사람에게 잘 전달하는가?	개인 교사	글쓰기 (그림일기)

나. 신성진 선생님의 2학년 2학기 세 번째 프로젝트
대주제: 함께 만드는 아름다운 세상

가. 우리 학급의 가치

> 누군가는 성공하고 누군가는 실수할 수도 있다.
> 하지만 이런 차이에 너무 집착하지 말라.
> 타인과 함께, 타인을 통해서 협력할 때 비로소 위대한 것이 탄생한다.
> – 생텍쥐페리

다가오는 미래 사회에는 사람 간의 **상호의존성이 심화**하여 바른 인성이 주목받고 새로운 가치를 위한 창의력, 상상력 등 정신적 요소가 중요한 사회가 될 것이다. 이로 인해 인성, 협력, 책임감, 겸손, 도덕성 등 **인간 본성이 최고의 경쟁력으로 주목**받을 것이다.

이 중에서 **협력**이라는 가치는 타인과 소통하고 경청하며 공동의 문제를 해결할 수 있으며 개인, 가족, 사회, 국가, 세계의 연계성과 상호작용을 이해하고 그 관계 기술을 개발할 수 있기에 매우 중요하다.

이에 본 교사는 우리 반 학생들에게 자신과 다른 사람을 이해하고 존중해야 실현할 수 있는 협력이라는 가치를 가슴에 심어주고자 한다. 이를 위해 올해 우리 반 교육과정을 탐구와 놀이를 중심으로 현재와 미래의 문제를 인식하게 하고, 함께 협력하여 문제를 해결하려는 태도를 길러주는 방향으로 설계하였다. 우리 반 학생들이 '**협력하는 공동체**'의 구성원으로서 미래를 살아가도록 이끌어 주고 싶다.

탐구와 놀이로 **협력**의 가치 기르기

협력의 가치를 심어주는 주제 중심, 탐구 중심의 프로젝트 운영하기	**탐구**
협력의 가치를 실현하는 다양한 놀이를 통하여 배움 실현하기	놀이
배움의 과정에서 타인과 협력하는 태도를 갖추고, 공동체의 행복에 기여하기	**협력**

나. 성취기준

본 프로젝트는 2학년 2학기 세 번째 프로젝트로 성취기준을 분석하여 다음과 같은 Big Idea를 기반으로 프로젝트를 설계하였다.

추구하는 가치			협력
성취기준			내용 요소
국어	9. 주요 내용을 찾아요.	읽기[2국02-03] 글을 읽고 주요 내용을 확인한다. 듣기 말하기[2국01-04] 듣는 이를 바라보며 바른 자세로 자신 있게 말한다.	내용 확인 자신 있게 말하기
통합	3. 두근두근 세계 여행	[2바07-02] 다른 나라의 문화를 존중하고 공감하는 태도를 기른다. [2슬07-03] 내가 알고 싶은 나라를 조사하여 발표한다. [2슬07-04] 다른 나라의 노래, 춤, 놀이를 조사한다. [2즐07-03] 다른 나라의 문화를 나타내는 작품을 전시, 공연하고 감상한다. [2즐07-04] 다른 나라의 노래, 춤, 놀이를 즐기고 그 느낌을 다양하게 표현한다.	타문화 공감, 다른 나라 문화 다른 나라 노래, 춤, 놀이 표현, 작품, 공연 감상
Big Idea		세계 여러 나라의 문화(노래, 춤, 놀이) 탐구 다양성 공감 표현 협력	

다양한 Big Idea 중에서 탐구와 놀이를 바탕으로 협력이라는 가치를 세계 여러 나라의 문화와 연결 지어 통합교과(바른생활, 슬기로운 생활, 즐거운 생활) 중심의 프로젝트로 구상하여 설계하였다. 또한, 이를 구현하기 위하여 표현하기, 다양성 알아보기 등과도 연결 지어 다양한 활동을 구상하였다.

다. 대주제와 소주제

같은 시각에 다른 시간을 보내고 있는 세계 여러 나라 사람들의 다양한 생활 모습을 살펴보고 다양한 문화를 존중하는 태도를 기르기 위해 세계 문화에 대한 탐구와 놀이를 바탕으로 협력이라는 가치를 연결 지어 설계하였다. 이번 프로젝트의 대주제는 '함께 만드는 아름다운 세상'이라고 정하였다. 주제를 실현할 수 있는 성취기준은 다음과 같다.

대주제: 함께 만드는 아름다운 세상
[2바07-02] 다른 나라의 문화를 존중하고 공감하는 태도를 기른다.
[2슬07-03] 내가 알고 싶은 나라를 조사하여 발표한다.
[2슬07-04] 다른 나라의 노래, 춤, 놀이를 조사한다.
[2즐07-03] 다른 나라의 문화를 나타내는 작품을 전시, 공연하고 감상한다.
[2즐07-04] 다른 나라의 노래, 춤, 놀이를 즐기고 그 느낌을 다양하게 표현한다.

이를 기반으로 다음과 같이 소주제의 흐름을 구상하였다.

'함께 만드는 아름다운 세상'의 흐름	
소주제(1) 세상에 사는 사람들	1. 세계 관련 활동(질문독서, 보드게임)하고 이야기 나누기 2. 대륙별 나라 조사하기(언어, 수도, 상징물, 음식 등) 3. 가고 싶은 나라 소개하기
소주제(2) 세상의 다양한 모습들	4. 세계의 다양한 문화(의식주, 춤과 노래, 놀이) 5. 세계의 다양한 문화 존중하기 6. 세계의 다양한 문화 재구성하기 7. 재구성한 세계 문화 즐기기
소주제(3) 세계 협력 축제 즐기기	8. 세계 협력 축제 준비 및 즐기기

통합교과 외에 국어 교과와도 연계하여 다음과 같이 프로젝트 전체의 흐름을 계획하였다.

<table>
<tr><th colspan="2">흐름
(차시)</th><th>소주제</th><th>배움 주제</th><th>배움 활동 내용</th><th>성취기준</th></tr>
<tr><td rowspan="3">공
감
•
설
계</td><td>1
(1-2)</td><td rowspan="3">프로
젝트
준비
하기</td><td>질문독서 및
보드게임</td><td>-세계와 관련된 도서 및 보드게임 협력하고 의견 나누기</td><td rowspan="3">읽기[2국02-03] 글을 읽고 주요 내용을 확인한다.</td></tr>
<tr><td>2
(3-4)</td><td>▸질문
만들기</td><td>-프로젝트를 설계하기 위한 탐구 질문 만들기</td></tr>
<tr><td>3
(5-6)</td><td>▸프로젝트 방향
설정하기</td><td>-탐구 질문을 토대로 프로젝트의 방향 설정 및 과정 설계하기</td></tr>
</table>

창의 • 실행	4 (7-10)	세상에 사는 사람들	▸대륙별 나라 조사하기	-대륙별 나라(언어, 수도, 상징물, 음식 등) 조사하기	[2바07-02] 다른 나라의 문화를 존중하고 공감하는 태도를 기른다. [2슬07-03] 내가 알고 싶은 나라를 조사하여 발표한다. [2슬07-04] 다른 나라의 노래, 춤, 놀이를 조사한다. [2즐07-03] 다른 나라의 문화를 나타내는 작품을 전시, 공연하고 감상한다. [2즐07-04] 다른 나라의 노래, 춤, 놀이를 즐기고 그 느낌을 다양하게 표현한다.
	5 (11-15)		▸가고 싶은 나라 소개하기	-내가 가보고 싶은 나라를 선정하여 소개자료 만들고 발표하기	
	6 (16-24)	세상의 다양한 모습들	▸세계 다양한 문화	-세계 다양한 의식주, 춤과 노래, 놀이 탐구하기	
	7 (25-33)		▸세계 다양한 문화 재구성하기	-세계 다양한 문화의 장단점을 살펴보고 재구성하기	
	8 (34-40)		▸재구성한 세계 문화 즐기기	-재구성한 세계 춤과 노래, 놀이 발표하고 감상하기	
	9 (41-44)	세계 협력 축제 즐기기	▸세계 협력 축제 준비하기	-세계 협력 축제(전시, 공연) 준비하기	
	10 (45-48)		▸세계 협력 축제 즐기기	-세계 협력 축제(전시, 공연) 즐기기	
성찰 • 공유	11 (49-50)	프로젝트 성찰 및 공유하기		-에세이로 프로젝트 성찰하기 -발표 및 공유하기	듣기 말하기 [2국01-04] 듣는 이를 바라보며 바른 자세로 자신 있게 말한다.

라. 탐구 질문

본 프로젝트를 이끌 탐구 질문을 다음과 같이 디자인하였다.

소주제	탐구 질문
소주제(1) 세상에 사는 사람들	세상에는 누가 살까? 세상의 모습은 어떠한가? 세상의 모습은 왜 다양하게 나타날까? 내가 가고 싶은 나라는 어디이고 그 이유는 무엇일까?
소주제(2) 세상의 다양한 모습들	세계 여러 나라 사람들은 어떻게 살아갈까? 세계 여러 나라의 모습은 우리나라와는 어떤 점이 같고 어떤 점이 다를까? 세계 여러 나라의 춤과 노래, 놀이를 더 재미있게 바꿀 수 있을까?
소주제(3) 세계 협력 축제 즐기기	세계 협력 축제에서 계획되어야 할 것은 무엇일까? 세계 협력 축제에서 공연 및 전시되어야 할 것은 무엇일까? 세계 협력 축제를 공개할 대상은 누가 되어야 할까? 세계 협력 축제를 진행할 때 고려되어야 할 점은 무엇이 있을까?

마. 탐구 과정

소주제	활동 내용 및 모습
프로젝트 준비하기	세계와 관련된 활동을 하고 탐구 방향 및 질문 만들기 ▸ 활동 1. 세계와 관련된 도서 읽기 및 보드게임 놀이 활동하기 ▸ 활동 2. 탐구 방향 및 질문 만들기    〈세계 보드게임 하기〉 〈세계 관련 도서〉 〈탐구 질문 만들기〉
세상에 사는 사람들	세계 여러 나라 모습 알아보기 ▸ 활동 1. 세계 여러 나라의 언어, 수도, 상징물, 음식 등 조사하기 ▸ 활동 2. 가고 싶은 나라 소개하기    〈세계 여러 나라 조사〉 〈세계 여러 모습 탐구〉 〈가고 싶은 나라 소개〉
세상의 다양한 모습들	세계의 다양한 모습 탐구하기 ▸ 활동 1. 세계의 다양한 문화(의식주) 탐구하기 ▸ 활동 2. 세계의 다양한 놀이, 춤, 노래 탐구 및 재구성하기 - 육색사고모자 기법, PMI 토의 토론 ▸ 활동 3. 재구성한 세계 문화(놀이, 춤, 노래) 즐기기    〈세계 놀이 재구성〉 〈세계 노래 재구성〉 〈세계 춤 재구성〉
세계 협력 축제 즐기기	세계 협력 축제 즐기기 ▸ 활동 1. 세계 협력 축제 계획하기 ▸ 활동 2. 세계 협력 축제 즐기기 (다음 페이지 결과 부분 참고)
프로젝트 성찰 및 공유하기	프로젝트 성찰하기, 발표 및 공유하기    〈프로젝트 상황〉 〈상황 발표하기〉 〈축제 영상 공유〉

바. 결과(산출물)

프로젝트 탐구 방향

세계 여러 나라 상징물과 민속 의상

재구성한 세계 놀이 즐기기

세계 춤 페스티벌

세계 협력 축제 즐기기

세계 협력 축제 발표하기

사. 과정 중심의 평가

학습 차시	주요 활동 과정 (결과물)	평가 준거	평가 주체	과정 평가 유형
1~6 차시	- 관련 도서 및 보드게임 하기 - 탐구 질문 도출하기 - 탐구 주제(소주제) 선정하기	〔2국02-03〕 - 세계 관련 도서를 읽고 주요 내용을 확인하여 이를 바탕으로 탐구 질문을 만들 수 있는가?	교사	글쓰기 (메모)
7~15 차시	- 대륙별 나라의 언어, 수도, 상징물 조사하기 - 가보고 싶은 나라 선정하기 - 가보고 싶은 나라 소개자료 만들고 발표하기	〔2바07-02〕〔2슬07-03〕 - 세계 여러 나라의 언어, 수도, 상징물을 조사하여 자료를 제작할 수 있는가? - 가보고 싶은 나라를 선정하여 그 이유가 잘 드러나게 소개자료를 만들고 발표할 수 있는가?	교사 동료	시각적 표현 (보고서) 구두표현 (대화)
16~40 차시	- 세계 다양한 문화(의식주) 탐구하기 - 세계 여러 나라의 춤과 노래, 놀이 탐구하기 - 세계 여러 나라의 춤과 노래, 놀이 재구성하기 - 재구성한 세계 여러 나라의 춤과 노래, 놀이 발표하고 감상하기(학부모 대상으로 공연 진행)	〔2바07-02〕〔2슬07-03〕 [2슬07-04] 〔2즐07-03〕 〔2즐07-04〕 - 세계 다양한 문화와 춤, 노래, 놀이를 탐구하여 자료로 제작할 수 있는가? - 세계 여러 나라의 춤과 노래, 놀이를 재구성하여 공연하고 감상할 수 있는가?	교사 학부모	시각적 표현 (보고서) 구두표현 (대화)

41~ 48 차시	- 세계 협력 축제(전시, 공연) 계획하기 - 세계 협력 축제(전시, 공연) 즐기기	〔2바07-02〕〔2슬07-03〕 〔2슬07-04〕 〔2즐07-03〕 〔2즐07-04〕 - 세계 여러 나라의 문화 작품을 전시하고 노래, 춤, 놀이를 표현하는 세계 협력 축제를 즐길 수 있는가?	교사 동료	시각적 표현 (전시) 글쓰기 (메모)

49~ 50 차시	- 소주제의 성찰 및 정리하기 - 성찰 에세이 발표하기	〔2국01-04〕 - 듣는 이를 바라보며 바른 자세로 자신 있게 말할 수 있는가?	교사 동료	시각적 표현 (전시) 글쓰기 (메모)

다. 문석현 선생님의 3학년 1학기 세 번째 프로젝트
대주제: 내가 살아갈 행복한 미래

가. 우리 학급의 가치

> 우리는 모두 서로를 돕길 원한다. 인간 존재란 그런 것이다.
> 우리는 서로의 불행이 아니라 서로의 행복에 의해 살아가기를 원한다.
> - 찰리 채플린

인간에게 있어서 삶의 목표는 무엇일까? 아이들에게 "너희가 살아가는 데 가장 중요한 목적이 무엇이라고 생각하니?"라고 물어보면 많은 아이가 "행복하게 사는 거예요"라고 대답한다. 사실 삶의 목적 중 중요한 한 가지는 바로 행복이라고 할 수 있다. 그렇다면 어떻게 하면 행복한 삶을 살 수 있을까? 자아실현, 가족과 함께 잘 사는 것 등 다양한 답이 있겠지만, 진정한 행복이란 나와 내 주변, 더 나아가 사람과 사람, 사람과 자연이 함께 어우러져 행복하게 사는 것이 아닐까 한다.

이러한 생각에서 학급을 운영하고 프로젝트를 펼쳐 나가는데 중요한 가치를 '행복'이라고 설정하였다. 나의 행복뿐만 아니라 나와 관계된 모든 것의 행복을 추구하고 이를 통해 다시 내가 행복해지는, 행복의 선순환에 대한 가치를 아이들에게 심어주고 싶었다. 이에 학생들이 행복의 의미를 알고 이를 자신의 삶 속에서 발현할 수 있는 역량을 신장시킬 수 있도록 프로젝트에 행복의 가치를 반영하고자 하였다.

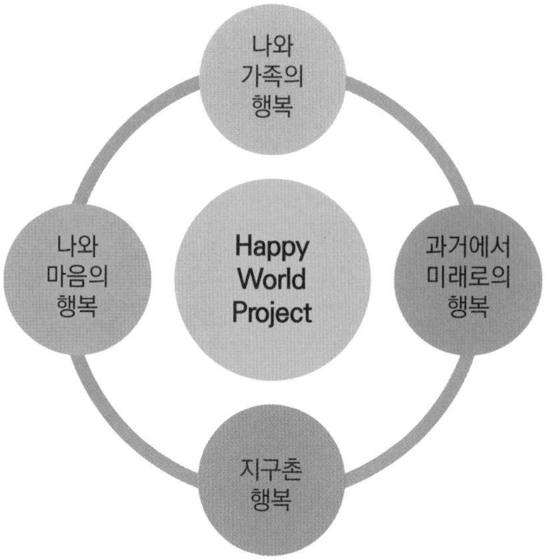

나. 교육과정 성취기준

본 프로젝트는 3학년 1학기 세 번째 프로젝트로 과거에서 미래로의 행복을 추구하기 위해 먼저 다음과 같이 성취기준을 분석하였다.

추구하는 가치			행복
성취기준			내용 요소
국어	6. 일이 일어난 까닭 8. 의견이 있어요.	듣기·말하기[4국01-03] 원인과 결과의 관계를 고려하며 듣고 말한다. 쓰기[4국03-02] 시간의 흐름에 따라 사건이나 행동이 드러나게 글을 쓴다. 읽기[4국02-01] 문단과 글의 중심 생각을 파악한다. 쓰기[4국03-01] 중심 문장과 뒷받침 문장을 갖추어 문단을 쓴다.	목적에 따른 담화의 유형 (정보전달, 설득)

사회	3. 교통과 통신 수단의 변화	[4사01-05] 옛날과 오늘날의 교통수단에 관한 자료를 바탕으로 하여 교통수단의 발달에 따른 생활 모습의 변화를 설명한다. [4사01-06] 옛날과 오늘날의 통신 수단에 관한 자료를 바탕으로 하여 통신 수단의 발달에 따른 생활 모습의 변화를 설명한다.	교통, 통신, 발달, 생활 모습, 발달, 변화
도덕	2. 인내하며 최선을 다하는 생활	[4도01-03] 최선을 다하는 삶을 위해 정성과 인내가 필요한 이유를 탐구하고 생활 계획을 세워 본다.	인내 최선 공공선
미술	5. 생각을 열어 발상의 세계로	[4미02-03] 연상, 상상하거나 대상을 관찰하여 주제를 탐색할 수 있다. [4미03-03] 미술 작품에 대한 자신의 느낌과 생각을 발표하고, 그 이유를 설명할 수 있다.	지각, 소통, 연결, 제작, 이해, 비평
Big Idea		공동체 지속가능성 발전 자기관리 공감 다양성 생명존중 변화 미래 관점 문화	

행복이라는 가치와 변화와 발전, 지속가능성의 Big Idea를 중점적으로 연결 지어 사회 교과 중심의 프로젝트를 설계하였다. 또한, 이를 관점, 자기관리, 공감, 다양성 등과도 연결 지어 활동을 구상하였다.

다. 대주제와 소주제

교통 통신 수단과 통신 수단을 내용 요소로 과거로부터 미래로 향해 나아가는 행복을 위한 발전을 꾀하는 방향으로 설계하려고 한다. 그래서 본 프로젝트의 대주제를 '내가 살아갈 행복한 미래'로 정하였다. 이와 관련된 성취기준은 다음과 같다.

> 대주제: 내가 살아갈 행복한 미래
> [4사01-05] 옛날과 오늘날의 교통수단에 관한 자료를 바탕으로 하여 교통수단의 발달에 따른 생활 모습의 변화를 설명한다.
> [4사01-06] 옛날과 오늘날의 통신 수단에 관한 자료를 바탕으로 하여 통신 수단의 발달에 따른 생활 모습의 변화를 설명한다.

대주제	**내가 살아갈 행복한 미래** 과거에서 현재까지의 과학 기술은 눈부시게 발전해왔으며 그중에서도 교통수단과 통신 수단의 발달은 우리 생활에 많은 영향을 주었다. 하지만 그 영향이 좋은 것도 있지만, 좋지 않은 것도 있었다. 사람과 자연에 모두. 따라서 본 프로젝트에서는 교통・통신 수단의 발달이 사람은 물론 자연에 어떠한 영향을 끼쳤으며 미래에는 우리 모두의 행복을 위해 어떻게 발전해야 하는지 탐구해보고 논의해보면서 작게는 교통・통신 수단의 바람직한 발달을 제시해보고 크게는 과학 기술의 지속가능한 발전을 주제로 프로젝트를 운영해보고자 한다.

이를 기반으로 다음과 같이 소주제의 흐름을 구상하였다.

소주제(1) **교통수단의 발달과 우리**	1. 옛날과 오늘날의 교통수단에 관하여 탐구한다. 2. 교통수단의 발달에 따른 우리 생활 모습의 변화를 탐구한다.
소주제(2) **통신수단의 발달과 우리**	3. 옛날과 오늘날의 통신수단에 관하여 탐구한다. 4. 통신수단의 발달에 따른 우리 생활 모습의 변화를 탐구한다.
소주제(3) **더불어 살아가는 행복 도시 만들기**	5. 사람과 지구 모두가 행복할 수 있는 미래 행복 도시를 계획해본다.

본 프로젝트의 소주제는 사회과의 단원과 성취기준을 중심으로 국어, 미술, 도덕 등의 교과와 융합, 재구성하여 설계하였으며, 구체적인 계획은 다음과 같다.

<table>
<tr><th colspan="2">흐름
(차시)</th><th>소주제</th><th>배움 주제</th><th>배움 활동 내용</th><th>성취기준</th></tr>
<tr><td rowspan="3">공감·설계</td><td>1
(1-2)</td><td rowspan="3">프로젝트 준비하기</td><td>▸교통 · 통신수단과 생활</td><td>- 교통 · 통신수단과 나의 생활과의 관계 생각해보기</td><td rowspan="3">듣기·말하기[4국01-03] 원인과 결과의 관계를 고려하며 듣고 말한다.</td></tr>
<tr><td>2
(3-4)</td><td>▸질문 만들기</td><td>- 프로젝트를 설계하기 위한 탐구 질문 만들기</td></tr>
<tr><td>3
(5-6)</td><td>▸프로젝트 방향 설정하기</td><td>-탐구 질문을 토대로 프로젝트의 방향 설정 및 과정 설계하기</td></tr>
</table>

창의 • 실행	4 (7-11)	교통 수단의 발달과 우리	▸옛날 교통수단과 생활 모습 알기	-옛날 사람들의 교통수단과 관련된 생활 모습 탐구하기	쓰기[4국03-02] 시간의 흐름에 따라 사건이나 행동이 드러나게 글을 쓴다. 읽기[4국02-01] 문단과 글의 중심 생각을 파악한다. [4사01-05] 옛날과 오늘날의 교통수단에 관한 자료를 바탕으로 하여 교통수단의 발달에 따른 생활 모습의 변화를 설명한다. [4사01-06] 옛날과 오늘날의 통신 수단에 관한 자료를 바탕으로 하여 통신 수단의 발달에 따른 생활 모습의 변화를 설명한다. [4도01-03] 최선을 다하는 삶을 위해 정성과 인내가 필요한 이유를 탐구하고 생활 계획을 세워 본다.
	5 (12-15)		▸교통수단의 발달 과정 탐구	-교통수단의 발달 과정과 그로 인한 생활 모습의 변화 알기	
	6 (16-19)		▸탐구한 자료 공유하기	-탐구한 자료를 정리, 발표하여 공유하기	
	7 (20-24)	통신 수단의 발달과 우리	▸옛날 통신 수단과 생활 모습 알기	-옛날 사람들의 통신 수단과 관련된 생활 모습 탐구하기	
	8 (25-28)		▸통신수단의 발달 과정 탐구	-통신수단의 발달 과정과 그로 인한 생활 모습의 변화 알기	
	9 (29-32)		▸탐구한 자료 공유하기	-탐구한 자료를 정리, 발표하여 공유하기	
	10 (33-35)	더불어 살아 가는 행복 도시 만들기	▸모두가 행복할 수 있는 발전 방안 탐구	-나, 우리, 지구 환경까지 생각하는 발전 방안 탐구하기	
	11 (36-40)		▸ 행복한 미래 예측	- 모두의 행복을 위한 미래 예측하기	[4미02-03] 연상, 상상하거나 대상 관찰 후 주제를 탐색할 수 있다. [4미03-03] 미술 작품에 대한 자신의 느낌과 생각을 발표하고, 그 이유를 설명할 수 있다.
	11 (41-45)		▸ 미래의 행복 도시	-모두가 행복한 삶을 사는 미래의 행복 도시 모형 만들기	
성찰 • 공유	12 (46-47)	프로젝트 성찰 및 공유 하기	▸ 프로젝트 성찰 및 공유하기	- 에세이로 프로젝트 성찰하기 - 발표 및 공유하기	쓰기[4국03-01] 중심 문장과 뒷받침 문장을 갖추어 문단을 쓴다.

라. 탐구 질문

본 프로젝트를 이끌어 갈 탐구 질문을 다음과 같이 디자인하였다.

소주제	탐구 질문
소주제(1) 교통수단의 발달과 우리	교통수단이란 무엇일까? 교통수단은 어떻게 발달해 왔는가? 교통수단은 앞으로 어떻게 발달할 것인가? 교통수단의 발달은 생활 모습의 변화와 어떠한 관계에 있을까? 교통수단의 발달과 우리의 행복은 과연 어떤 관계에 있을까?
소주제(2) 통신수단의 발달과 우리	통신수단이란 무엇일까? 통신수단은 어떻게 발달해 왔는가? 통신수단은 앞으로 어떻게 발달할 것인가? 통신수단의 발달은 생활 모습의 변화와 어떠한 관계에 있을까? 교통수단의 발달과 우리의 행복은 과연 어떤 관계에 있을까?
소주제(3) 더불어 살아가는 행복 도시 만들기	교통수단과 통신수단의 발달은 우리 생활을 행복하게 만들었을까? 교통수단과 통신수단의 발달이 지금과 같은 모습으로 계속될 때 미래의 모습은 어떠할까? 교통수단과 통신수단의 발달로 인해 우리와 자연 모두가 행복해지는 방향은 어떠해야 할까? 교통수단과 통신수단이 바람직하게 발달했을 때의 미래의 모습은 어떠할까? 나는 이에 대해 어떠한 생각을 하며 살아가야 하는가?

마. 탐구 과정

소주제	활동 내용	활동 모습
• 교통 · 통신수단은 나의 삶에 어떤 의미가 있는가? • 어떻게 탐구할 것인가?	교통 · 통신수단이 생활에 주는 영향 생각해보기 ‣ 질문 만들기 ‣ 프로젝트 방향 설정하기	 〈질문 만들기〉
교통수단의 발달과 우리	교통수단의 발달과 생활 모습 알아보기 ‣ 교통수단의 발달 과정에 대하여 조사 탐구 및 발표하기 ‣ 교통수단 발달에 따른 생활 모습의 변화 조사 탐구하기 ‣ 교통수단의 발달을 PMI로 분석하기 ‣ 탐구 지료 발표로 공유하기	 〈교통수단의 발달 논의〉 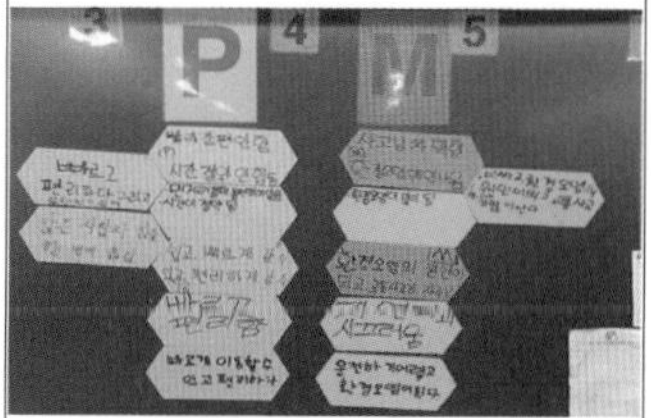 〈교통수단의 발달 분석〉

통신수단의 발달과 우리	통신수단의 발달과 생활 모습 알아보기 ▸ 통신수단의 발달 과정에 대하여 조사 탐구 및 발표하기 ▸ 통신수단 발달에 따른 생활 모습의 변화 조사 탐구하기 ▸ 통신수단의 발달 PMI로 분석하기 ▸ 탐구 자료 발표로 공유하기	 〈통신수단의 발달 탐구〉  〈생활 모습의 변화 논의〉
더불어 살아가는 행복 도시 만들기	모두를 위한 미래의 행복 도시 만들기 ▸ 모두가 행복할 수 있는 발전 방안 탐구 및 토의토론으로 아이디어 생성하기 ▸ 모두의 행복을 위한 미래 예측하기 ▸ 미래의 행복 도시 만들기	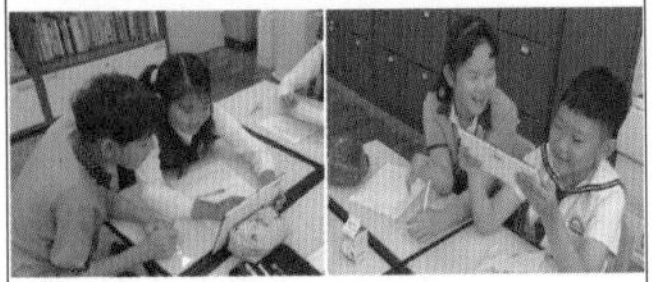 〈아이디어 논의〉  〈미래의 교통수단 아이디어 표현하기〉 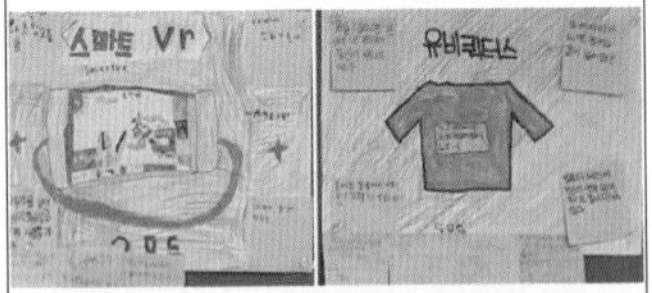 〈미래의 통신수단 아이디어 표현하기〉
프로젝트 성찰 및 공유하기	프로젝트 성찰하기 (에세이로 표현하기) 발표 및 공유하기	 〈에세이 발표하기〉

바. 결과(산출물)

본 프로젝트를 통해 학생들은 교통·통신 수단의 발달에 대한 탐구와 바람직한 발달 모습에 대한 아이디어를 표현하였고 프로젝트 마무리 단계에서 자신들이 설계한 행복한 미래 도시를 교실 뒤쪽 게시판에 게시 및 전시하여 공유하였다. 또한, 프로젝트 에세이를 통해 그동안의 과정을 성찰하는 기회를 가졌다.

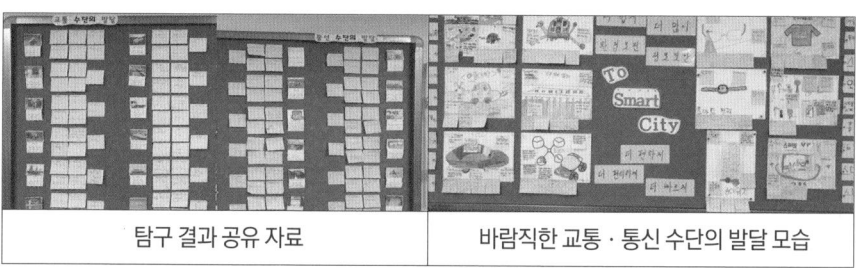

탐구 결과 공유 자료

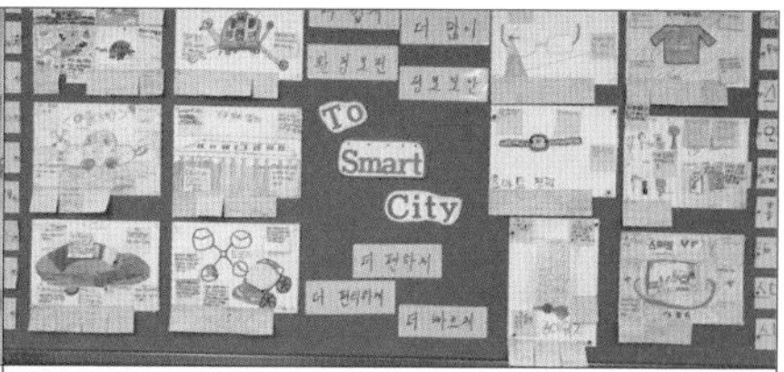

바람직한 교통 · 통신 수단의 발달 모습

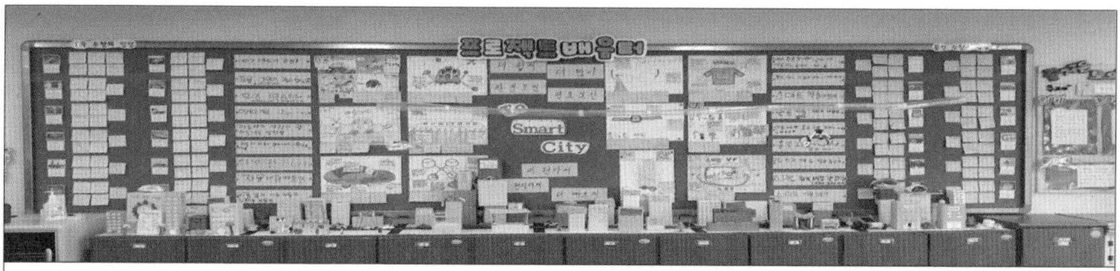

더불어 살아가는 행복 도시 만들기

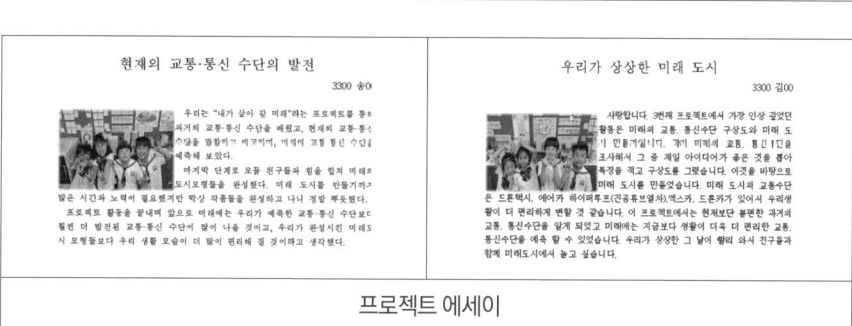

현재의 교통·통신 수단의 발전

3300 송00

우리는 "내가 살아 갈 미래"라는 프로젝트를 통해 과거의 교통·통신 수단을 배웠고, 현재의 교통·통신 수단을 탐방하고 비교하며, 미래의 교통·통신 수단을 예측해 보았다.

마지막 단계로 모둠 친구들과 힘을 합쳐 미래의 도시모형들을 완성했다. 미래 도시를 만들기까지 많은 시간과 노력이 필요했지만 막상 작품들을 완성하고 나니 정말 뿌듯했다.

프로젝트 활동을 끝내며 앞으로 미래에는 우리가 예측한 교통·통신 수단보다 훨씬 더 발전된 교통·통신 수단이 많이 나올 것이고, 우리가 완성시킨 미래도시 모형들보다 우리 생활 모습이 더 많이 편리해 질 것이라고 생각했다.

우리가 상상한 미래 도시

3300 김00

사랑합니다. 3번째 프로젝트에서 가장 인상 깊었던 활동은 미래의 교통, 통신수단 구상도와 미래 도시 만들기입니다. 가지 미래의 교통, 통신수단을 조사해서 그 중 제일 아이디어가 좋은 것을 뽑아 특징을 적고 구상도를 그렸습니다. 이것을 바탕으로 미래 도시를 만들었습니다. 미래 도시의 교통수단은 드론택시, 에어카 하이퍼루프(진공튜브열차),엑스카, 드론카가 있어서 우리생활이 더 편리하게 변할 것 같습니다. 이 프로젝트에서는 현재보단 불편한 과거의 교통, 통신수단을 알게 되었고 미래에는 지금보다 생활이 더욱 더 편리한 교통, 통신수단을 예측 할 수 있었습니다. 우리가 상상한 그 날이 빨리 와서 친구들과 함께 미래도시에서 놀고 싶습니다.

프로젝트 에세이

사. 과정 중심의 평가

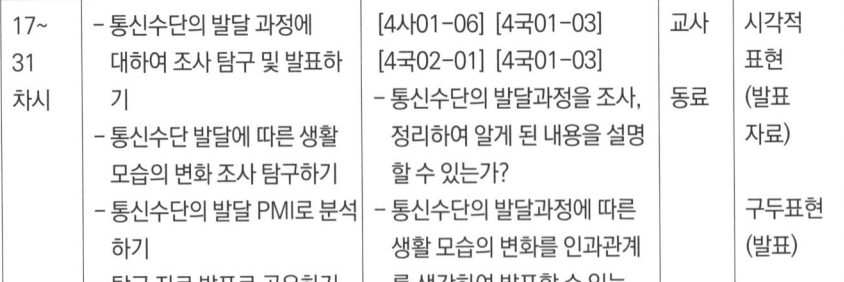

학습 차시	주요 활동 과정 (결과물)	평가 준거	평가 주체	과정 평가 유형
1~4 차시	- 교통 · 통신수단이 생활에 주는 영향 생각해보기 - 질문 만들기 - 프로젝트 방향 설정하기	[4국03-01] - 주제를 파악하고 탐구하고자 하는 내용을 질문으로 표현할 수 있는가?	교사	글쓰기 (질문 만들기)
7~16 차시	- 교통수단 발달에 따른 생활 모습의 변화 조사 탐구하기 - 교통수단의 발달 PMI로 분석하기 - 탐구 자료 발표로 공유하기	[4사01-05] [4국01-03] [4국02-01] [4국01-03] - 교통수단의 발달과정을 조사, 정리하여 알게 된 내용을 설명할 수 있는가? - 교통수단의 발달과정에 따른 생활 모습의 변화를 인과관계를 생각하여 발표할 수 있는가?	교사 동료	시각적 표현 (발표 자료) 구두표현 (발표)
17~ 31 차시	- 통신수단의 발달 과정에 대하여 조사 탐구 및 발표하기 - 통신수단 발달에 따른 생활 모습의 변화 조사 탐구하기 - 통신수단의 발달 PMI로 분석하기 - 탐구 자료 발표로 공유하기	[4사01-06] [4국01-03] [4국02-01] [4국01-03] - 통신수단의 발달과정을 조사, 정리하여 알게 된 내용을 설명할 수 있는가? - 통신수단의 발달과정에 따른 생활 모습의 변화를 인과관계를 생각하여 발표할 수 있는가?	교사 동료	시각적 표현 (발표 자료) 구두표현 (발표)

32~ 45 차시	- 모두가 행복할 수 있는 발전 방안 탐구 및 토의 토론으로 아이디어 생성하기 - 모두의 행복을 위한 미래 예측하기 - 미래의 행복 도시 만들기	[4사01-05] [4사01-06] [4국01-03] [4미02-03] [4미03-03] [4도01-03] - 교통 · 통신 수단의 바람직한 발전 방향에 대한 의견을 말할 수 있는가? - 미래 행복 도시를 다양한 재료를 활용하여 만들 수 있는가? - 행복 도시를 위한 생활 계획을 세우고 실천할 수 있는가?	교사 동료 자신	구두표현 (토의 토론) 시각적 표현 (만들기) (체크 리스트)

46~ 47 차시	- 프로젝트 성찰하기 (에세이로 표현하기) - 발표 및 공유하기	[4국03-02] [4국03-01] - 프로젝트 탐구 과정과 알게 된 점, 느낀 점을 에세이로 쓸 수 있는가?	교사 자신 학부모	구두표현 (발표) 글쓰기 (에세이)

라. 우희석 선생님의 4학년 1학기 첫 번째 프로젝트
대주제: 모두 함께 행복한 마을 디자인

가. 우리 학급의 가치

나와 우리 모두의 행복을 위해 참여하고 실천하는 세계시민

현대 사회의 특징인 과학발달과 산업화에 따라 우리는 점차 개인주의, 각자도생의 사회로 적응해 가고 있으며 환경, 경제, 갈등과 혐오, 전염병 등 총체적 위기 속에서 인간 소외현상은 더욱 극대화되고 있다. 이에 공동체의 구성원에게 필요한 '공동체 의식과 역량'을 강조하게 되었고, 최근 UN은 **세계시민이란 세계 평화와 인권, 문화 다양성 등을 잘 이해하고 생활 속에서 실천하는 사람**을 의미한다고 정의한바 있다. 결국, 우리는 혼자서 살아갈 수 없으며 그렇기에 **세계 시민의식은 오늘날 우리에게 매우 중요한 교육적 과제**가 되었다.

이에 교육과정 안에서 공동체를 중심으로 자유와 평등, 인간 존엄성 등과 같은 민주주의의 가치를 공유하고 그 가치를 실현하기 위해 자율적인 학생 중심의 참여와 소통의 다양한 활동이 필요하다. 이를 통해 우리 반 학생들이 **공동체 의식을 가지고 세계와 소통하며 나와 우리 모두의 행복을 위해 참여하고 실천하는 세계시민으로 성장**했으면 하는 바람이다.

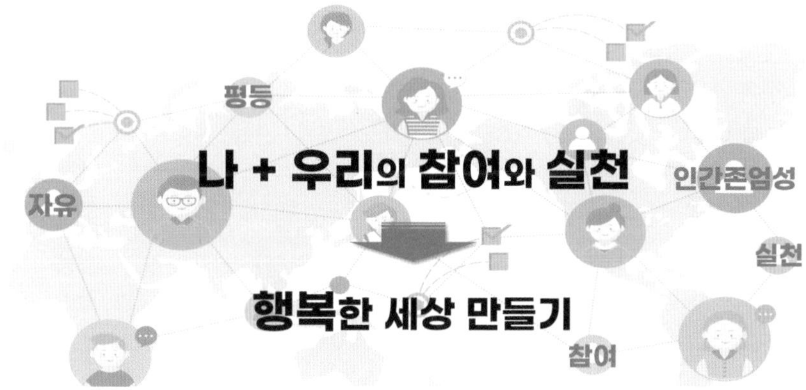

나. 교육과정 성취기준

본 프로젝트는 4학년 1학기 사회과 교육과정을 기반으로 구성하였고 지역화 학습을 통해 세계시민의식을 함양할 수 있도록 관련 교과와 영역별 성취기준을 연결 및 통합하여 계획하였으며 다음과 같이 성취기준을 분석하였다.

추구하는 가치			행복
성취기준			내용 요소
사회	3. 지역의 공공기관과 주민참여	[4사03-02] 고장 사람들의 생활과 밀접하게 관련이 있는 지역의 다양한 중심지(행정, 교통, 상업, 산업, 관광 등)를 조사하고, 각 중심지의 위치, 기능, 경관의 특성을 탐색한다. [4사03-05] 우리 지역에 있는 공공 기관의 종류와 역할을 조사하고, 공공 기관이 지역 주민들의 생활에 주는 도움을 탐색한다. [4사03-06] 주민 참여를 통해 지역 문제를 해결하는 방안을 살펴보고, 지역 문제의 해결에 참여하는 태도를 기른다.	고장의 중심지 역할과 특징 공공기관의 종류와 역할 주민참여의 필요성과 태도

국어	6. 회의 해요. 8. 이런 제안 어때요.	듣기·말하기[4국01-02] 회의에서 의견을 적극적으로 교환한다. 듣기·말하기[4국01-06] 예의를 지키며 듣고 말하는 태도를 지닌다. 쓰기[4국03-03] 관심 있는 주제에 대해 자신의 의견이 드러나게 글을 쓴다. 문법[4국04-03] 기본적인 문장의 짜임을 이해하고 사용한다.	회의에서 듣기와 말하기 제안하는 글쓰기
도덕	1. 도덕 공부, 행복한 우리	[4도01-01] 도덕 시간에 무엇을 배우며 도덕 공부가 왜 필요한지를 알고 공부하는 사람으로서 지켜야 할 규칙을 모범 사례를 통해 습관화한다.	규범 성찰
수학	5. 막대 그래프	[4수05-01] 실생활 자료를 수집하여 간단한 그림그래프나 막대그래프로 나타낼 수 있다. [4수05-03] 여러 가지 자료를 수집 분류, 정리하여 자료의 특성에 맞는 그래프로 나타내고, 그래프를 해석할 수 있다.	그래프의 특징과 활용 자료의 수집과 정리
Big Idea		중심지의 역할과 특징·공공기관의 종류와 역할·나와 우리 지역의 관계 이해·나와 우리 공동체·모두의 행복 추구·참여와 실천·평화·지속가능성·세계 시민성	

이번 대주제는 **나와 우리 지역 관계의 이해**를 통해 공동체 문제에 접근하고 참여와 실천으로 중심으로 한 문제해결에 초점을 두었다.

성취기준 분석을 통해 나타난 Big Idea를 통해 **'공동체의 행복'이라는 가치를 '평화, 지속가능성'의 개념과 연결**하였으며, 프로젝트 탐구 결과물은 **더욱 적극적인 참여와 실천으로 이어지도록 전개**하였다.

다. 대주제와 소주제

공동체의 행복과 평화, 지속가능성 가치의 연결로 이번 프로젝트는 좀 더 구체적인 방향을 갖게 되었다. 이제 프로젝트 활동을 이끌어갈 대주제는 **'모두 함께 행복한 마을 디자인하기'**라고 정할 수 있으며 프로젝트를 이끌어갈 탐구와 실천 중심의 활동을 계획하는 소주제는 문제 해결과 참여를 중심으로 구성하고자 다음과 같이 소주제별 흐름까지 계획하게 되었다.

대주제: 모두 함께 행복한 마을 디자인하기

[4사03-02] 고장 사람들의 생활과 밀접하게 관련이 있는 지역의 다양한 중심지(행정,
교통, 상업, 산업, 관광 등)를 조사하고, 각 중심지의 위치, 기능, 경관의 특성을 탐색한다.

[4사03-05] 우리 지역에 있는 공공 기관의 종류와 역할을 조사하고, 공공 기관이 지역 주민들의 생활에 주는 도움을 탐색한다.

[4사03-06] 주민 참여를 통해 지역 문제를 해결하는 방안을 살펴보고, 지역 문제의 해결에 참여하는 태도를 기른다.

'모두 함께 행복한 마을 디자인하기'의 흐름		
구분	소주제명	주요 활동 및 내용
소주제(1)	함께하는 행복 공감	▸ 행복 가치 사전 만들기 ▸ 행복 공감 NEWS
소주제(2)	문제점 탐구 및 분석	▸ 행복 마을 문제 찾기 ▸ 문제의 가치와 우선순위 정하기
소주제(3)	행복 마을 디자인하기	▸ 행복 마을 디자인, 제안서 ▸ 행복 마을 공유 및 규칙 만들기

'행복 마을 디자인' 프로젝트는 **모두 함께 행복한 세상을 추구하는 세계시민의 바람**을 한 개인이 속해 있는 지역을 중심으로 한 탐구가 중심이 된다. 이러한 과정을 통해 나와 우리를 둘러싼 지역이 곧 온 세상과 관련지어 있음을 이해하고 참여와 실천을 끌어낼 수 있도록 계획한 프로젝트 학습이다.

이를 위해 소주제(1)에서는 '행복'이라는 가치가 어떤 것들과 연관되어 있는지 관련 도서 탐독, 인물 인터뷰 활동을 통해 다양한 사람들의 생각을 알아보고 모두가 함께 행복한 세상의 모습을 정립하고자 계획하였다.

이어 소주제(2)에서는 우리가 사는 지역에서 발견할 수 있는 환경, 교통, 안전 등과 같은 문제점 등을 찾아 발견하고 문제의 심각성과 가치와 우선순위 비교를 위해 설문 및 분석, 토의토론을 통해 문제를 선정하고자 하였다.

마지막으로 소주제(3)에서는 모두 함께 행복한 마을의 모습에 대한 다양한 아이디어를 디자인하고 제안서 작성, 마임 표현 등으로 구성하고 표현하고 서로의 생각을 공유하고 발표, 성찰하는 기회를 통해 **참여와 실천 의지를 다지도록 계획**하였다.

흐름 (차시)		소주제	배움 주제	배움 활동 내용	성취기준
공감 • 설계	1 (1~12)	함께 하는 행복 공감	행복 공감 활동 나누기	‘행복이란?’ 생각 나누기 - 가치 사전 만들기 행복 공감 NEWS - 관찰, 인터뷰, 조사	[4국01-06] 세부 내용은 생략. 앞부분 참고
	2 (13~24)		우리 지역 중심지, 공공기관 탐구	- 우리 지역 중심지 탐구 - 공공기관의 역할과 하는 일	[4사03-02] [4사03-05]
	2 (25~34)	문제점 탐구 및 분석	우리 지역 문제점 찾기	- 행복 마을 탐색하기 - 우리 지역 문제 찾기	[4수05-01] [4수05-03]
창의 • 실행	3 (35~44)		문제의 가치 판단하기	문제의 가치 판단하기 - 가치와 우선순위 - 해결할 문제 정하기	[4수05-01] [4수05-03]
	4 (45~48)		나도 디자이너!	행복 마을 디자인하기 - 디자인 아이디어 토의하기 - 공공 디자인 표현하기 - 환경문제 해결 제안하기 - 모둠별 평가 및 보완하기	[4사03-06] [4국01-02]
	5 (49~53)	행복 마을 디자인하기	행복 마을 꾸미기	행복 마을 제안서 작성하기 행복 마을 꾸미기 - 테마 중심으로 한 행복 마을 계획하고 꾸미기	[4국03-03] [4국04-03]
성찰 • 공유	6 (54~60)		함께 공유해요	행복 마을 공유하기 - 탐구 사례 발표 및 공유 행복 마을 규칙 정하기 - 이웃 간 예절 알기	[4도01-01]

라. 탐구 질문

본 프로젝트를 이끌어 갈 탐구 질문은 다음과 같이 디자인하였으며 실제 프로젝트 진행 과정에서는 계획한 탐구 질문이 연결과 통합, 새로운 질문의 재생산 과정을 겪기도 하나 여기에서는 주요 탐구 질문만을 제시하였다.

소주제	탐구 질문
함께하는 행복 공감	나에게 행복이란 무엇일까? 행복은 어떤 가치와 관련이 있을까? 우리가 행복을 느끼는 감정은 모두 같을까? 모두 함께 행복한 세상은 어떤 모습일까? 우리 지역의 중심지는 어떤 특징을 갖고 있을까? 공공기관의 역할과 하는 일은 무엇일까?
문제점 탐구 및 분석	나와 우리, 공동체란 무엇이며 어떤 관계일까? 우리가 사는 지역은 나에게 어떤 의미가 있을까? 우리 지역의 문제점은 어떤 것들이 있을까? 가치 갈등 상황에서 우리는 어떤 선택을 해야 할까? 여러 가지 문제점 중 가장 먼저 해결해야 할 것은 무엇일까?
행복 마을 디자인하기	행복 마을을 디자인하기 위해 고려해야 할 것은 무엇일까? 행복 마을 디자인 결과를 어떻게 표현할 수 있을까? 행복 마을 디자인 결과를 어떤 방법으로 알릴 수 있을까? 행복 마을에 필요한 규칙은 무엇이 있을까? 행복한 마을을 유지하기 위해 무엇을 실천해야 할까? 모두 함께 행복한 세상을 위해 우리가 할 수 있는 일들은 무엇이 있을까?

마. 탐구 과정

앞서 계획한 탐구 질문을 바탕으로 프로젝트 탐구 활동이 본격적으로 이루어졌다. 다음은 활동 흐름에 따라 주요 활동의 결과를 중심으로 간략한 내용과 모습을 사진으로 정리한 것이다.

소주제	활동 내용	활동 모습
함께하는 행복 공감	‘행복이란?’ 생각 나누기 ▸ 행복 가치 사전 만들기 탐구 질문 만들기 주제망 짜기	
	행복마을 공감 신문 제작하기 ▸ 행복 공감 뉴스 자료 조사 ▸ 관찰 결과 분석, 개별 인터뷰	
함께하는 행복 공감	우리 지역 탐구하기 ▸ 우리 지역의 역사 알아보기 ▸ 다양한 중심지의 특징 탐구 우리 지역 공공기관이 하는 일	
문제점 탐구 및 분석	행복 마을 탐색하기 우리 지역 문제점 찾기 ▸ 환경, 교통, 안전, 시설 등 ▸ 우리 지역 문제점 설문 조사 문제의 가치 판단하기 ▸ 기치와 우선순위 정하기 ▸ 해결할 문제 선정하기 행복 마을 디자인하기 ▸ 디자인 아이디어 토의 ▸ 공공 디자인, 제안서, 마임 등	 

소주제	활동 내용	활동 모습
문제점 탐구 및 분석	아이디어 공유 및 평가 ▸ 모둠 아이디어 발표 및 공유 ▸ 모둠별 평가 및 보완하기	
행복 마을 디자인하기	공공 디자인 공모 ▸ 우리 지역 안전을 위한 디자인 ▸ 깨끗한 환경을 위한 디자인 공공기관 제안서 제출 ▸ 플라스틱 문제 해결 아이디어 ▸ 환경부 국민 제안 코너 탑재 프로젝트 발표회 ▸ 모두 함께 행복한 인천 만들기 행복 마을 공유하기 ▸ 탐구 사례 발표 및 공유	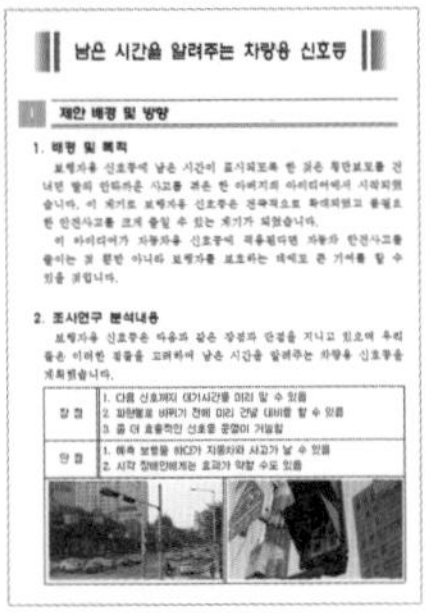 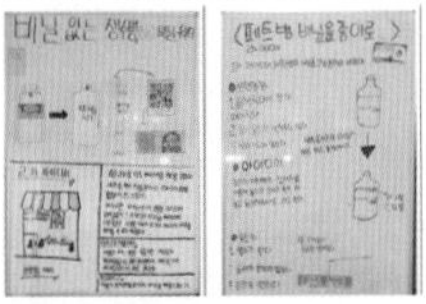
행복 마을 디자인하기	행복 마을 규칙 정하기 ▸ 이웃 간 예절 알기	
프로젝트 성찰 및 공유	프로젝트 성찰 및 공유 ▸ 프로젝트 탐구 결과 전시 ▸ 개별 성찰 에세이 작성 및 발표	

바. 결과(산출물)

학생들에게 배움은 그들의 삶과 생활, 실천으로 이어질 수 있게 통합적으로 접근해야 실제적 역량을 기를 수 있다. 프로젝트 탐구 결과가 단순히 조사학습에서 끝나는 것이 아니라 우리의 삶과 얼마나 관련되어 있는지 그리고 **우리가 사는 세상의 모습을 모두의 행복을 위해 조금 더 나은 방향으로** 바꿀 수 있는지에 대한 의문을 해결하고자 노력하였다.

프로젝트 과정에서 생성된 산출물(공공 디자인 설계도, 제안서, 마임 발표회 등)은 참여와 실천을 통해 실제적인 문제해결로 연결되도록 하였고 프로젝트 과정에서의 배움이 삶과 연계되어 있음을 느낄 수 있었다. 프로젝트 산출물은 아래 결과 내용에서 확인할 수 있다.

개별 성찰 에세이 작성 및 문집 제작	 모두의 행복을 위한 공공디자인 프로젝트 / 행복 마을을 어떻게 디자인할까?

타 학급과의 교류 활동	국제 교류(일본 아이치 교대 연수단)

사. 과정 중심의 평가

프로젝트 학습에서의 평가는 지속적인 관찰과 피드백을 통해 학생의 성장을 돕도록 계획하였다. 또 프로젝트 전 과정뿐 아니라 프로젝트 종료 후의 결과 공유, 성찰 과정에서 발견할 수 있는 학생 개개인의 역량 신장뿐 아니라 특히 **프로젝트에서 중점적으로 여기는 가치와 태도를 함양할 수 있는지에 중점**을 두었다. 여기에서는 프로젝트 흐름별 평가 계획한 내용을 제시하고자 한다.

학습 차시	주요 활동 과정 (결과물)	평가 준거	평가 주체	과정 평가 유형
1~24 차시	- 관련 도서 탐독 및 발표 - 가치 사전, 행복 공감 NEWS - 중심지, 공공기관 기초 탐구	[4국01-06] [4사03-02][4사03-05] - 도서, 인물 탐구를 통해 행복 가치 사전, 공감 뉴스를 제작하고 행복에 대한 생각과 의견을 정리하며 설명할 수 있는가? - 우리 지역 중심지와 공공기관 탐구를 통해 특징과 기능에 관해 설명할 수 있는가?	교사 전문가	글쓰기 (신문 기사) 구두표현 (발표)

25~ 34 차시	- 행복 마을 탐색하기 - 우리 지역 문제점 찾기 (환경, 교통, 안전, 시설 등) - 문제점 설문조사 및 분석	〔4수05-01〕〔4수05-03〕 - 우리 지역의 모습을 탐구하며 환경, 교통, 안전 등 다양한 문제점을 찾아 나열하여 문제의 심각성과 원인 등 자료를 조사하고 분석할 수 있는가?	교사 학부모	시각적 표현 (파워 포인트)

35~ 48 차시	- 가치와 우선순위 정하기 - 해결할 문제 선정하기 - 디자인 아이디어 토의 - 아이디어 공유 및 평가	〔4사03-06〕〔4국01-02〕 - 우리 지역의 다양한 문제점 중 가치의 경중에 따라 우선순위를 정하여 선정할 수 있는가? - 지역의 문제점 해결을 위한 참여와 실천 의지를 갖고 문제해결을 위한 아이디어 구상 및 토의에 적극적으로 참여하는가?	교사 동료	구두표현 (토의 토론) 시각적 표현 (디자인)

49~ 53 차시	- 탐구 사례 발표 및 공유 - 이웃 간 예절 알기	〔4도01-01〕 - 모두 함께 행복한 세상의 모습에 관해 설명하고 함께 지켜가야 할 규칙과 이유에 대해 잘 설명하는가?	교사 자신	구두표현 (발표) 글쓰기 (에세이)

마. 서정보 선생님의 5학년 2학기 첫 번째 프로젝트
대주제: MIRAE 역량으로 溫故知新하기

가. 우리 학급의 가치

현재 우리가 살아가는 세상은 하루하루가 다르게 급변하고 있다. 그런데 우리 아이들이 살아갈 미래는 지금보다 더욱 다양하고 예상하지 못한 일들과 문제가 일어날 것이다. 불평등, 불공정, 전쟁, 환경오염, 기아 등 말이다. 이러한 문제점들을 해소하고 모두가 행복하게 살아가기 위해 초등학생들에게 길러주어야 할 것은 무엇일까? 본 교사는 2015 개정 교육과정에서의 핵심역량 6가지 모두를 우리 학급에서 지향하는 가치로 삼고자 한다.

미래의 학습자들에게 필요한 핵심역량들을 길러주고자 좀 더 효율적이고 실제적이며 실천적으로 접근을 위해 본 교사는 MIRAE 핵심 역량 모형을 아래와 같이 직접 개발하였다.

나. 교육과정 성취기준

앞선 단계에서는 이번 학기의 프로젝트에 담을 가치와 방향을 설정하였다. 그다음 단계는 이번 학기에서 도달해야 할 교과마다 성취기준을 살펴보아야 한다. 전 교과의 성취기준 목록을 뽑아 나열한 후 성취기준의 내용 요소를 바탕으로 관련성과 연관성을 분석함으로써 프로젝트의 큰 흐름을 만들어갈 수 있다.

성취기준의 분석 결과 이번 프로젝트에서는 역사적 내용 바탕의 사회 교과를 기반으로 미래 역량이라는 가치에 다가가고자 하였다.

다음의 표는 5학년 2학기 첫 번째 프로젝트를 통해 도달하고자 하는 교과별 성취기준과 내용 요소이다.

추구하는 가치			미래 핵심 역량
성취기준			내용 요소
국어	〈독서 단원〉 2. 지식이나 경험을 활용해요. 6. 타당성을 생각하며 토론해요. 〈연극 단원〉	[6국05-05] 작품에 대한 이해와 감상을 바탕으로 하여 다른 사람과 적극적으로 소통한다. [6국03-06] 독자를 존중하고 배려하며 글을 쓰는 태도를 지닌다. [6국02-06] 자신의 읽기 습관을 점검하며 스스로 글을 찾아 읽는 태도를 지닌다. [6국02-01] 읽기는 배경지식을 활용하여 의미를 구성하는 과정임을 이해하고 글을 읽는다. [6국03-05] 체험한 일에 대한 감상이 드러나게 글을 쓴다. [6국01-03] 절차와 규칙을 지키고 근거를 제시하며 토론한다. [6국02-03] 글을 읽고 글쓴이가 말하고자 하는 주장이나 주제를 파악한다. [6국05-04] 일상생활의 경험을 이야기나 극의 형식으로 표현한다. [6국05-02] 작품 속 세계와 현실 세계를 비교하며 작품을 감상한다.	의사소통 경험을 활용한 글쓰기 토론
사회	1. 옛사람들의 삶과 문화 2. 사회의 새로운 변화와 오늘날의 우리	[6사03-01] 고조선의 등장과 관련된 건국 이야기를 살펴보고, 고대 시기 나라의 발전에 기여한 인물(근초고왕, 광개토대왕, 김유신과 김춘추, 대조영 등)의 활동을 통하여 여러 나라가 성장하는 모습을 탐색한다. [6사03-03] 고려를 세우고 외침을 막는 데 힘쓴 인물(왕건, 서희, 강감찬 등)의 업적을 통하여 고려의 개창과 외침 극복 과정을 탐색한다. [6사03-06] 대표적인 유적지(행주산성, 남한산성 등)와 인물들(이순신과 곽재우, 김상헌과 최명길 등)의 활동을 통하여 임진왜란, 병자호란 등과 같은 국가적 위기의 극복 과정을 탐색한다.	나라의 성장 고려의 성장 조선의 성장
도덕	1. 바르고 떳떳하게 우리가 만드는 도덕 수업	[6도01-03] 정직의 의미와 정직하게 살아가는 것의 중요성을 탐구하고, 정직과 관련된 갈등 상황에서 정직하게 판단하고 실천하는 방법을 익힌다.	정직 실천

미술	09. 이야기가 숨 쉬는 미술 11. 찰칵! 나도 사진작가	[6미01-05] 미술 활동에 타 교과의 내용, 방법 등을 활용할 수 있다. [6미02-05] 다양한 표현 방법의 특징과 과정을 탐색하여 활용할 수 있다. [6미02-06] 작품 제작의 전체 과정에서 느낀 점, 알게 된 점 등을 서로 이야기할 수 있다.	지각 소통 연결 제작 이해 비평
Big Idea		정의·경험·배경·주장과 근거·변화·발전·다양성·지속가능성·공동체·역사·변화·공감·다양성	

다. 대주제와 소주제

"A nation that forgets its past has no future"
역사를 잊은 나라에는 미래가 없다

이번 프로젝트에서는 우리의 역사를 돌아보며 역사적 사건, 아픔과 발전의 과정(성장통)과 살았던 인물을 중심으로 탐구함으로써 현재와 미래에 우리가 무엇을 받아들이고 무엇을 새롭게 만들어갈 것인지를 우리 반 학생들과 함께 제시해 보고자 한다.

이제 대주제를 바탕으로 소주제를 선정한 후 프로젝트를 정교화하는 과정이 필요하다. 먼저 소주제별로 배움 주제를 추려서 뼈대를 세운 후 세부 활동 내용을 만들어 간다. 물론 이 계획은 학생들과 프로젝트를 다듬어가는 과정에서 흐름과 방향이 바꿔어 가기도 한다.

본 프로젝트는 성장과 극복을 반복해 온 우리나라의 역사 속에서 배움을 얻고 현재 상황에 비추어 봄으로써 미래를 위한 방향을 설계할 수 있도록 아래와 같이 소주제를 정하였다.

대주제	**溫故知新 – 성장과 극복** 한민족의 시작부터 현재까지의 국가 발생과 성장의 과정 그리고 외침의 역사를 탐구한다. 새로운 국가의 발생과 성장 과정을 통해 원인과 결과를 이해하고 역사적 사고력 또한 키워 가고자 한다. 그리고 수많은 외침의 역사 속에서 우리 민족이 이를 어떻게 극복해 왔는지에 대한 깊은 탐구를 통해 한민족의 슬기와 저력을 이해한다. 역사로부터의 얻은 교훈을 바탕으로 미래 한국 역사의 나아갈 방향을 제시하고자 한다.		
소주제	생존경쟁	7전 8기	와신상담

사회, 국어, 도덕, 미술 교과와 연계하여 다음과 같이 프로젝트를 설계하였다.

<table>
<tr><th colspan="2">흐름
(차시)</th><th>소주제</th><th>배움 주제</th><th>배움 활동 내용</th><th>성취기준</th></tr>
<tr><td rowspan="3">공감
•
설계</td><td>1
(1~2)</td><td rowspan="3">프로젝트
준비하기</td><td>교통 · 통신 수단과 생활</td><td>오늘날 우리나라의 대내외적 상황 살펴보기</td><td rowspan="2">[6국02-01] 읽기는 배경 지식을 활용하여 의미를 구성하는 과정임을 이해하고 글을 읽는다.</td></tr>
<tr><td>2
(3~4)</td><td>질문 만들기</td><td>프로젝트를 설계하기 위한 탐구 질문 만들기</td></tr>
<tr><td>3
(5~6)</td><td>프로젝트 방향 설정하기</td><td>탐구 질문을 토대로 프로젝트의 방향 설정 및 과정 설계하기</td><td>[6국02-03] 글을 읽고 글쓴이가 말하고자 하는 주장이나 주제를 파악한다.</td></tr>
<tr><td rowspan="5">창
의
•
실
행</td><td>4
(7~12)</td><td rowspan="3">생존과
경쟁</td><td>환경과 삶</td><td>고조선 신화와 8조법을 통해 당시의 시대상과 삶의 모습 유추하기</td><td rowspan="5">[6국05-05] 작품에 대한 이해와 감상을 바탕으로 하여 다른 사람과 적극적으로 소통한다.

[6국03-06] 독자를 존중하고 배려하며 글을 쓰는 태도를 지닌다.

[6국02-06] 자신의 읽기 습관을 점검하며 스스로 글을 찾아 읽는 태도를 지닌다.

[6국03-05] 체험한 일에 대한 감상이 드러나게 글을 쓴다.

[6국01-03] 절차와 규칙을 지키고 근거를 제시하며 토론한다.</td></tr>
<tr><td>5
(13~16)</td><td>성장통</td><td>고대국가의 성장과 발전 과정의 연관성 파악하기</td></tr>
<tr><td>6
(17~24)</td><td>인물의 삶 탐구</td><td>역사 이야기를 통해 인물의 업적과 삶 표현하기</td></tr>
<tr><td>7
(25~30)</td><td rowspan="2">7진 8기</td><td rowspan="2">역사직 사고력</td><td>역사 도서를 읽고 질문과 비판적 사고 나누기</td></tr>
<tr><td>8
(30-34)</td><td>역사적 사건에 대하여 토의토론하기</td></tr>
</table>

창의 • 실행	9 (35~38)	7전 8기	고려의 발전	고려의 건국 과정 이해하기	[6사03-01] 고조선의 등장과 관련된 건국 이야기를 살펴보고, 고대 시기 나라의 발전에 기여한 인물(근초고왕, 광개토대왕, 김유신과 김춘추, 대조영 등)의 활동을 통하여 여러 나라가 성장하는 모습을 탐색한다. [6사03-03] 고려를 세우고 외침을 막는 데 힘쓴 인물(왕건, 서희, 강감찬 등)의 업적을 통하여 고려의 개창과 외침 극복 과정을 탐색한다. [6사03-06] 대표적인 유적지(행주산성, 남한산성 등)와 인물들(이순신과 곽재우, 김상헌과 최명길 등)의 활동을 통하여 임진왜란, 병자호란 등과 같은 국가적 위기의 극복 과정을 탐색 한다. [6도01-03] 정직의 의미와 정직하게 살아가는 것의 중요성을 탐구하고, 정직과 관련된 갈등 상황에서 정직하게 판단하고 실천하는 방법을 익힌다.
	10 (39~42)			고려의 외침 과정 탐구하기	
	(43~46)		조선의 발전	조선의 건국 과정 이해하기	
	(47~50)			조선의 외침 과정 탐구하기	
	(51~54)		역사/교훈	극복과정에 대하여 토의토론하기	
	(55~60)			외침극복의 공통점과 차이점 분석하기	
	(61~66)	와신 상담	지피지기	현재 우리나라 주변의 국제정세 탐구하기	
	(67~68)			주변국과의 관계에 따라 대응 방법 토의토론하기	

창의·실행	(69~72)	와신 상담	온고지신	경제, 국방 관련 대응 전략 완성하기	[6미01-05] 미술 활동에 타 교과의 내용, 방법 등을 활용할 수 있다. [6미02-05] 다양한 표현 방법의 특징과 과정을 탐색하여 활용할 수 있다.
성찰·공유	(73~74)	프로 젝트 성찰 및 공유 하기	발표하기	경제, 국방 관련 대응 전략 발표하기	[6국05-04] 일상생활의 경험을 이야기나 극의 형식으로 표현한다. [6국05-02] 작품 속 세계와 현실 세계를 비교하며 작품을 감상한다. [6미02-06] 작품 제작의 전체 과정에서 느낀 점, 알게 된 점 등을 서로 이야기할 수 있다.
	(75~76)		피드백	질문을 통한 피드백 -반성과 수정	
	12 (77~78)		프로젝트 성찰 및 공유하기	에세이로 프로젝트 성찰하기 -성찰 나누기	

라. 탐구 질문

본 프로젝트를 이끌 탐구 질문을 다음과 같이 디자인하였다.

소주제	탐구 질문
소주제(1) 생존경쟁	우리나라의 미래는 어떤 모습이면 좋을까? 역사는 우리와 어떻게 연결되어 있을까? 역사는 우리에게 무엇을 말해주고 있는가? 생존을 위해 필요한 전략은 무엇일까?
소주제(2) 7전 8기	나라마다 건국 이야기는 무엇을 이야기하고 싶은 걸까? 외세의 침략을 받았던 이유는 무엇일까? 외세의 침략을 극복할 수 있었던 원동력은 무엇일까? 어려움을 극복하는 과정은 나라의 발전과 어떤 관계가 있는 걸까?
소주제(3) 와신상담	현재의 우리나라는 어떤 상황인가? 현재 우리나라의 상황에 대하여 우리의 책임은 무엇인가? 역사에서의 교훈을 우리의 삶과 어떻게 연결할까? 우리나라의 자랑스러운 미래를 위해 나는 무엇을 할 수 있을까?

마. 탐구 과정

소주제	활동 내용	활동 모습
탐구 열기	▸ 현재 우리나라의 국내외적 상황 살펴보기 ▸ 질문 만들기 ▸ 프로젝트 방향 설정하기	 〈질문 만들기〉
생존경쟁	▸ 고조선 신화와 8조법을 통해 당시의 시대상과 삶의 모습 유추하기 ▸ 고대국가의 성장과 발전과정의 연관성 파악하기 ▸ 역사 도서를 읽고 질문과 비판적 사고 나누기 ▸ 역사적 사건에 대하여 토의토론하기	 〈고대국가 탐구발표〉 〈탐구를 통한 배움 발표〉
7전 8기	▸ 고려의 건국 과정 이해하기 ▸ 고려의 외침 과정 탐구하기 ▸ 조선의 건국 과정 이해하기 ▸ 조선의 외침 과정 탐구하기 ▸ 역사 이야기를 통해 인물의 업적과 삶 표현하기 ▸ 극복과정에 대하어 토의토론하기 ▸ 외침 극복의 공통점과 차이점 분석하기	 〈모둠별 탐구 나눔〉  〈역사 인물 탐구 체험〉

와신상담	▸ 현재 우리나라 주변의 국제정세 파악하기 ▸ 주변국과의 관계에 따라 대응 방법 토의토론하기 ▸ 경제, 국방 관련 대응 전략을 구상하고 발표하기 ▸ 질문을 통한 피드백 ▸ 반성과 수정	 〈디베이트 토론〉
프로젝트 성찰 및 공유하기	▸ 발표 및 공유하기 ▸ 프로젝트 성찰하기 (에세이로 표현하기)	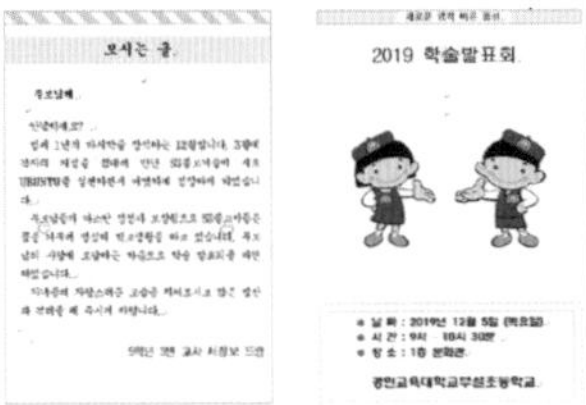 〈학술발표회 초대장〉

바. 결과(산출물)

문제 정의와 질문 만들기를 통해 탐구 방향을 정한 뒤 학생들은 역사 탐구 활동을 시작하였다. 고대 국가들의 경쟁과 생존 과정을 깊은 탐구를 통해 알아보면서 내용에 대한 이해를 돕고자 비주얼씽킹으로 표현하였다.

문제 정의를 통해 충분한 공감을 하고 그 문제를 해결하기 위한 깊은 탐구는 프로젝트 진행의 튼튼한 뿌리가 될 수 있었다.

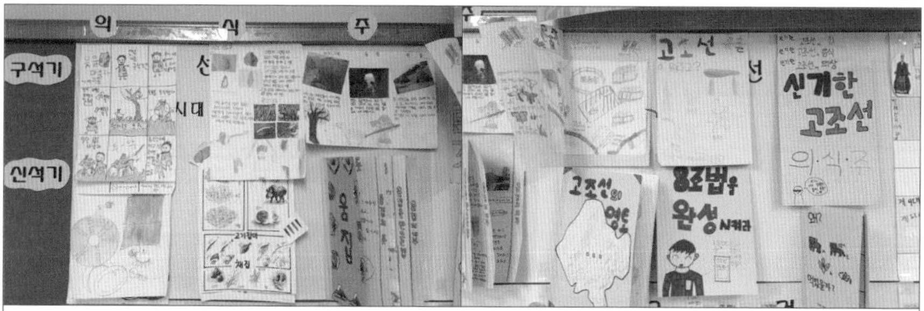

고대국가 탐구표현(비주얼씽킹)

우리나라의 역사를 연표로 만들어 시대의 흐름이 한눈에 들어올 수 있도록 구성하고, 그 시대와 나라들의 발전과정을 역사적 사건과 인물, 문화를 중심으로 탐구하였다.

배움의 과정과 탐구한 내용을 연표에 정리한 뒤, 발표와 심화 질문을 통해 더욱더 깊은 배움을 만들어갈 수 있었다.

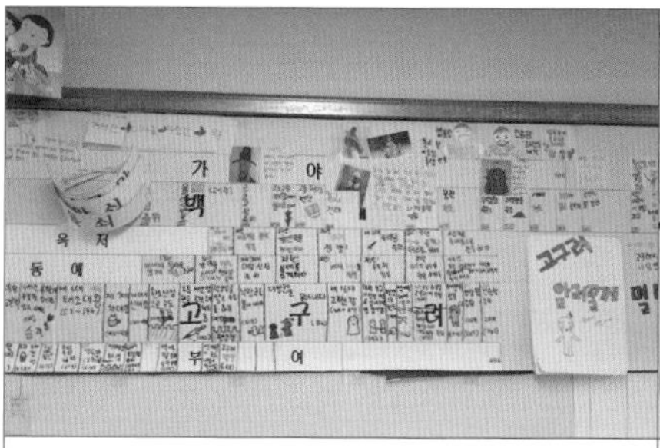

탐구를 통한 역사 연표 만들기

역사적 사실을 통한 배움 정리

역사를 통해 국가 간의 역학적 관계를 이해하고, 이를 거울삼아 현재 상황에 반영하여 보았다. 그 당시 상황과 관계에 대한 깊은 이해와 통찰이 있었기에 현재 상황에 유연하게 적용하고 분석하여 볼 수 있었다. 이를 통해 미래에 대한 대응 전략을 발전시킬 수 있었다.

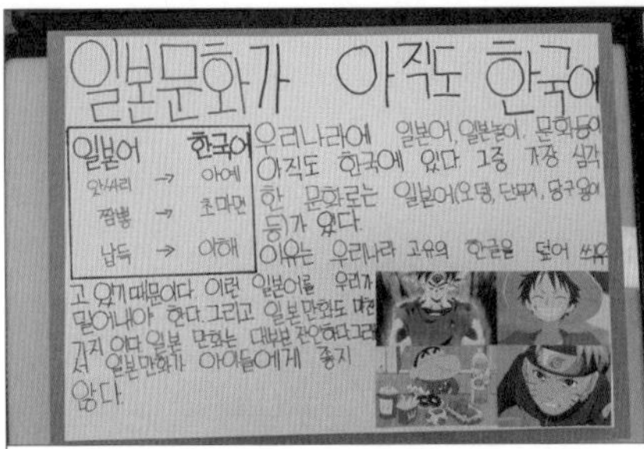

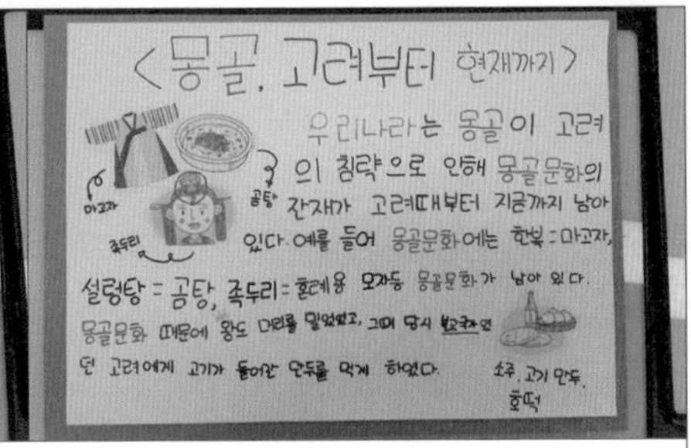

모둠별 주제 탐구를 통한 미래 전략 세우기

프로젝트의 결과물 체육관에 전시한 후, 다른 학년의 학생들을 초청하여 발표하는 시간을 가졌다. 그리고 프로젝트 마무리 단계에서는 학술보고서를 프레젠테이션 형식으로 작성하였다. 부모님을 초청하여 학술발표회를 개최함으로써 배움을 나누고 부모님께 피드백을 받으며 미래 핵심역량을 갖춘 세계시민으로 성장할 수 있었다.

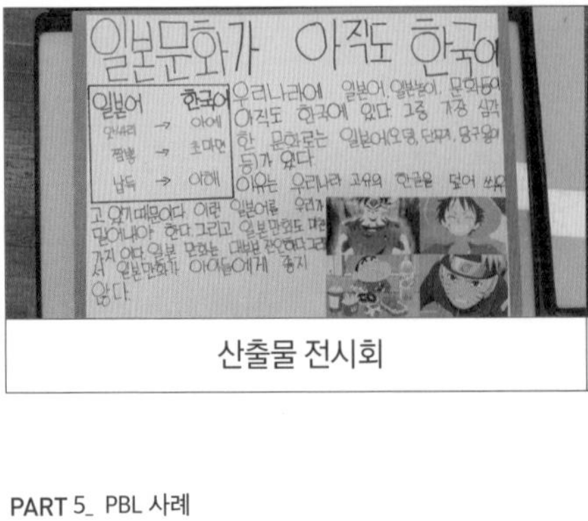

산출물 전시회

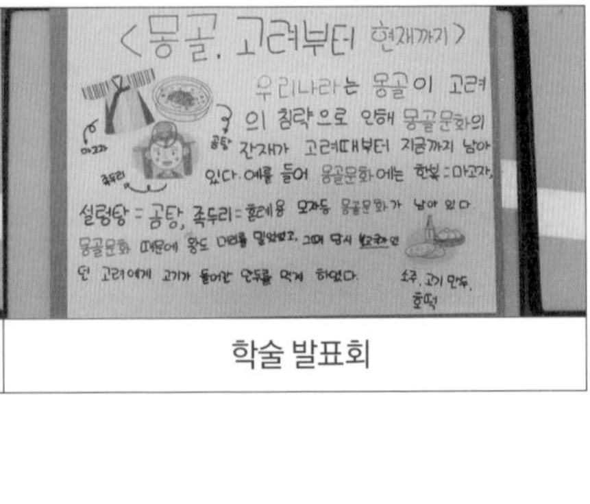

학술 발표회

사. 과정 중심의 평가

학습 차시	주요 활동 과정 (결과물)	평가 준거	평가 주체	과정 평가 유형
1~6 차시	- 오늘날 우리나라의 대내외적 상황 살펴보기 - 프로젝트를 설계하기 위한 탐구 질문 만들기 - 프로젝트의 방향 설정 및 과정 설계하기	[6국02-01] [6국02-03] [6도01-03] - 자신의 배경지식을 활용하여 자료를 읽고 가치에 대한 의미를 구성하여 주제를 파악할 수 있는가?	교사	글쓰기 (질문 만들기)
7~24 차시	- 고조선 신화와 8조법을 통해 당시의 시대상과 삶의 모습 유추하기 - 고대국가의 성장과 발전 과정의 연관성 파악하기 - 역사 이야기를 통해 인물의 업적과 삶 표현하기 - 역사 도서를 읽고 질문과 비판적 사고 나누기 - 역사적 사건에 대하여 토의 토론하기	[6국02-06] [6사03-01] [6미01-05] [6미02-05] - 고대 국가들의 발전과정과 인물의 활동을 통해 시대상과의 인과관계를 이해할 수 있는가? - 읽기를 통해 이해한 내용을 다양한 표현 방법을 통해 표현할 수 있는가?	교사 동료	시각적 표현 (연표) (비주얼 씽킹 자료) 글쓰기 (메모)

25~ 60 차시	- 고려의 건국 과정 이해하기 - 고려의 외침 과정 탐구하기 - 조선의 건국 과정 이해하기 - 조선의 외침 과정 탐구하기 - 극복 과정에 대하여 토의 토론하기 - 외침 극복의 공통점과 차이점 분석하기	[6국05-05] [6국02-06] [6국01-03] [6사03-03] [6사03-06] [6미01-05] [6미02-05] - 고려와 조선의 발전과 위기 극복 과정을 작품을 통해 이해하고 시대상과 관련지어 인과 관계를 파악할 수 있는가? - 고려와 조선의 인물과 문화 탐색을 통해 자긍심을 가지는가? - 읽기를 통해 이해한 내용을 다양한 표현 방법을 통해 표현할 수 있는가?	교사 동료	구두표현 (토의 토론) 시각적 표현 (연표) (만들기)

61~ 72 차시	- 현재 우리나라 주변의 국제정세 탐구하기 - 주변국과의 관계에 따라 대응 방법 토의토론하기 -경제, 국방 관련 대응 전략 완성하기	[6미02-05] [6국03-06] [6국01-03] [6도01-03] - 읽기를 통해 이해하고 다른 사람과 질서를 지켜 근거를 제시하며 토론할 수 있는가? - 정직의 의미를 이해하고 실천할 수 있는 정의로운 세상을 만들기 위한 노력을 하는가? - 다양한 방법을 통해 결과물을 잘 표현하고 전달할 수 있는가?	교사 동료 자신	구두표현 (토의 토론) 글쓰기 (보고서) 시각적 표현 (PPT) (만들기)

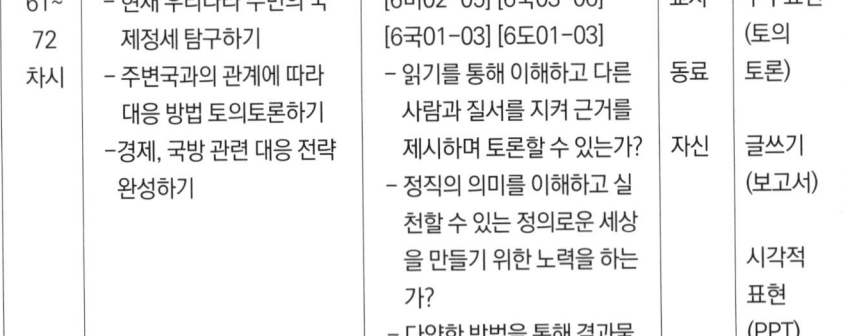

73~ 78 차시	- 경제, 국방 관련 대응 전략 발표하기 - 질문을 통한 피드백 - 반성과 수정 - 에세이로 프로젝트 성찰하기 -성찰 나누기	[6국05-02] [6국03-05] [6도01-03] [6국03-05] [6미02-06] - 프로젝트 탐구를 통한 학습 결과물에 대하여 느낀 점, 알게 된 점을 다른 사람들에게 잘 이야기하고 글을 쓸 수 있는가? - 여러 관점을 가지고 다른 사람의 작품을 감상하고 피드백해 줄 수 있는가?	교사 자신 학부모	구두표현 (발표) 글쓰기 (에세이) (메모)

바. 공영재 선생님의 6학년 2학기 두 번째 프로젝트
대주제: 세계시민의 평화와 발전

가. 우리 학급의 가치

Happy for all 인지상정

'人之常情(인지상정)'이란 사람이면 누구나 가지는 보통의 마음 또는 생각을 말한다. 앞으로의 미래사회는 똑똑한 천재보다는 사람다운 사람, 인격적인 사람이 환영받는 시대가 될 것이다. 사람다운 사람이 되기 위해서는 어떤 교육이 필요할까? 학생들에게 인지상정의 모습이란 어떤 모습일까?

이러한 물음에 본 교사는 자기 자신에 대한 올바른 이해를 바탕으로 친구들 간에 서로 배려하고 더불어 살아갈 수 있는 인성이 바른 학생, 지식보다는 스스로 즐겁게 배우는 지혜로운 학생, 생각하는 힘을 기르는 상상력이 풍부한 학생, 감성이 풍부하고 꿈과 끼가 있는 학생의 모습이 아닐까 생각한다.

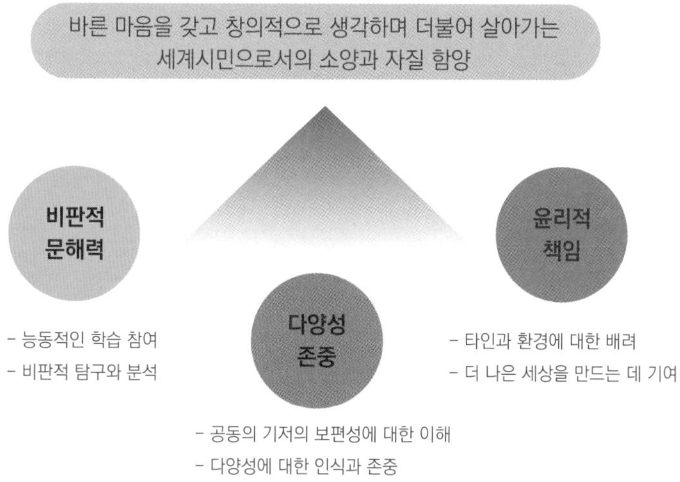

남을 배려하며 서로 존중하고 다양한 경험을 통해 **세계시민으로서의 소양과 자질을 함양**하여 모두가 함께 살아가는 세상을 만들기 위하여 **'Happy for all 인지상정 프로젝트'**를 운영하고자 한다.

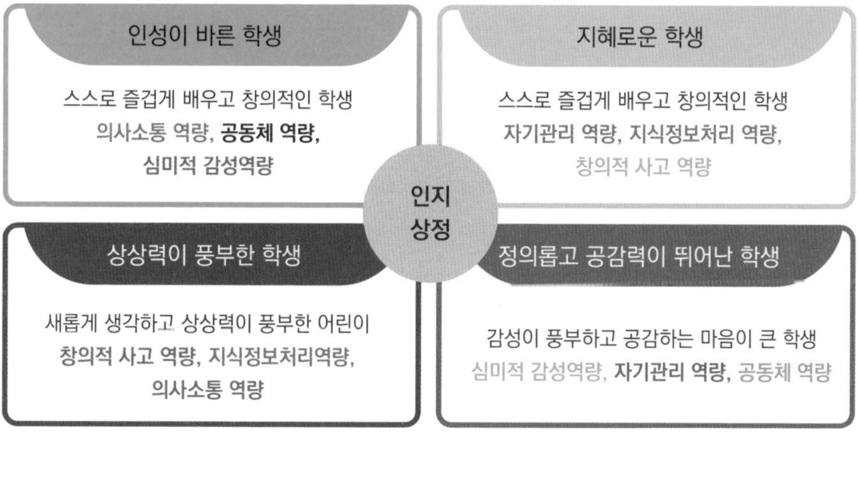

나. 교육과정 성취기준

본 프로젝트는 6학년 사회과 교육과정을 기반으로 구성하였고 세계시민의 소양과 자질을 함양하기 위해 관련 교과와 영역별 성취기준을 연결 및 통합하여 계획하였다.

성취기준			내용 요소
사회	2. 통일 한국의 미래와 지구촌의 평화	[6사08-01] 독도를 지키려는 조상들의 노력을 역사적 자료를 통해 살펴보고, 독도의 위치 등 지리적 특성에 대한 이해를 바탕으로 하여 영토 주권 의식을 기른다. [6사08-02] 남북통일을 위한 노력을 살펴보고, 지구촌 평화에 기여하는 통일 한국의 미래상을 그려 본다. [6사08-03] 지구촌의 평화와 발전을 위협하는 다양한 갈등 사례를 조사하고 그 해결 방안을 탐색한다. [6사08-04] 지구촌의 평화와 발전을 위해 노력하는 다양한 행위 주체(개인, 국가, 국제기구, 비정부 기구 등)의 활동 사례를 조사한다. [6사08-05] 지구촌의 주요 환경 문제를 조사하여 해결 방안을 탐색하고, 환경 문제 해결에 협력하는 세계 시민의 자세를 기른다. [6사08-06] 지속가능한 미래를 건설하기 위한 과제(친환경적 생산과 소비 방식 확산, 빈곤과 기아 퇴치, 문화적 편견과 차별 해소 등)를 조사하고, 세계 시민으로서 이에 적극적으로 참여하는 방안을 모색한다.	지구촌 평화 국가 간 협력 국제기구 남북통일 역사 갈등 해소를 위한 노력과 독도 통일을 위한 노력

국어	3. 타당한 근거로 글을 써요 4. 효과적으로 발표해요 6. 정보와 표현 판단하기	[6국03-04] 적절한 근거와 알맞은 표현을 사용하여 주장하는 글을 쓴다. [6국02-04] 글을 읽고 내용의 타당성과 표현의 적절성을 판단한다. [6국03-02] 목적이나 주제에 따라 알맞은 내용과 매체를 선정하여 글을 쓴다. [6국01-05] 매체 자료를 활용하여 내용을 효과적으로 발표한다. [6국03-06] 독자를 존중하고 배려하며 글을 쓰는 태도를 지닌다. [6국05-03] 비유적 표현의 특성과 효과를 살려 생각과 느낌을 다양하게 표현한다. [6국02-04] 글을 읽고 내용의 타당성과 표현의 적절성을 판단한다.	목적·주제를 고려한 내용과 매체 선정 주장하는 글내용의 타당성 평가 표현의 적절성 평가 매체 활용 비유적 표현의 특성과 효과 독자의 존중과 배려
도덕	5. 우리가 꿈꾸는 통일 한국 6. 함께 살아가는 지구촌	[6도03-03] 도덕적 상상하기를 통해 바람직한 통일의 올바른 과정을 탐구하고 통일을 이루려는 의지와 태도를 가진다. ① 통일의 과정과 방법, 통일의 미래상은 무엇이며, 통일에 대한 도덕적 민감성을 어떻게 기를 수 있을까? ② 통일 이후에 예상되는 문제점은 무엇이며, 바람직한 통일을 위해 민주시민으로서 자신이 할 수 있는 구체적인 방법에는 어떤 것이 있을까?	통일로 가는 바람직한 길 (통일 의지) 전 세계 사람들과의 공존 (존중, 인류애)
		[6도03-04] 세계화 시대에 인류가 겪고 있는 문제와 그 원인을 토론을 통해 알아보고, 이를 해결하고자 하는 의지를 갖추고 실천한다. ① 우리가 겪고 있는 다양한 지구촌 문제들은 무엇이며, 어떻게 하면 지구촌 문제에 대한 도덕적 민감성을 기를 수 있을까? ② 지구촌 문제를 올바르게 해결하는 방법은 무엇이며, 어떻게 하면 이 문제를 해결하기 위한 올바른 의사 결정을 할 수 있을까?	

미술	4. 생각을 나누는 이미지 10. 시시각각 변화하는 풍경	[6미01-03] 이미지가 나타내는 의미를 찾을 수 있다. [6미01-04] 이미지를 활용하여 자신의 느낌과 생각을 전달할 수 있다. [6미02-01] 표현 주제를 잘 나타낼 수 있는 다양한 소재를 탐색할 수 있다. [6미02-02] 다양한 발상 방법으로 아이디어를 발전시킬 수 있다	소재와 주제 이미지와 의미 작품의 내용과 형식 제작 발표
Big Idea	지구촌의 평화와 발전을 위한 노력, 남북통일을 위한 노력, 통일 한국의 미래상 지구촌의 갈등과 해결방안, 지구촌 환경문제, 지속가능한 미래, 세계시민의 자세		

다. 대주제와 소주제

지구촌의 평화와 발전, 지속가능한 미래, 세계시민의 자세 등의 Big Idea를 연결하여 대주제를 선정하고 이를 바탕으로 소주제 및 흐름을 완성하였다.

대주제: 세계시민의 평화와 발전

[6사08-03] 지구촌의 평화와 발전을 위협하는 다양한 갈등 사례를 조사하고 그 해결 방안을 탐색한다.

[6사08-04] 지구촌의 평화와 발전을 위해 노력하는 다양한 행위 주체(개인, 국가, 국제기구, 비정부 기구 등)의 활동 사례를 조사한다.

[6사08-05] 지구촌의 주요 환경 문제를 조사하여 해결 방안을 탐색하고, 환경 문제 해결에 협력하는 세계 시민의 자세를 기른다.

[6사08-06] 지속가능한 미래를 건설하기 위한 과제(친환경적 생산과 소비 방식

확산, 빈곤과 기아 퇴치, 문화적 편견과 차별 해소 등)를 조사하고, 세계 시민으로서 이에 적극적으로 참여하는 방안을 모색한다.
[6사08-02] 남북통일을 위한 노력을 살펴보고, 지구촌 평화에 기여하는 통일 한국의 미래상을 그려 본다.
[6도03-04] 세계화 시대에 인류가 겪고 있는 문제와 그 원인을 토론을 통해 알아보고, 이를 해결하고자 하는 의지를 갖추고 실천한다.

'세계시민의 평화와 발전'의 흐름		
구분	소주제명	주요 활동 및 내용
소주제(1)	지구촌의 평화와 발전	▸ 지구촌 갈등의 원인 및 과정 ▸ 지구촌 갈등 해결을 위한 노력
소주제(2)	지속가능한 지구촌	▸ 지구촌 환경 문제 ▸ 지속가능한 미래
소주제(3)	우리나라의 평화와 미래	▸ 우리나라의 평화 ▸ 우리나라의 미래

흐름 (차시)		소주제	배움 주제	배움 활동 내용	성취기준
공감·설계	1 (1~3)	프로젝트 준비하기	프로젝트 주제 탐색	- 평화의 의미 알아보기 - 키워드 분석하기 - 프로젝트 설계를 위한 탐구 질문 만들기	[6국03-04] 적절한 근거와 알맞은 표현을 사용하여 주장하는 글을 쓴다. [6미02-01] 표현 주제를 잘 나타낼 수 있는 다양한 소재를 탐색할 수 있다.
	2 (4~5)		프로젝트 방향 설정	- 탐구 질문을 토대로 프로젝트의 방향 및 과정 설계하기	
창의·실행	3 (6~12)	지구촌의 평화와 발전	지구촌 갈등의 원인 및 과정	- 지구촌 갈등의 원인 및 과정 탐구하기 - 지구촌 갈등으로 인한 영향 알아보기	[6사08-03] 지구촌의 평화와 발전을 위협하는 다양한 갈등 사례를 조사하고 그 해결방안을 탐색한다.
	4 (13~17)		지구촌 갈등 해결을 위한 노력	- 지구촌 갈등의 원인과 사례조사를 통한 해결 방안 탐구 - 지구촌 평화를 위한 비정부 기구의 노력	[6사08-04] 지구촌의 평화와 발전을 위해 노력하는 다양한 행위 주체의 활동 사례를 조사한다.
	5 (18~20)		탐구자료 공유	- 탐구한 자료 정리 및 발표하여 공유하기	[6사08-05] 지구촌의 주요 환경 문제를 조사하여 해결 방안을 탐색하고, 환경 문제 해결에 협력하는 세계 시민의 자세를 기른다.
	6 (21~26)	지속가능한 지구촌	▸ 지구촌 환경 문제	- 지구촌의 다양한 환경 문제 탐색 - 지구촌 환경 문제를 해결하기 위한 노력	[6도03-04] 세계화 시대에 인류가 겪고 있는 문제와 그 원인을 토론을 통해 알아보고, 이를 해결하고자 하는 의지를 갖추고 실천한다.
	7 (25~30)		▸ 지속가능한 미래	- 빈곤과 기아 및 문화적 편견이 없는 미래를 위한 노력 탐구 - 지속가능한 미래를 위해 우리가 할 수 있는 일 탐구	

창의 • 실행	8 (33~35)		▸탐구자료 공유	- 탐구한 자료 정리 및 발표하여 공유하기	[6사08-06] 지속가능한 미래를 건설하기 위한 과제를 조사하고, 세계 시민으로서 이에 적극적으로 참여하는 방안을 모색한다. [6국02-04] 글을 읽고 내용의 타당성과 표현의 적절성을 판단한다. [6도03-03] 도덕적 상상하기를 통해 바람직한 통일의 올바른 과정을 탐구하고 통일을 이루려는 의지와 태도를 보인다. [6사08-02] 남북통일을 위한 노력을 살펴보고, 지구촌 평화에 기여하는 통일 한국의 미래상을 그려 본다.
	9 (36~41)	우리나라의 평화와 미래	우리나라의 평화	- 통일의 의미와 필요성 - 바람직한 통일의 방법 및 통일을 위한 다양한 노력 - 우리나라의 평화 모습 탐구하기	
	10 (42~46)		우리나라의 미래	- 지속가능한 평화와 통일 한국의 미래 - 지구촌 평화에 기여하는 우리나라의 미래 모습 탐구	
	11 (47~49)		탐구자료 공유	- 탐구한 자료 정리 및 발표하여 공유하기	
성찰 • 공유	12 (50~55)	프로젝트 성찰 및 공유하기	프로젝트 성찰 및 공유	- 프로젝트 에세이 작성 및 캠페인 활동 - 빌표 및 공유하기	[6국01-05] 매체 자료를 활용하여 내용을 효과적으로 발표한다. [6미02-02] 다양한 발상 방법으로 아이디어를 발전시킬 수 있다.

라. 탐구 질문

대주제 및 소주제의 흐름을 바탕으로 가치·주제·성취기준을 연결하여 본 프로젝트의 목표 및 방향을 구성하는 탐구 질문을 다음과 같이 디자인하였다.

소주제	탐구 질문
지구촌의 평화와 발전	평화란 무엇일까? 평화와 우리는 어떤 관계가 있을까? 지구촌의 다양한 갈등은 우리에게 어떤 영향을 미칠까? 지구촌 갈등을 어떻게 해결하면 좋을까? 지구촌 평화를 위해 우리는 무엇을 할 수 있을까? 지구촌 평화와 발전을 위한 세계시민의 자세는 무엇일까?
지속가능한 지구촌	지구촌 환경 문제가 일어나는 까닭은 무엇일까? 지구촌의 주요 환경문제에는 무엇이 있을까? 지구촌 환경 문제는 어떻게 해결하면 좋을까? 지구촌의 평화와 발전을 위협하는 갈등에는 무엇이 있을까? 지속가능한 미래를 위해 우리는 무엇을 해야 할까?
우리나라의 평화와 미래	통일이 필요할까? 바람직한 통일 방법은 무엇이고, 통일을 위하여 우리는 무엇을 해야 할까? 우리나라의 평화를 위협하는 요소는 무엇이고 어떻게 해결할 수 있을까? 지구촌 평화를 위해 우리가 할 수 있는 일은 무엇일까?

마. 탐구 과정

<table>
<tr><th>소주제</th><th>활동 내용 및 모습</th></tr>
<tr><td>프로젝트 준비</td><td>프로젝트 주제 탐색
▸ 평화의 의미 알아보기
▸ 키워드 분석하기
▸ 프로젝트 설계를 위한 탐구 질문 만들기

프로젝트 방향 설정
▸ 탐구 질문을 토대로 프로젝트의 방향 및 과정 설계하기

〈평화 관련 키워드 분석 및 유목화〉

〈탐구 질문 및 방향 설정〉</td></tr>
<tr><td>지구촌의 평화와 발전</td><td>지구촌 갈등의 원인 및 과정
▸ 지구촌 갈등의 원인 및 과정 탐구하기
▸ 지구촌 갈등으로 인한 영향 알아보기

지구촌 갈등 해결을 위한 노력
▸ 지구촌 갈등의 원인과 사례조사를 통한 해결 방안 탐구
▸ 지구촌 평화를 위한 비정부 기구의 노력

탐구자료 공유
▸ 탐구한 자료 정리 및 발표하여 공유하기

〈지구촌 갈등의 원인 및 사례조사〉

〈해결방안 탐구 및 공유〉</td></tr>
</table>

지속가능한 지구촌	지구촌 환경 문제 ▸ 지구촌의 다양한 환경 문제 탐색 ▸ 지구촌 환경 문제를 해결하기 위한 노력 지속가능한 미래 ▸ 빈곤과 기아 및 문화적 편견이 없는 미래를 위한 노력 탐구 ▸ 지속가능한 미래를 위해 우리가 할 수 있는 일 탐구   〈지구촌 문제 해결하기 위한 노력〉 〈지속가능한 미래를 위한 세계시민의 역할〉
우리나라의 평화와 미래	우리나라의 평화 ▸ 통일의 의미와 필요성 ▸ 바람직한 통일의 방법 및 통일을 위한 다양한 노력 ▸ 우리나라의 평화 모습 탐구하기 우리나라의 미래 ▸ 지속가능한 평화와 통일 한국의 미래 ▸ 지구촌 평화에 기여하는 우리나라의 미래 모습 탐구    〈바람직한 통일 방법 탐구〉 〈지속가능한 평화 공유〉 〈우리나라의 미래 발표〉

프로젝트 성찰 및 공유	프로젝트 성찰 및 공유 ‣ 프로젝트 에세이 작성 및 캠페인 활동 ‣ 발표 및 공유하기 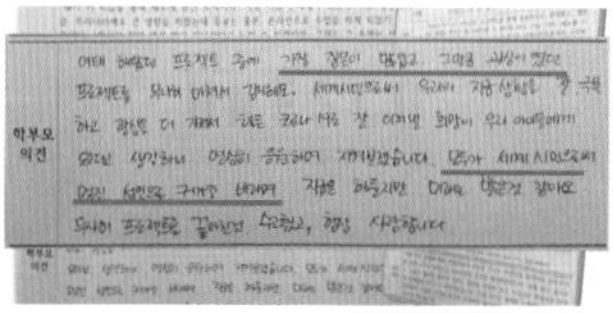 〈프로젝트 성찰 에세이 작성 및 피드백〉 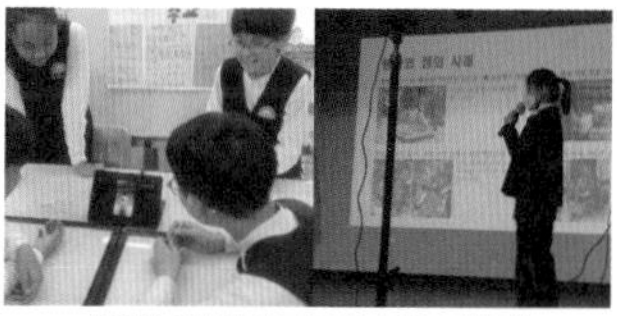 〈평화 캠페인 및 프로젝트 발표〉

바. 결과(산출물)

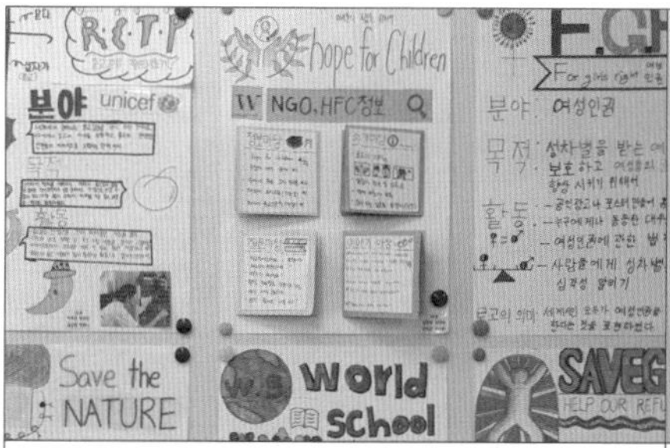

지구촌 평화를 위한 비정부기구

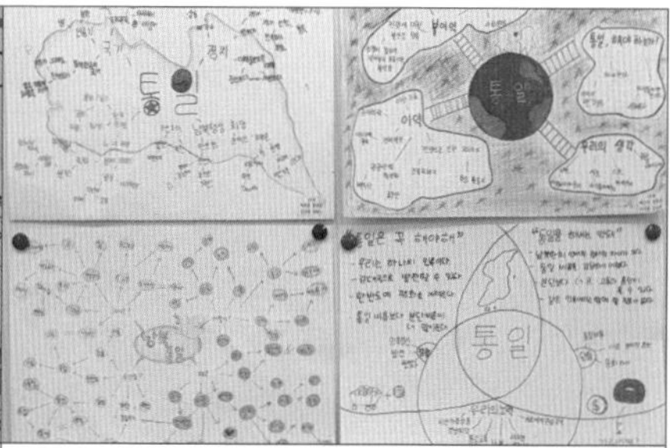

바람직한 통일의 방향

통일의 필요성 토론

나에게 프로젝트란?

최화니

공정무역으로부터 시작되는 공정사회

강동원

지속가능한 사회를 위한 에세이

지구촌 평화를 위한 세계시민의 역할

프로젝트 테마 조회

세계시민 한마음 발표회

우리나라의 평화와 발전을 위한 기념관 방문

지구촌 갈등 해결을 위한 토론회

지구촌의 다양한 갈등 사례 탐구

세계시민의 프로젝트 발표회

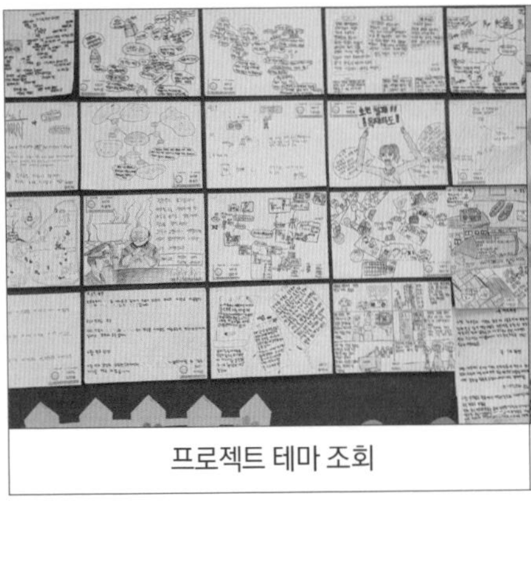

프로젝트 테마 조회

세계시민 한마음 발표회

지속가능한 미래를 위한 환경 보호 활동

우리는 세계시민 현장 캠페인 활동

Happy for all 인지상정 프로젝트

사. 과정 중심의 평가

학습 차시	주요 활동 과정 (결과물)	평가 준거	평가 주체	과정 평가 유형
1~5 차시	- 평화의 의미 알아보고 키워드 분석하기 - 프로젝트 설계를 위한 탐구 질문 만들기 - 탐구 질문을 토대로 프로젝트의 방향 및 과정 설계하기	[6국03-04] [6미02-01] - 다양한 자료를 활용하여 주제를 이해하고 탐구 질문을 만들 수 있는가? - 관련 자료를 분석하여 프로젝트의 방향과 과정을 설계할 수 있는가?	교사	글쓰기 (질문) 구두표현 (발표)

6~20 차시	- 지구촌 갈등의 원인 및 과정 탐구하기 - 지구촌 갈등으로 인한 영향 알아보기 - 지구촌 갈등의 원인과 사례조사를 통한 해결 방안 탐구 - 지구촌 평화를 위한 비정부기구의 노력	[6사08-03] [6사08-04] - 지구촌의 평화와 발전을 위협하는 다양한 갈등 사례를 조사하고 그 해결방안을 찾을 수 있는가? - 지구촌의 평화와 발전을 위해 노력하는 다양한 행위 주체의 활동사례를 조사할 수 있는가?	교사 동료 자신	시각적 표현 (비주얼 씽킹) 글쓰기 (메모)

21~ 35 차시	- 지구촌의 다양한 환경 문제 탐색하기 - 지구촌 환경 문제를 해결하기 위해 노력하기 - 빈곤과 기아 및 문화적 편견이 없는 미래를 위한 노력 탐구하기 - 지속가능한 미래를 위해 우리가 할 수 있는 일 탐구	[6사08-05] [6도03-04] [6사08-06] - 지구촌 주요 환경 문제를 조사하여 해결 방안을 탐색하고, 환경 문제 해결에 협력하는 세계시민의 자세를 기를 수 있는가? - 세계화 시대에 인류가 겪고 있는 문제와 그 원인을 토론을 통해 알아보고, 이를 해결하고자 하는 의지를 갖고 실천하는가? - 지속가능한 미래를 건설하기 위한 과제를 조사하고, 세계시민으로서 이에 적극적으로 참여하는 방안을 모색할 수 있는가?	교사 동료	구두표현 (토의 토론) 시각적 표현 (비주얼 씽킹) (만들기)

36~49 차시	- 통일의 의미와 필요성 탐구 - 바람직한 통일 방법 및 통일을 위한 다양한 노력 알아보기 - 우리나라의 평화 모습 탐색 - 지속가능한 평화와 통일 한국의 미래 알아보기 - 지구촌 평화에 기여하는 우리나라의 미래 모습 탐구	[6국02-04] [6도03-03] [6사08-02] - 글을 읽고 내용의 타당성과 표현의 적절성을 판단할 수 있는가? - 도덕적 상상하기를 통해 바람직한 통일의 과정을 탐구하고 통일을 이루려는 의지와 태고를 갖고 있는가? - 남북통일을 위한 노력을 살펴보고, 지구촌 평화에 기여하는 통일 한국의 미래상을 발표할 수 있는가?	교사 동료 자신	구두표현 (토의 토론, 발표) 글쓰기 (제안서) 시각적 표현 (PPT)

50~55 차시	- 프로젝트 에세이 작성 및 캠페인 활동 - 발표 및 공유하기	[6국01-05] [6미02-02] - 다양한 자료를 활용하여 주제에 맞는 내용을 효과적으로 발표할 수 있는가? - 다양한 발상 방법으로 아이디어 및 생각을 발전시킬 수 있는가?	교사 동료 자신 학부모	구두표현 (발표) 글쓰기 (에세이)

5-2

부록

프로젝트 과정·결과
덧붙이기

지역 문제 해결 공공 디자인 제안

제안자: 4학년 3반 학생 24명 | 기간: 3월~4월 장소: 4-2 교실
공개 대상: 4-3 학생, 학부모, 환경부 국민 참여 코너

모두의 행복을 위해 참여하고 실천하는 세계시민!

“우리 지역의 문제는 어떤 것이 있을까요?”라는 질문에 학생들은 환경의 문제를 가장 많이 꼽았다. “그렇다면 환경의 문제 중에서 여러분이 해결해 보고 싶은 문제가 있나요?”라는 질문에는 분리수거나 일회용품 사용 시에 발생하는 플라스틱에 대한 문제에 대하여 친구들과 공부해 보고 싶다는 의견이 많았다. 자료 검색, 전문가 학습, 문제 설정, 해결을 위한 토의토론을 통해 플라스틱 문제 해결을 위한 아이디어를 아래와 같이 [환경부 국민 참여 코너]에 제안하는 쪽으로 프로젝트를 진행하였다.

제목	플라스틱 사용 문제를 해결하는 방안
현황 및 문제점	플라스틱이 개발될 당시 플라스틱은 '신의 축복'이라는 별명을 얻을 만큼 싸고 편리한 물품이었다고 합니다. 하지만 오늘날 플라스틱은 '신의 저주'라고 불리며 각종 환경오염의 주범이 되고 있습니다. 이에 저의 경인교육대학교부설초등학교 4학년 3반에서는 이러한 플라스틱 문제 해결을 위한 방안에 대해 토의하고 문제해결 아이디어를 작성하여 다음과 같이 제안합니다. * 저는 경인교육대학교부설초등학교 4학년 3반 담임교사를 맡고 있습니다. 학생들과 함께 플라스틱 문제 해결을 위한 프로젝트 수업을 진행한 후 우리 학생들의 작은 아이디어가 우리 주변을 둘러싼 환경 위기에 조금이나마 도움이 되었으면 좋겠다는 생각에서 이와 같이 제안서를 작성하게 되었습니다. 비록 부족한 아이디어일 수 있으나 학생들이 긴 시간 자료를 찾고 공부한 결과를 바탕으로 결과물을 작성하였으니 저희의 의견에 대한 검토와 답변 부탁드립니다.
개선방안	1. 플라스틱 페트병 사용 후 비닐 라벨을 쉽게 제거하기 위한 아이디어 2. 플라스틱 용기 남용으로 인한 문제점 해결 아이디어 *자세한 내용은 첨부파일에 작성하였습니다.
기대효과	플라스틱 문제해결 아이디어를 통해 다음과 같은 효과를 얻을 수 있을 것으로 기대합니다. 첫째, 쉽고 간편하게 플라스틱 비닐을 제거 함으로써 플라스틱 분리배출 후 재활용률을 높일 수 있을 것입니다. 둘째, 플라스틱 문제에 대한 심각성을 많은 사람에게 알리고 플라스틱 쓰레기 줄이기에 동참할 수 있도록 도울 것입니다. 셋째, 환경을 위한 제도적 개선으로 사람들의 인식개선 및 환경을 위한 '착한 디자인' 아이디어를 유도할 수 있을 것입니다.
첨부파일	플라스틱 문제해결제안서.hwp

① 생수(음료수) 페트병 비닐 제거 문제 개선 아이디어

<table>
<tr><th>구 분</th><th colspan="2">내 용</th></tr>
<tr><td>현황
및
문제점</td><td colspan="2">1. 올바른 분리배출을 위해서는 생수(음료수) 페트병에 있는 라벨 비닐을 제거하여 버려야 하나 제거가 어려워 칼이나 가위를 사용하고 있음
2. 쉽게 제거하기 위한 에코 절취선이 적용된 플라스틱 페트병도 나오고 있으나 접착제로 인해 완전한 제거가 어렵고 절취선 대로 제거하기가 쉽지 않은 디자인이 많음
3. 결국 대부분의 사람들은 페트병 비닐을 제거하지 않은 채로 페트병을 배출하고 있어 플라스틱 페트병 재활용률(3%)이 매우 떨어짐</td></tr>
<tr><td rowspan="2">개선방안</td><td colspan="2">◈ 개선을 위한 아이디어는 아래 2가지로 구상함</td></tr>
<tr><td>1. 아이디어 ① : 플라스틱 페트병에 붙어 있는 <u>비닐을 없애는 방법</u>
- 비닐이 없는 형태로 생수병, 음료수병을 판매하여 바로 분리배출이 가능하도록 함
- 비닐 라벨에 작성된 제품명, 제품에 대한 정보 등은 <u>QR 코드에 담아 페트병 용기 뚜껑</u>에 디자인함
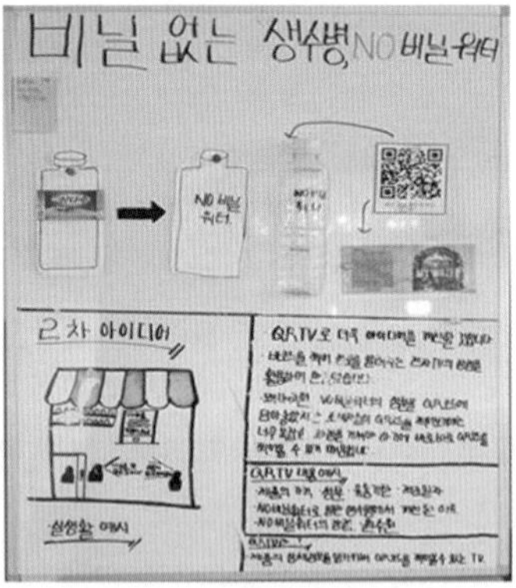
</td><td>2. 아이디어 ② : 플라스틱 페트병에 붙어 있는 <u>비닐을 종이로 바꾸는 방법</u>
- 페트병 비닐을 종이로 바꾸어 제작하고 현재처럼 에코 절취선을 적용하여 쉽게 분리하도록 함
- 종이는 비닐보다 <u>쉽게 분리가 가능</u>하기 때문에 분리배출이 용이 할 것으로 기대함
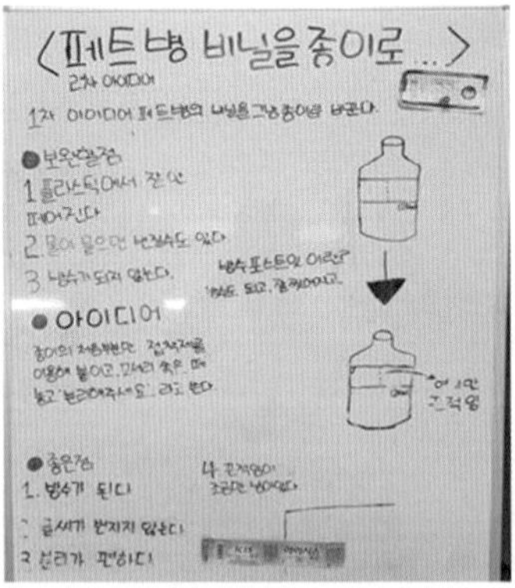
</td></tr>
<tr><td>기대효과</td><td colspan="2">1. 간단하게 종이를 제거하거나 비닐 제거 없이 바로 분리 배출하게 되어 정확한 분리배출이 가능하며 재활용 비율을 높일 수 있음
2. 플라스틱 문제에 대한 심각성을 알리고 사람들의 인식 개선을 위한 홍보 효과를 통해 착한 디자인 아이디어를 더 유도할 것임</td></tr>
</table>

② 배달 음식으로 인한 플라스틱 남용 문제 개선 아이디어

구 분	내 용
현황 및 문제점	1. 1인 가구의 증가, 배달 서비스의 향상으로 인해 언제 어디서든 간편하게 원하는 음식을 주문해서 먹을 수 있게 되었음 2. 하지만 대부분의 배달 음식은 일회용 플라스틱 용기에 담아 오게 되며 음식을 다 먹고 난 후에 플라스틱 용기를 제대로 씻지 않고 분리배출 하거나 일반 쓰레기에 담아 버리는 경우가 많음 3. 결국 분리된 플라스틱도 재활용이 어려울 뿐만 아니라 일반 쓰레기로 배출하게 되어 심각한 환경오염 문제를 일으킴
개선방안	◈ 배달 음식으로 인한 플라스틱 남용 문제를 해결하기 위해서는 정부 차원의 제도 개선이 필요한 것으로 보이며 다음과 같이 제안함 1. 배달 음식에 **플라스틱 용기를 사용하지 못하도록 하는 제도** 마련 필요 2. 배달 음식을 받는 주문자가 일회용 용기가 아닌 다회용 용기에 음식을 덜어서 받는 경우 일정 **금액을 할인해 주는 제도**가 필요함 ※ 편의점, 마트와 같은 곳에서 대용량 제품의 일정량 덜어 구매할 수 있도록 하는 방안도 있음 3. 플라스틱 용기를 불가피하게 사용해야 하는 경우에는 **음식물을 잘 씻어 낼 수 있는 재질의 플라스틱 용기**를 사용하도록 권장해야 함 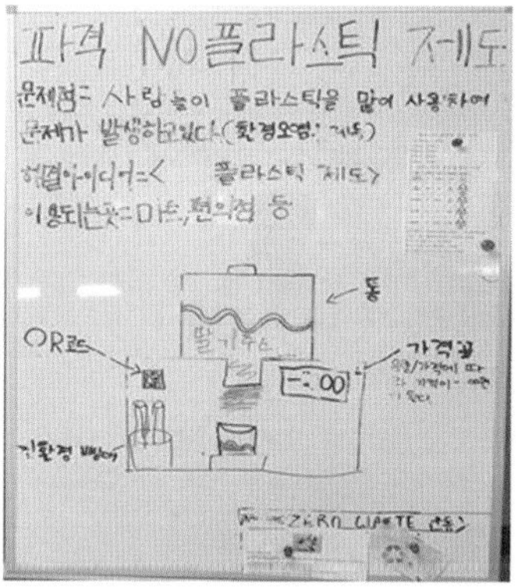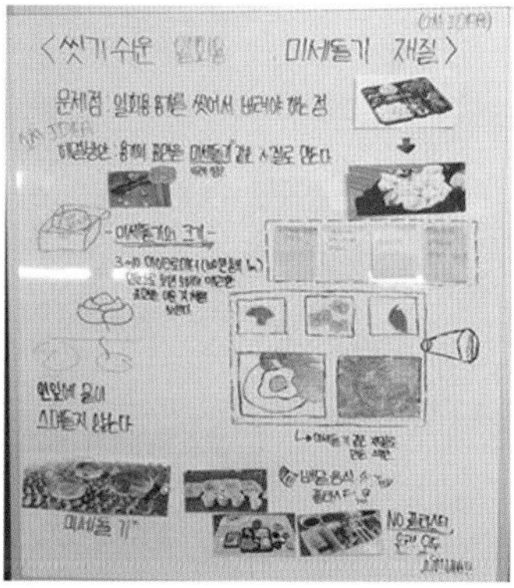
기대효과	1. 관련 제도 홍보를 통해 많은 사람들이 플라스틱 남용 문제에 대한 심각성을 보다 가까이에서 인식하도록 하게 할 것임 2. 플라스틱 용기는 생활 속 플라스틱 배출량이 가장 많은 문제점이므로 제도 정착시 플라스틱 남용 문제를 크게 줄일 수 있을 것임

답변일	2020-04-29 13:42:31
처리결과 (답변내용)	○ 안녕하십니까? 제안 참여에 감사드리며 귀하의 제안 중 자원재활용과 소관사항에 대해 다음과 같이 회신하여 드립니다. ○ 우희석님께서는 '페트병 포장재를 라벨비닐이 없는형태 또는 분리가 쉬운 종이라벨로 제작토록 관리' 하여야 된다는 내용으로 제안하여 주셨습니다. ○ 현재 우리 부는 재활용이 어려운 포장재의 사용을 억제하고 재활용이 쉬운 재질 포장재 사용을 유도하기 위해 「자원재활용법」 을 개정(시행일:'19.12.24)하여, 재활용이 어려운 PVC 포장재와 유색 PET병은 사용금지하고, 포장재 재질·구조 평가 및 표시 의무화를 통해 '재활용어려움' 등급 포장재는 해당 등급을 표시하도록 강제하여, 업체에서 자발적으로 재활용이 쉬운 포장재를 사용하도록 유도하고 있습니다. ○ 이에따라 페트병에는 열알칼리성 분리되지않는 접착제는 사용을 금지하였고, 라벨사용과 관련해서는 '소비자가 손쉽게 분리가능 하도록하는 구조가 없는 비중1 이상의 합성수지 재질', '합성수지 이외의 재질' 등을 사용했을 경우, 재활용이 어려운 것으로 판정하고, '재활용어려움' 등급은 포장재에 의무적으로 표기토록 관리하고 있는 실정입니다. ○ 위와 같은 사유로 귀하의 제안은 기 시행중임을 알려드리며, 환경보전을 위한 귀하의 고민과 사려깊은 제안에 감사드립니다. 아울러 추가적으로 문의사항이 있을 경우에는 환경부 자원재활용과 강대인(044-201-7384, whisika@korea.kr)에게 연락주시면 친절히 안내해 드리겠습니다.

처리결과 (답변내용)	◦ 안녕하십니까? 제안 참여에 감사드리며, 귀하의 제안내용은 "배달음식 포장용 플라스틱 용기 사용규제 및 다회용기 사용 유도 필요"에 대한 것으로 이해하고 다음과 같이 답변 드립니다. ◦ 환경부는「자원의 절약과 재활용 촉진에 관한 법률」 제10조에 따라 식품접객업소, 도.소매업종 등에서 1회용품(1회용컵, 1회용 접시, 1회용 용기, 1회용 나무젓가락 및 이쑤시개, 1회용 수저, 포크 및 나이프, 1회용 비닐식탁보, 1회용 봉투 및 쇼핑백 등)의 사용을 금지하고 있습니다. ◦ 다만, 현행 규정상 식품접객업에서 포장·배달 시 사용되는 1회용품은 사용규제에서 제외되어 있습니다. ◦ 이에, 지난해 11월 배달음식에 사용되는 1회용품을 사용규제에 포함하는 등 "1회용품 함께 줄이기 계획을 발표한바 있습니다. ◦ 중장기 로드맵에 따라, 포장·배달의 경우 '21년에 수저 등 식기류의 사용을 금지하고, 대체가 어려운 용기· 접시 등은 다회용기 시범사업을 거쳐 종이 등 친환경 소재 또는 다회용기로 전환을 유도할 계획입니다. ◦ 관련 업계와의 자발적 협약을 통해, 용기·접시 대여-회수-세척 등을 시범적으로 추진하려고 하는 것이며, 시범사업의 차질없는 추진을 위해 구체적인 실행방안을 관련 업계 등 이해관계자와 논의 중임을 알려드립니다. ◦ 환경 보호에 대한 귀하의 제안에 감사드리며, 기타 궁금하신 사항은 자원순환정책과 권혁진 주무관(044-201-7346)에게 문의하여 주시기 바랍니다. 감사합니다.

위의 답변은 학생들이 제안한 공공 아이디어에 대하여 환경부 자원재활용과, 자원순환정책과에서 답변한 내용이다. 프로젝트 학습을 통해 얻은 결과에 대하여 전문기관의 피드백을 받은 학생들의 보람은 배가되었다.

학교 공간혁신 디자인

구상자: 6학년 4반 학생 24명 | 기간: 9월 중 | 장소: 6-4 교실
공개 대상: 6-4 학생, 전문적 학습공동체 회원 16개교 교장단

Happy for all 인지상정!
모두가 행복한 학교 공간!

학생은 학교를 만들고 학교는 사람을 만든다. 인간으로서 인격 형성에 가장 중요한 시기인 초등학교 시기의 학교 공간은 매우 중요하다. 현재 우리 학교 공간의 현실은 미래 시대의 주역이자 창의성이 요구되는 시대를 살아갈 우리의 학생들에게 어울리지 않게 너무 획일화되어 있다. 이에 학교 공간의 실제 사용자인 학생이 주도적으로 필요한 공간을 생각하고 아이디어를 구상하여 새롭게 디자인하였다. 이 프로젝트는 최초 필자이 프로젝트 교육과정 설계상 대주제에 있지는 않았지만, 실과 및 미술 교과의 성취기준을 가져와 별도의 작은 프로젝트로 진행하였다(총 10차시).

흐름(차시)		소주제	배움 주제	배움 활동 내용	성취기준
공감·설계	1 (1~2)	주제 만나기	• 학교 공간혁신의 의미와 가치 • 모둠별 주제 정하기	토의토론	의사소통공동체
창의·실행	2 (3~4)	관련 정보 수집	• 탐구 자료 조사 및 수집 • 탐구 내용 기록하기	조사 및 탐구 학습	지식정보처리 의사소통
	3 (5~6)	자료 분석 및 정리	• 조사 자료 분석 • 자료 구체화 및 정리	탐구실행 및 토의토론	의사소통 창의적 사고 공동체
	4 (7~8)	결과물 제작하기	• 아이디어 구상하기 • 공간혁신 계획서 제작하기	조사 및 탐구 학습	지식정보처리 심미적 감성
성찰·공유	5 (9~10)	배움 공유하기	• 프로젝트 결과 발표하기 • 평가 및 공유하기	발표학습	의사소통 자기관리
	6 (21~26)	지속 가능한 지구촌	▸ 지구촌 환경 문제	- 지구촌의 다양한 환경 문제 탐색 - 지구촌 환경 문제를 해결하기 위한 노력	

학교 공간혁신 아이디어를 디자인하기 위한 프로젝트 수업 설계

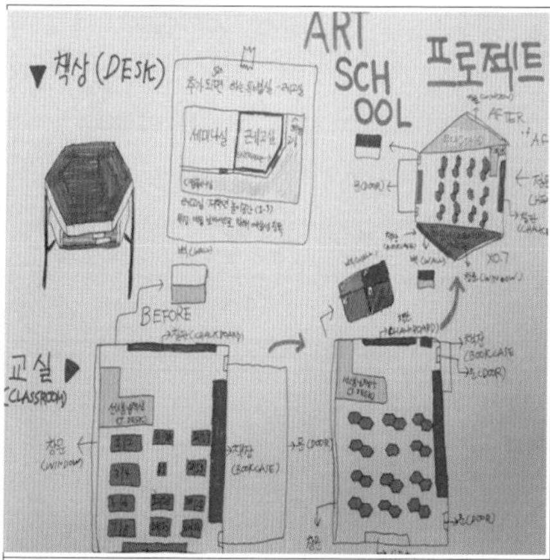

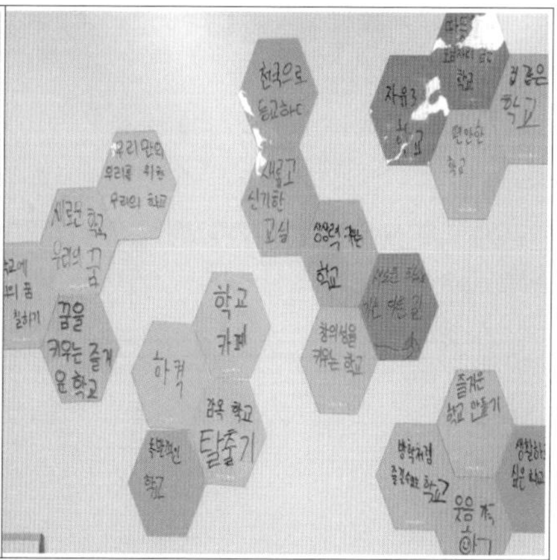

학교 공간혁신을 위한 토의토론 모습과 결과 정리

아트스쿨 프로젝트	**혁신적인 우리 학교 도서관**	**부설 스퀘어 가든**	**우리 교실의 네 가지 얼굴**	**우리의 학교는 우리의 색으로**
이론을 바탕으로 구조와 모양, 색과 활용성을 적용한 교실 및 특별실의 모습 구안	현재 도서관의 문제점을 분석하고 국내 및 해외 도서관을 참고하여 공간혁신 구안	학교 옥상을 다양한 테마(쉼터, 놀이, 관찰, 에너지, 텃밭 등)로 적용한 모습 구안	교실의 방향, 공간 활용, 기자재를 효율적으로 사용할 수 있는 방법 구안	학교 실내외 공간 및 외벽에 대한 색깔의 효과를 이론적 배경을 바탕으로 적용 구안

학교 공간혁신을 위한 아이디어 구상지

이 공간혁신 프로젝트는 2년 후 우리 학교가 교육부의 2021학년도 공간혁신사업 해당 학교로 선정되는 데 큰 역할을 하였고, 사업이 확정된 1학년 사용층의 모든 공간을 리모델링 하는데 많은 아이디어를 제공하게 된다.

프로젝트 학습 발표회

발표자: 6학년 3반 학생 23명 | 기간: 8월 말~9월 초 | 장소: 문화관
공개 대상: 6-3 학생, 학부모, 우리 학교의 모든 선생님

미래 평화를 솔선하는 세계시민
63 Build-up!!

프로젝트 학습 발표회는 1년 또는 1학기에 1회 정도로 학습한 것들에 대하여 결과를 공개하고, 평가(피드백)를 받기 위해 개최한다. 여기서 예시로 소개하는 것은 63 Build up 구성원들과 함께 1학기 3번째 대주제인 [경제발전의 방향]에 대한 발표회이다. 지속가능발전 17가지 목표(SDGs)에 도달하기 위하여 개인 또는 2인이 팀을 구성하고 자신들이 별도로 연구한 과제들을 프레젠테이션 형식으로 발표하였다.

프로젝트 발표회 포스터 제작

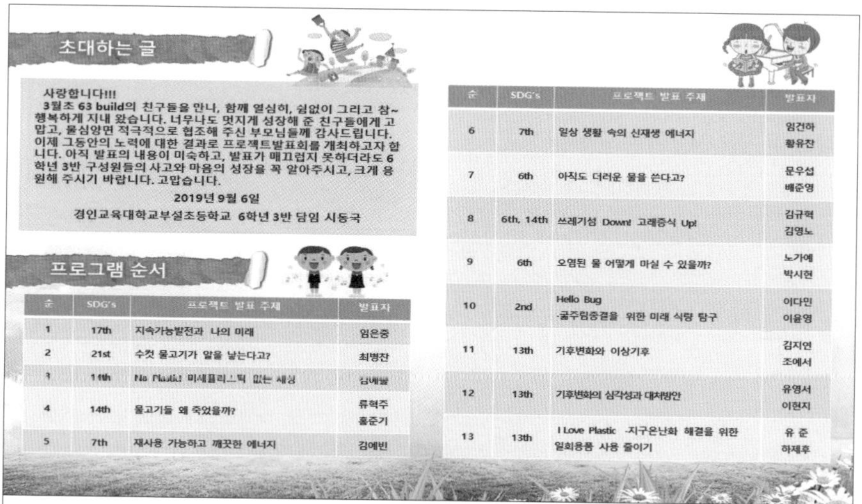

초대하는 글

사랑합니다!!!
3월초 63 build의 친구들을 만나, 함께 열심히, 쉼없이 그리고 참~ 행복하게 지내 왔습니다. 너무나도 멋지게 성장해 준 친구들에게 고맙고, 물심양면 적극적으로 협조해 주신 부모님들께 감사드립니다. 이제 그동안의 노력에 대한 결과로 프로젝트발표회를 개최하고자 합니다. 아직 발표의 내용이 미숙하고, 발표가 매끄럽지 못하더라도 6학년 3반 구성원들의 사고와 마음의 성장을 꼭 알아주시고, 크게 응원해 주시기 바랍니다. 고맙습니다.

2019년 9월 6일

경인교육대학교부설초등학교 6학년 3반 담임 시동국

프로그램 순서

순	SDG's	프로젝트 발표 주제	발표자
1	17th	지속가능발전과 나의 미래	임은중
2	21st	수컷 물고기가 알을 낳는다고?	최병찬
3	14th	No Plastic! 미세플라스틱 없는 세상	김예슬
4	14th	물고기들 왜 죽었을까?	류혁주 홍준기
5	7th	재사용 가능하고 깨끗한 에너지	김예빈

순	SDG's	프로젝트 발표 주제	발표자
6	7th	일상 생활 속의 신재생 에너지	임건하 황유찬
7	6th	아직도 더러운 물을 쓴다고?	문우섭 배준영
8	6th, 14th	쓰레기섬 Down! 고래증식 Up!	김규혁 김영노
9	6th	오염된 물 어떻게 마실 수 있을까?	노가예 박시현
10	2nd	Hello Bug -굶주림종결을 위한 미래 식량 탐구	이다민 이윤영
11	13th	기후변화와 이상기후	김지연 조예서
12	13th	기후변화의 심각성과 대처방안	유영서 이현지
13	13th	I Love Plastic -지구온난화 해결을 위한 일회용품 사용 줄이기	유 준 하제후

프로젝트 발표 주제를 안내하는 팸플릿

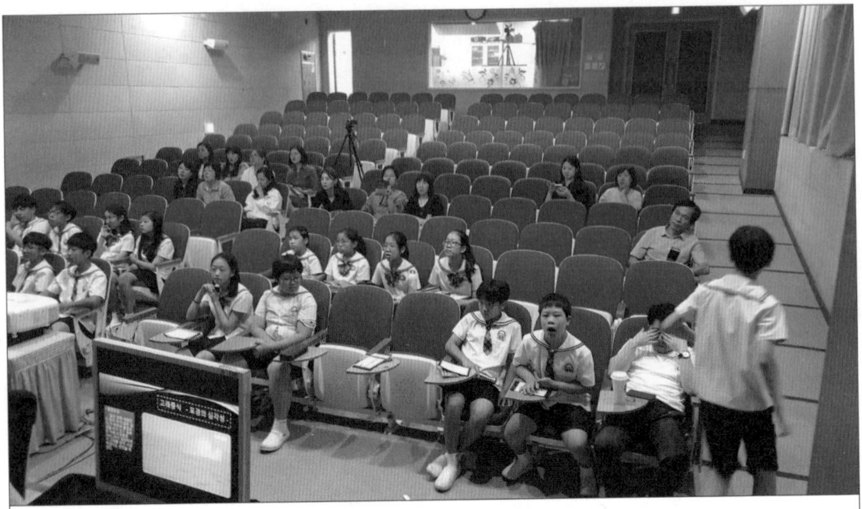

문제에 관한 연구, 해결방법에 대한 발표

개인 또는 2인의 발표자는 소극장 형태의 문화관에서 우리 반 친구들과 학부모님 앞에서 자신들의 연구한 것을 발표하고 있다. 특히 기억에 남는 발표자는 10번 순서의 학생들이었다. 이들은 '지속가능발전 2. 기아 종식'을 위해 지구촌의 굶주림 종결을 위한 미래 식량을 탐구하였다. 발표를 시작하며 해외배송을 통해 준비한 식용 밀웜과 메뚜기를 먼저 시식하도록 하여 많은 이들의 관심을 끌었다.

지속가능 실천 발표와 전시

실천자: 2학년 전체 학생 96명 | 기간: 여름방학~8월 |
장소: 교실 및 어울마당 | 공개 대상: 전교생, 전교 학부모, 우리 학교의 모든 선생님

즐거운 배움, 공감과 협력, 행복한 미래를 꿈꾸는 세계시민 2학년 1반 The World Class!

코로나19의 확산으로 원격과 대면을 병행하여 어떻게 프로젝트 수업을 이끌어갈지 많이 고민한 한 해였다. 2학년 1학기 두 번째 대주제는 '가족과 함께 성장하는 여름'이었는데 이 프로젝트의 마무리를 여름방학을 이용하여 가족과 지속가능발전을 위한 계획을 세우고 함께 실천하는 것으로 정하였다. 가족과 꾸준히 실천한 결과는 각 학급에서 등교 시에 발표하였고, 결과물은 8월 중 전교생이 볼 수 있는 공간에 전시하였다.

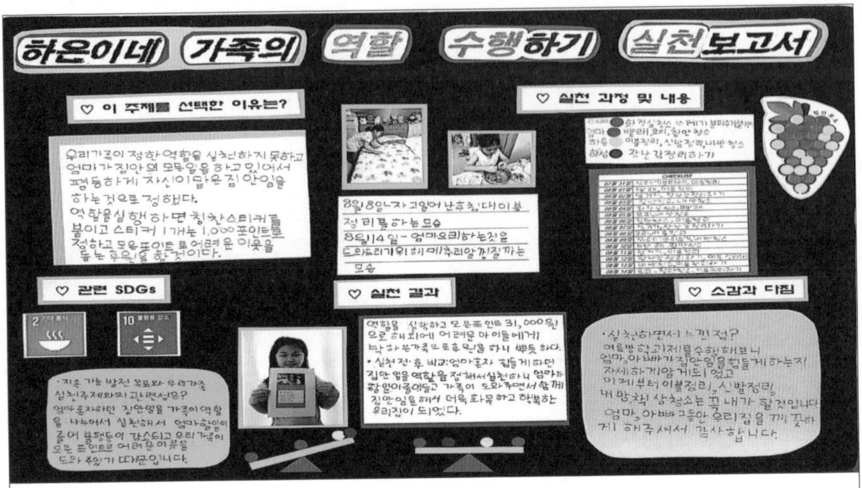

가족과 함께 성장하는 여름 프로젝트 발표물 예시

앞쪽의 실천보고서는 지속가능발전목표 중 '2. 기아 종식'과 '10. 불평등 감소'의 해결을 위한 실천이었다. 가족의 역할 중에서 엄마가 집에서 가장 많은 일을 하고 있다고 판단하고, 방학 중에 네 명의 식구가 엄마의 일을 조금씩 나누어 하기로 하였다. 가족들은 각자의 역할을 실천할 때마다 포도송이에 색깔이 다른 스티커를 붙였다. 역할을 수행하고 포인트로 모은 31,000원은 해외의 어려운 이웃에게 후원하기로 하였다고 한다.

가족과 함께 성장하는 여름 프로젝트 2학년 전체의 전시물

인권: 블렌디드 러닝 (Blended Learning)

실천자: 5학년 4반 24명 | 기간: 5월~6월

장소: 온라인 원격 및 화상 공간, 5학년 4반 교실 | 공개 대상: 5-4학생, 학부모

블렌디드 러닝으로 참여하고 실천하는 우리 모두의 인권!!

등교수업과 원격수업이 병행되는 블렌디드 러닝 상황에서 나와 우리, 모두가 가진 기본적인 권리인 인권에 대해 알아보고 서로를 존중하고 배려하는 문화를 스스로 만들어가기 위하여 아래와 같은 활동을 계획하고 실천하는 시간을 가졌다. 예시는 온라인으로 실시한 부분만 담았다.

활동 내용

• 인권 관련 온 책 읽기

- 『앵무새 죽이기』(하퍼 리 지음) 책을 모두 구매한 후 부모님과 함께 온 책 읽기를 진행

• 탐구 질문 만들기

- 실시간 쌍방향 화상 수업 시 패들렛(padlet) 활용한 탐구 질문 만들기
- 프로젝트에서 탐구해야 할 방향 설정

• 인권과 관련하여 탐구하기

- 어린이 국회 우수 법률안의 주장과 근거의 적절성 파악하기
- UN 아동 권리협약 조항을 살펴보고 인권 존중의 태도 생각하기
- 인권 신장을 위해 노력한 인물 및 제도를 조사하여 구글 사이트 도구에 올리기
- 인권 침해 사례를 알아보고 인권 보장을 위한 학교, 시민단체, 국가의 노력 조사하기

• 법과 관련하여 탐구하기

- 생활 속 법령 및 인권에 관한 법 살펴보기
- 코로나19와 관련하여 새로 필요한 법은 무엇인지 화상 수업으로 의견 나누기
- 우리 생활에서 법이 지켜지지 않는 사례를 조사하여 구글 클래스룸에 정리하기
- 헌법의 의미와 내용을 알아보고 새로 생긴 법에 대한 내 생각 정리하기

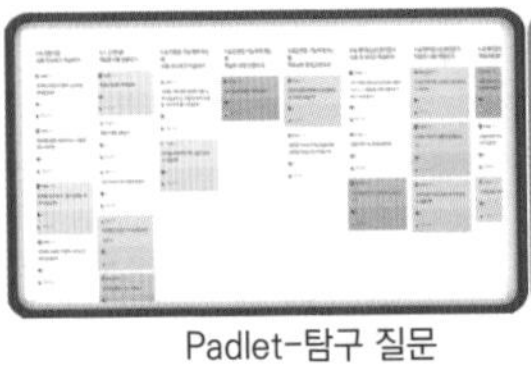

Padlet-탐구 질문

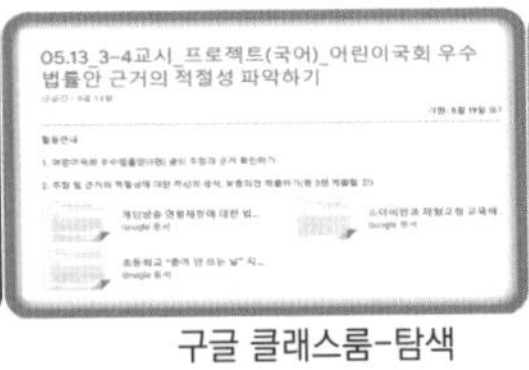

구글 클래스룸-탐색

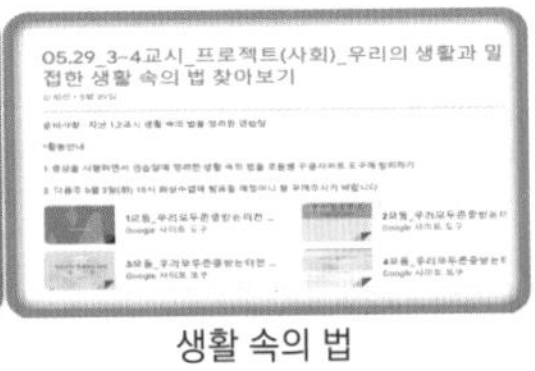

생활 속의 법

• 법과 관련하여 인권 신장을 위한 실천방안 찾기

- 실시간 화상 수업으로 인권 관련 역할극 준비하기
- 인권 공모전 참가 요강 살펴보고 참가 계획 세우기
- 인권 신장을 위한 픽토그램을 만들고 패들렛에 탑재하기

• **인권 관련 역할극 발표, 인권 디베이트**
- 인종, 종교, 장애, 빈부격차, 양성평등, 전쟁과 관련된 역할극 발표
- 역할극을 보고 느낀 점 및 소감 나누기
* 논제: 동물 인권보다 동물 자원으로서의 가치가 더 중요하다.
* 논제: 인터넷 게임 셧다운제도는 필요하다.
- 디베이트 소감문 작성 및 친구의 의견에 댓글 남기기

• **인권 공모전 참여하기**
- 인권 공모전 사이트에 접수하여 자신의 공모전 글 제출하기

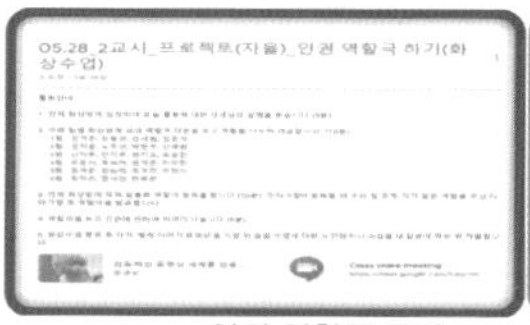
인권 역할극 준비

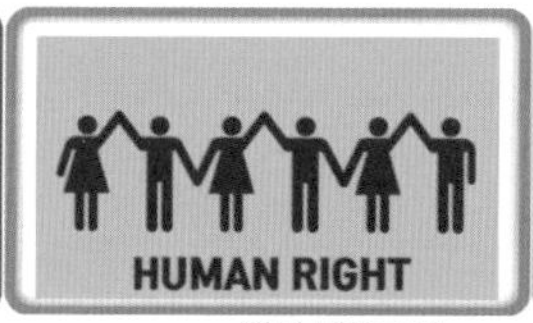

인권 픽토그램

인권공모전 참여

• **수정 보완하기**
- 모둠별 프로젝트 구글 사이트 도구에 부족한 내용, 보완할 내용 보충하여 정리하기

• **프로젝트 에세이 나누기**
- '우리 모두 존중받는 터전 프로젝트'를 공부하면서 느낀 점 에세이 쓰기
- 친구들과 함께 공유하고 자기 내면화하기

• **새롭게 알게 된 점 및 더 배우고 싶은 점 나누기**
- 프로젝트 활동 돌아보기
- 모둠별 구글 사이트 도구에 프로젝트를 시작하면서 만들었던 질문 살펴보기
- 새롭게 알게 된 점, 더 탐구할 내용을 모둠별 구글 사이트 도구에 정리하기
- 인권 관련 화상 월드 카페를 진행하여 인권에 대하여 못다 한 이야기 나누기

에세이 발표

사이트 도구로 결과정리

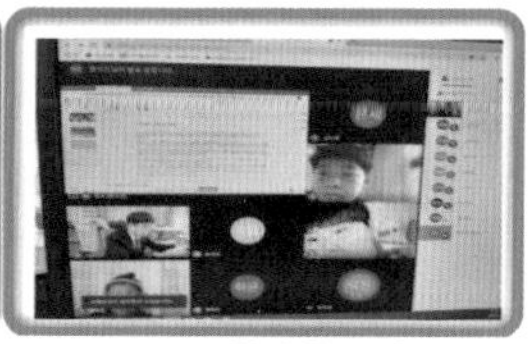
화상 월드 카페

종합정리 세트! 테마 조회

참여자: 3학년~6학년 전체 학생 | 기간: 4월, 6월, 9월, 11월
장소: 문화관(또는 영상 제작) | 공개 대상: 전교 학생, 학부모, 교사, 교생 선생님

학생들의 프로젝트를 통해 배운 것, 알리고 싶은 것, 함께하고 싶은 것을 제시하는 가장 강력한 방법으로 테마 조회를 통한 공연하기를 들 수 있다. 테마 조회에서는 프로젝트로 학습한 과정과 결과가 나타나도록 토의토론의 장면, 노래나 춤, 카드섹션, 립 덥(Lip Dub), 역할극이나 마임, 뮤지컬 등으로 준비하여 공연한다.

학생이 마임 같은 공연을 준비하기 위해서는 학생들끼리 다음과 같은 부분에 대하여 충분한 논의가 있어야 한다. '① 먼저 어떤 메시지를 전달할 것인가?(가치), ② 우리가 공부한 것은 무엇인가?(성취기준과 주제), ③ 공연의 형태, 대본, 음악, 무대장치와 소품, 맡은 역할, 연습은 어떻게 할 것인가?'에 대한 것이다. 테마 조회를 준비하는 과정을 겪다 보면 프로젝트 수업의 모든 장면을 종합적으로 담아낼 수 있다. 아래 사진은 테마 조회의 다양한 공연 모습과 이를 준비하는 과정이다.

실시간 디베이트	카드섹션

역사에 대한 역할극	립 덥 제작

테마 조회 준비를 위한 작업	공연 연습

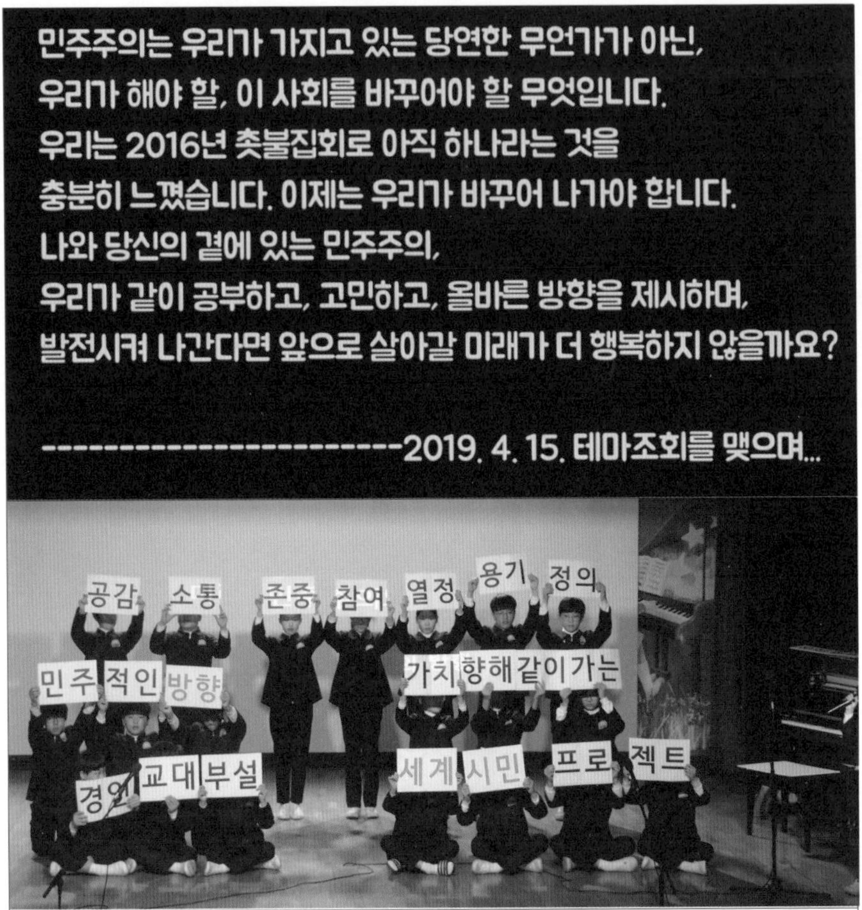
민주주의는 우리가 가지고 있는 당연한 무언가가 아닌,
우리가 해야 할, 이 사회를 바꾸어야 할 무엇입니다.
우리는 2016년 촛불집회로 아직 하나라는 것을
충분히 느꼈습니다. 이제는 우리가 바꾸어 나가야 합니다.
나와 당신의 곁에 있는 민주주의,
우리가 같이 공부하고, 고민하고, 올바른 방향을 제시하며,
발전시켜 나간다면 앞으로 살아갈 미래가 더 행복하지 않을까요?
------------------------2019. 4. 15. 테마조회를 맺으며...
공감 소통 존중 참여 열정 용기 정의
민주 적인 방향
가치 향해 같이 가는
교대 부설
세계 시민
프로 젝트

테마 조회의 마무리 메시지(가치)

테마 조회를 통해 프로젝트 결과를 공개함으로써 프로젝트 과정을 성찰하고 다음의 프로젝트에 대한 자신감이 생기고 기대할 수 있게 되었다.

또 다른 평가; 프로젝트 결과통지서

당신은 학기 초에 학생과 학부모에게 올해 어떤 것을 공부할 것인지를 구체적으로 안내하고 있는가? 학습에 대한 사전 안내는 주간학습 안내와 수행평가 예고 정도일 것이다. 그리고 학습에 대한 결과로 수행평가가 담긴 통지표를 발송할 것이다.

필자는 위의 것 외에 학기 초 프로젝트 안내장을 각 가정에 보내 학생과 학부모에게 학습할 것을 미리 알린다('1-3. 신뢰' 참고). 그리고 이에 대한 결과로 학기 말에는 프로젝트 결과통지서를 발송한다.

결과통지서를 발송하는 이유는 한 학기 프로젝트 수업을 마무리하며 그동안의 성장, 변화, 발전 등에 대하여 교육의 3주체인 교사, 학생, 학부모가 각자의 입장에서 프로젝트 수업 과정을 돌아보는 시간을 갖게 하려는 것이다. 즉, 앞으로 이어질 프로젝트를 위해 피드백을 하는 것이라고 보면 된다.

우리 학급의 가치, 운영관, 활동목표를 간단하게 설명

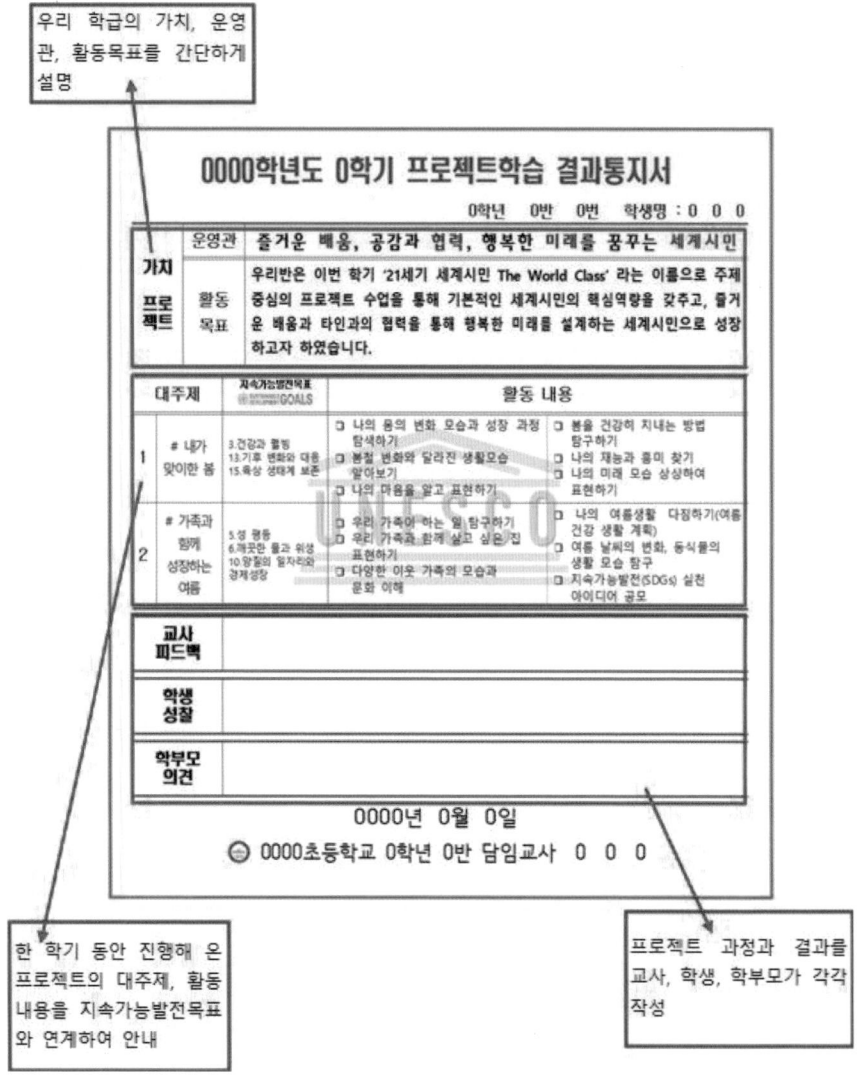

0000학년도 0학기 프로젝트학습 결과통지서

0학년 0반 0번 학생명 : 0 0 0

가치 프로젝트	운영관	**즐거운 배움, 공감과 협력, 행복한 미래를 꿈꾸는 세계시민**
	활동 목표	**우리반은 이번 학기 '21세기 세계시민 The World Class' 라는 이름으로 주제 중심의 프로젝트 수업을 통해 기본적인 세계시민의 핵심역량을 갖추고, 즐거운 배움과 타인과의 협력을 통해 행복한 미래를 설계하는 세계시민으로 성장하고자 하였습니다.**

대주제		지속가능발전목표 GOALS	활동 내용	
1	# 내가 맞이한 봄	3.건강과 웰빙 13.기후 변화와 대응 15.육상 생태계 보존	❑ 나의 몸의 변화 모습과 성장 과정 탐색하기 ❑ 봄철 변화와 달라진 생활모습 알아보기 ❑ 나의 마음을 알고 표현하기	❑ 봄을 건강히 지내는 방법 탐구하기 ❑ 나의 재능과 흥미 찾기 ❑ 나의 미래 모습 상상하여 표현하기
2	# 가족과 함께 성장하는 여름	5.성 평등 6.깨끗한 물과 위생 10.양질의 일자리와 경제성장	❑ 우리 가족이 하는 일 탐구하기 ❑ 우리 가족과 함께 살고 싶은 집 표현하기 ❑ 다양한 이웃 가족의 모습과 문화 이해	❑ 나의 여름생활 다짐하기(여름 건강 생활 계획) ❑ 여름 날씨의 변화, 동식물의 생활 모습 탐구 ❑ 지속가능발전(SDGs) 실천 아이디어 공모

교사 피드백	
학생 성찰	
학부모 의견	

0000년 0월 0일

㊞ 0000초등학교 0학년 0반 담임교사 0 0 0

한 학기 동안 진행해 온 프로젝트의 대주제, 활동 내용을 지속가능발전목표와 연계하여 안내

프로젝트 과정과 결과를 교사, 학생, 학부모가 각각 작성

[교사가 피드백할 때의 중점사항]

1. 학습한 결과의 나열보다는 프로젝트 수업의 과정을 종합적으로 관찰하고, 다양한 변화와 성장에 대한 부분을 역량 중심으로 기술한다(질문 작성, 토의토론, 참여 태도, 산출물 제작 과정 등).

2. 개개인의 특성에 맞게 작성하는 것이므로 같은 문구를 여러 번 복사하여 붙이지 않도록 한다.

3. 가끔은 이번 프로젝트를 하면서 아쉬웠던 부분, 앞으로의 프로젝트를 위해 좀 더 노력해야 할 부분을 기록하기도 한다.

교사 의견	강윤이는 호기심이 많은 만큼 상식도 풍부하며, 프로젝트 학습에 대하여 또래 친구들보다 더 많은 의욕이 있습니다. 화상수업과 대면수업에서 적절한 질문이나 발표를 함으로써 많은 도움이 되고 있으며, 친구들에게도 긍정적인 영향을 미치고 있습니다. 지속가능발전 실천에 참여하고 느낀 점으로 '탄소발자국 인증 제품이 생각보다 적었다, 페트병의 비닐이 더 잘 뜯어지게 만들어야 한다.' 등 구체적인 고민이나 생각을 써 낸 것도 참 인상적입니다. 결과물 정리에서 꼭 알리고 싶은 내용을 적절한 속도와 태도로 발표해서 좋은 본보기가 되었습니다.
교사 의견	항상 성실하고 의욕적인 아인이 덕분에 우리반 프로젝트 수업이 활기를 얻고, 선생님은 힘이 납니다. 또래 친구들 사이에서도 우리반의 프로젝트를 제대로 이해하고 있음이 눈에 띄며 프로젝트 진행 과정에서 주도적인 역할을 합니다. 지속가능발전 실천 아이디어 공모 결과에서 가족의 분리배출 실천 과정을 체계적으로 정리하고, 자신의 힘으로 해내려고 했던 노력이 느껴집니다. 친구들 앞에서 자신이 배우고 익힌 것을 정리하여, 적절한 속도와 크기로 잘 발표합니다.

2학년 학생에 대한 교사 피드백 예시

교사 의견	1년간 꾸준히 우리 프로젝트 학습에서 자료 조사와 활동 준비를 적극적으로 하고, 주어진 정보를 활용할 수 있는 능력이 뛰어나며 특히 정보를 시각화하여 나타내는 능력이 탁월합니다. 그리고 팀원들과 결론을 내려야 할 상황에서 의사결정력이 돋보이며, 다른 사람과 소통하는 태도가 크게 성장하였습니다. 자신에게 필요한 탐구 질문을 만들고 질문에 대한 해답도 스스로 찾아 잘 정리하는 모습이 참으로 본받을 만합니다. 토의토론 시 논쟁을 즐기며 다른 사람의 의견을 경청해 주는 자세가 좋으며, 자신의 의견 발표 시에도 생각을 조리 있게 말하고, 의사 전달력 또한 많이 향상되었습니다.

6학년 학생에 대한 교사 피드백 예시

[학생이 성찰문을 작성할 때 생각해 볼 것]

1. 이번 학기에서 배운 것은 무엇이며, 어떤 흐름으로 프로젝트를 진행해 왔는가?

(But! 사실의 기록과 알게 된 지식의 나열은 지양)

2. 가장 인상적인 장면은? 가장 재미있었던 활동은? 왜 그랬을까?

3. 활동 중에서 가장 부족했던 점이나 후회되는 점 등은?

4. 프로젝트를 하기 전과 프로젝트를 마친 후 생각의 변화가 있다면 어떤 점인가?

5. 앞으로 나의 일상에서 꼭 실천해 나갈 것이 있다면?

6. 다음 프로젝트 수업을 위해 내가 더 노력해야 할 점은 무엇일까?

학생 의견	2학년 때 발전한 점은 좋은 아이디어입니다. 짧은 시간 안에 좋은 아이디어를 생각 냈습니다. 1학년 때는 오랜 시간에 좋은 아이디어를 1개도 생각하지 못했습니다. 지속 능발전 실천 아이디어 공모에 대한 이야기를 할 때 뿌듯하다는 생각을 했습니다. 이 은 실천이 도움이 될까? 지금 생각해 보니 맞는 것 같습니다. 재미있었던 점은 회전목 토론이었고 친구들하고 돌아가며 말하니 참 좋았습니다. 아쉬운 점은 친구들과 학교 많이 못 간 것입니다. 새롭게 알게 된 것은 나의 재능입니다. 내가 맞이한 봄 프로젝 에서 나의 재능을 알았습니다. 2학기의 다짐은 친구를 더 배려하고, 선생님 말씀을 더 귀 기울여 듣겠습니다. 과제도 빠짐없이 잘 챙겨 오겠습니다.

학생 의견	저는 학교에 매일 가지 못한 것이 정말 아쉬웠습니다. 마인드맵과 브레인스토밍이라는 것을 새롭게 알게 되었고, 가족과 함께 성장하는 여름이 가장 재미있었습니다. 그리고 우리나라의 한복을 알아보고 만드는 체험을 한 것도 기억에 남습니다. 동물과 식물 프로젝트에서 동물도감과 식물도감 만드는 것도 재미있었고, 선생님께서 주신 자료로 여름 동물과 여름 식물을 만드는 활동이 가장 인상 깊었습니다.

학생 의견	지속가능발전 실천 아이디어 공모를 할 때 힘들었지만 머리가 똑똑하게 발전한 것 같습니다. 제일 재미있었던 것은 '미래 모습을 상상하며 표현하기'였고 즐거웠습니다. 코로나 바이러스 때문에 주 1회만 등교를 해서 아쉬웠습니다. 다양한 과제를 통해 새로 알게 된 것이 많고 특히 브레인스토밍을 새로 알게 되었습니다. 2학기 때는 더욱 더 분리배출 실천을 많이 하고, 다양한 과제에 더 열심히 참여하겠습니다.

2학년 학생들이 한 학기를 성찰하는 글

* 예전에는 학생이 직접 수기로 작성해왔으나 코로나19로 대면이 어려워 각자의 성찰문을 문자나 카카**으로 받음.

[학부모 의견 받기=신뢰 쌓기]

책의 첫 부분에서 교육 활동에 학부모를 참여시켜야 하고, 학부모에게서 신뢰를 얻어야 한다고 주장하였다. 물론 학부모에게 결과통지서를 보내고 의견을 회신해 달라는 것은 부담이 될 수도 있다. 그렇지만 교사가 한 학기 또는 1년 동안 열심히 프로젝트 수업을 진행해 왔다면, 그리고 프로젝트 수업을 통해 자녀의 성장을 실감했다면 의견 몇 줄 정도 적는 것을 부담스러워하고 싫어하는 학부모가 있을까?

학부모에게서 돌아오는 의견은 교사의 수업에 대한 피드백일 수도 있고, 자녀에 대한 응원이 될 수도 있다. 교사의 열정이 느껴졌다면 학부모는 기꺼이 교사의 편이 되어줄 것이다.

학부모 의견	코로나로 대면 수업을 하지 못해 1학기 수업을 마치고 나니 아쉬움이 남았습니다. 하지만 선생님의 열정과 아이들을 사랑하는 마음은 화상수업시간을 통해 느껴졌습니다. 하은이는 화상수업을 통해 자기주도 학습 습관이 생긴점이 가장 좋은점이였습니다. 선생님께서 내주시는 과제를 하면서 하은이가 해야할 일들을 메모하는 점이 기특하였습니다. 앞으로 남은 2학기에도 잘 이끌어 주시길 부탁드립니다.
학부모 의견	1학기 중에는 학교도 가지 못하고 원격수업과 과제를 혼자서 해결하는 걸 너무 힘들어 했습니다. 수업 중 발표를 할 때 [illegible] 실수를 하거나 부족하면 자책을 하였습니다. 선생님의 칭찬과 응원 한마디 한마디에 점점 자신감이 생기는지 언제부턴가 혼자서 수업도 하고 과제도 하기 시작했습니다. 부족한 부분이 있어도 혼자 할 수 있게 두었더니 어려운 부분은 도움을 요청하지만 혼자서 할 수 있는 부분은 스스로 하기 시작했습니다. 대면수업을 너무 보고 [illegible] 같아요. [illegible] 어려워해요~ 2학기 때도 [illegible] 많이 부탁드려요~ 선생님 덕분에 자신감도 생기고 더 적극적으로 변화한거 같습니다 감사합니다♥
	2020년 8월 31일 경인교육대학교부설초등학교 2학년 1반 담임교사 시 동 국
학부모 의견	프로젝트는 가족 모두에게 같이 생각 할 시간과 대화의 기회를 줍니다. 그래서 풀어가는데 어려워도 긍정적으로 생각하는 편입니다. 특히 이번 SDGs는 환경문제에 관심을 가지고 있는 저희에게 무거운 책임감을 느끼게 해주었고, 실천과제를 남겨주어 뜻깊었습니다. 앞으로 유연이가 스스로 이러한 것들을 해 나갈 것을 생각하니 기대가 큽니다

2학년 학부모들의 회신문

참고문헌

- 채사장, 『지적 대화를 위한 넓고 얕은 지식』 0권, 1권, 2권, 3권, 2020.
- 교육부, 2021학년도 학교생활기록부 기재요령(초등학교), 2021.
- 유네스코 아시아태평양 국제이해교육원, 세계시민교육: 학습 주제 및 학습 목표, 2015. (인간상)
- 유네스코 아시아태평양 국제이해교육원, 새로운 교육과정에 담은 세계시민교육(초등학교 교사용), 2017. (지속가능발전)
- 제이 맥타이 · 그랜트 위긴스, 『핵심질문: 학생에게 이해의 문 열어주기』, 정혜승 · 이원미 역, 사회평론, 2018. (핵심질문)
- 온정덕 · 이경진, 『교실 속으로 간 이해중심 수업설계』, 사제동행, 2017.
- 이현정 외, 『프로젝트 수업, 배움을 디자인하다』, 행복한 미래, 2017.
- 최무연, 『학생중심수업, 교육과정을 디자인하다』, 행복한 미래, 2020.
- 기애경 · 조은아 · 송영범 · 김성일 · 옥진우 · 한난희, 『프로젝트 수업으로 교육과정을 다시 디자인하다』, 맘에드림, 2019.
- 양은석, 『프로젝트 수업 매뉴얼』, 비유와 상징, 2020.
- 존 라머 · 존 머겐달러 · 수지 보스, 『프로젝트 수업 어떻게 할 것인가?』, 최선경 · 장밝은 · 김병식 역, 지식프레임, 2019.
- 마이클 맥도웰, 『프로젝트 수업 제대로 하기』, 장밝은 역, 지식프레임, 2019.
- 이경원, 『교육과정 콘서트』, 행복한 미래, 2016
- 김나연, 2015 개정교육에 따른 교과 융합 프로젝트 수업지도안 개발, 연세대학교 교육대학원 석사학위 논문, 2018.
- 허희옥 외 3인, 미래 정보과 교육과정을 위한 빅 아이디어 제안, 컴퓨터교육학회 논문지, 24권 (2호), 2021.
- 강대일 · 정창규, 『과정중심평가란 무엇인가』, 에듀니티, 2018.